2010~2011
东南亚报告

主　编／王士录

云南大学出版社
YUNNAN UNIVERSITY PRESS

前　言

王士录

2010年东南亚地区形势的发展，其特点与上年不同，总体上可以概括为：政治上喜忧参半，经济上整体上扬，区域合作缓慢推进。

政治上，除泰国（政治动荡）外，东南亚各国基本上都保持了政治社会稳定，但各国情况不尽相同：越、老、柬、新、印尼的政治社会压力不大，保持稳定没有悬念；菲律宾和缅甸的大选一度为国际社会所关注，但随着两国大选的尘埃落定，以及阿披实政府一次次化险为夷，对其政局发展的担忧也被证明是多余的。综合各方面的情况来看，在未来一年里，东南亚国家的政局总体上将保持稳定，发生突发事件的可能性不大，但缅甸、马来西亚两国的政局仍然值得关注。缅甸虽然已经成功举行了大选，但新政府尚未产生，军人尚未交权，政权机构及其各部门领袖将如何产生，国家机器将如何运转，仍然充满了变数；关注马来西亚，主要是因为马来西亚可能举行大选，其政局发展存在变数。

经济上，东盟国家一改上年的消沉气氛，整体上扬，率先实现恢复性增长，成为最具经济活力的地区之一。但由于具体情况不同，各国的经济发展情况也不尽相同：据国际经济预测机构的预测和各国年底的表现，被认为增长最快的是新加坡、印度尼西亚、老挝、马来西亚和越南，而相对来讲表现较差的是缅甸和柬埔寨，就连长期徘徊不前的文莱，年内都有约2%的成长率。当然，东南亚经济要恢复持续高速增长，所面临的困难和风险也不可忽视。从宏观上讲，如果全球主要经济体出现新的危机，东南亚肯定会受到外部需求下降的影响，而且风险规避会放缓或减少外国投资的进入。从微观上讲，各国面临的情况也不尽相同，除政治社会因素外，自然灾害以及其他不确定因素也比较多。因此，东南亚经济在新的一年能否保持良好的增长态势，主观和客观因素都很重要，其结果还必须拭目以待。

在区域一体化建设方面，尽管国际形势风云变幻，区域内外的挑战明显增加，但东盟的一体化进程仍继续缓慢推进，东盟在东南亚和东亚区域合作中的主导地位仍未受到挑战。然而，在新的一年里，如何应对内外环境的变化，顺利推进东盟共同体建设，东盟的担子并不轻松。在内部关系的调适方面，如何化解各成员国之间的矛盾，培育东盟区域意识，面临的困难和问题仍然很多；在对外关系方面，既要把握东亚合作的主导权，又要处理好与区域外大国的关系，对东盟来讲也并非易事。

总之，前途是光明的，道路是曲折的。

2011 年 1 月 14 日

目　录

下篇　中国（云南省）与东南亚关系发展报告

附　录

Contents

上　篇

东南亚地区发展报告

政治上喜忧参半，经济上整体上扬，区域合作缓慢推进

——2010年东南亚地区形势发展与展望

王士录

与上年的“政治发展热点多，经济复苏困难大，区域合作有变数”不同，2010年东南亚地区形势的发展，其特点总体上可以概括为“政治上喜忧参半，经济上整体上扬，区域合作缓慢推进”。政治上喜忧参半，是说除泰国（政治动荡）外，东南亚各国基本上都保持了政治社会稳定，但各国情况不尽相同：越、老、柬、新、印尼没有悬念，菲律宾和缅甸的大选一度为国际社会所关注，但随着两国大选的尘埃落定，以及阿披实政府一次次化险为夷，对其政局发展的担忧也被证明是多余的。经济上，东盟国家一改上年的消沉气氛，整体上扬，率先实现恢复性增长，成为最具经济活力的地区之一。在区域一体化建设方面，尽管国际形势风云变幻，区域内外的挑战明显增加，但东盟一体化进程仍继续缓慢推进。东盟在东南亚和东亚区域合作中的主导地位仍未受到挑战。

一、政治发展：各国表现大不同

年内，东南亚地区各国的政治形势不尽相同，但总体上可分

为三类：一是政局稳定毫无悬念者，包括越南、老挝、柬埔寨、新加坡、文莱五国；二是刚刚举行了大选组成新政府不久，政治社会矛盾得以缓和因而政局稳定有保障者，包括印度尼西亚和马来西亚两国；三是政局持续动荡或者年内将要举行大选，不确定因素突出，国际关注度较高者，包括泰国、缅甸、菲律宾三国。

（一）越、老、柬、新、文五国：政局稳定无悬念

从政治社会稳定层面看，年内越南、老挝、柬埔寨、新加坡和文莱五国继续沿袭了以往的稳定局面，可谓毫无悬念。在上述五国中，越南和老挝为一类，属于共产党领导的社会主义国家；新加坡和柬埔寨可以归为同一类型，为一党独大的政治体制；而文莱则独为一个类型，系绝对君主制国家。上述国家一如既往，政治社会都比较稳定，而政治体制都有权力高度集中的特点。这说明一个道理，西方民主制并非放之四海而皆准的、能保证所有国家政治社会稳定的唯一政治制度；在广大民族国家，上述政治体制也能保证一个国家政治社会的稳定；采用何种政治制度，需根据各国国情，由其自主选择。

年内，作为共产党领导的社会主义国家，越南和老挝都继续加强党的建设和政权建设，在保证政治社会稳定的前提下，努力发展经济，改善民生。政治社会稳定，经济高速发展，是这两个国家在刚刚过去一年的基本表现。

年内，越南共产党领导越南人民一心一意谋发展，党的基层建设搞得有声有色。为将于2012年1月召开的越共十一大作准备，是年内越共的中心工作之一。为此，全国各省市相继召开了党的代表大会，选举产生了新一届党的领导班子。河内市党部第十五届代表大会的主题为“发挥升龙—河内千年盛会传统、全民大团结力量，继续提高党部的领导能力和战斗力，全面加大革新事业力度，把河内建成日益富美文明的现代化首都”。越南国会、越南祖国阵线也相继召开了代表大会，对党的十一大文件的起草建言献策。越共中央先后于3月和10月召开了十届十二次和十三次会议，对各方面的工作进行了部署。越南党和政府的各项工作井井有条。强有力的领导，保证了国家政治社会的持续稳定；持续稳定的政治社会，又为经济发展提供了重要保证。年内，前

9个月的经增速达到6.52%，全年经济增长率可超过6.7%，[①] 2011年的目标是增长率达到7%至7.5%。[②] 与此同时，国际观察家们也担心，随着越共十一大召开日期的临近，越共精英已开始为明年的领导层改组作准备，因而派系权力争夺战可能会不断激化，从而影响其政治社会稳定。[③] 对此，我们不能妄加评论，相信干部新老交替机制日益成熟的越南党和政府一定能够顺利实现新老干部的平稳交接班。

老挝的情况与越南相似。党和国家最高领导层思想统一，团结一致，一心一意谋国家发展，所面临的国际、区域和周边环境越来越好，国内政治社会稳定，为国家经济摆脱国际金融危机的影响，率先实现复苏创造了条件。尽管在年底召开的老挝国会会议上，波松于12月23日突然宣布辞去总理职务，但国会马上投票选举国会主席通辛出任新总理，选举巴尼·亚陶都为新的国会主席，并未引起政治震荡。老挝政府发言人对波松担任总理期间的表现给予了很高评价，并表示波松辞职纯属个人原因，他仍然是老党中央委员，将来还可以竞选其他职务。[④] 年内，老挝经济已经恢复高速增长，GDP增长率可达7.7%。持续的经济发展将使老挝在2020年从世界最不发达国家目录中得到摆脱。

新加坡和柬埔寨虽然一般认为不在一个档次上，没有可比性，但就“一党独大”这一点来讲，新加坡人民行动党一党独大与柬埔寨人民党的一党独大非常相似，可以归为同一类型。在新加坡，人民行动党根基深厚，执政能力强，绝大多数人民满意，因而具有超强地位，长期处于执政地位，而其他政党很难与其竞争。在柬埔寨，近30年来，人民党一直处于执政地位，在柬埔寨政治舞台上继续扮演着主角。1993年选择多党制以后，人民党地位不断巩固，其他政党则日益衰败，已经形成事实上的人民党一党独大格局。新加坡人民行动党的一党独大，保证了新加坡持

① 《第十二届国会第八次会议：国会常务委员会就经社问题进行讨论》，载《越南共产党电子报》，2010年10月22日17：54。

② 《国会赞成政府拟实现2011年国内生产总值增长7%至7.5%》，载《越南共产党电子报》，2010年10月4日17：45。

③ 《分析员等认为政权斗争下，越南商业风险或加重》，载新加坡《联合早报》，2010年2月19日。

④ 《老挝总理波松突辞职 国会主席通辛出任新总理》，载新加坡《联合早报》，2010年12月24日。

续的政治社会稳定。同样，柬埔寨人民党的一党独大，也有利于柬埔寨政治社会的持续稳定。年内，新加坡和柬埔寨的政治社会仍然保持稳定，应当说，这与其“一党独大”的政治格局不无关系。

文莱政治社会能长期保持稳定，除其国小民寡及其所遵循的严格的伊斯兰教规的现实外，其绝对君主制的政治体制也是一个重要保证。

（二）印度尼西亚和马来西亚：政局稳定有保障

印度尼西亚和马来西亚的情况较为相似，两国都在2009年变更了政府：在马来西亚，4月3日，纳吉布接替巴达维宣誓就任马来西亚总理，组成了新一届政府；在印度尼西亚，4月9日顺利举行了国会及地方议会选举，苏西洛领导的民主党以20.85%的得票率和拥有国会147个议席的战绩获得组阁权，之后又与布迪奥诺搭档，在7月8日的正副总统直选中大获全胜，组成了新一届政府。由于组成新政府的时间不长，各种政治社会矛盾经过调整总体上趋于淡化，再加上新政府表现良好，这就使得2010年印尼和马来西亚两国政治社会的稳定有了保障。

1. 印度尼西亚政局：小麻烦不断，大动荡没有

年内，在上年4月国会选举和7月总统直选后蝉联总统的苏西洛组成新政府继续实施其第二个总统任期。由于新政府刚刚组建，各种矛盾的产生和激化尚有一个过程，加之国内外环境的改善，经济强劲复苏，因此虽然小麻烦不断，但印尼政局总体保持了稳定。

2010年是苏西洛第二任期的第一年（第二个年头），总体上看，苏西洛及其所领导的政府并没有辜负人民的期望，尽管有的地方社会矛盾、自然灾害频发，但印尼总体上保持了政治社会的稳定，经济复苏势头强劲，人民总体上还是满意的。

当然，苏西洛政府也遇到了各种政治麻烦。新年伊始，苏西洛政府就遇到了一次大的挑战。1月28日，在苏西洛执政满100天之际，在雅加达、泗水、望加锡和安汶等地，成千上万的印尼人走上街头，抗议苏西洛及其所领导的政府无能，对其表现感到失望。民调中，大部分受访者认为苏西洛“在振兴经济及改善民

生等方面的努力效益不彰”；[①] 民众对苏西洛的满意度已从上年 7 月的 85% 降至 2010 年 8 月的 66%；而对副总统布迪奥诺表现的满意度，则从上年 11 月的 49% 上升至 2010 年 8 月的 53%。[②] 与此同时，反对党认定副总统布迪奥诺与世纪银行丑闻有牵连，应该下台，并且要求苏西洛总统出席作证，甚至提出罢免其副总统职务。面对压力，苏西洛政府处变不惊，最终还是摆脱了麻烦。3 月 25 日，副总统布迪奥诺在印尼高峰会开幕式上指出：“目前印尼政治经济情况非常稳定……印尼很民主，因为 60% 的国会议员是来自支持政府的政党。”[③]

与此同时，印尼各政党也加快了分化和组合，加强了党的自身建设和蓄积力量。为此，年内一些政党召开了党的代表大会，各主要政党属意的候选人已开始浮上台面。譬如，第二大党戈尔卡党高层透露，党主席巴克里（Aburizal Bakrie）将争夺下届总统宝座；最大政党民主党将推出现任第一夫人阿妮（Ani Bambang Yudhoyono）代表该党参选总统；大印尼运动党创始人、退休陆军中将普拉博沃（Prabowo Subianto）也表示准备竞选下届总统。[④]

年内，在社会形势方面，尽管由于地理区域的多样性、民族宗教和文化的复杂性、经济发展的不平衡性等特点，使得印尼面临的社会问题非常复杂，维护国家的统一和完整任务十分艰巨，小规模的教派和民族冲突时有发生，但是，苏西洛政府都予以妥善解决，并未引起大的动荡。

2. 马来西亚：执政党联盟掌控局势的能力显著增强，政局稳定有保障

2009 年 4 月 3 日，纳吉布接替巴达维宣誓就任马来西亚总理，组成新一届政府，结束了执政联盟国阵支持率一路下滑和备受指责的局面。进入 2010 年以后，马来西亚的政治生态环境明

① 《尤多约诺内阁上台十月 民调显示民生效益不彰》，载新加坡《联合早报》，2010 年 8 月 3 日。

② 《尤多约诺连任近一年 民众满意度大降》，载新加坡《联合早报》，2010 年 9 月 4 日。

③ 《副总统：政治经济稳定？印度尼西亚具利商投资环境》，载印度尼西亚《星洲日报》，2010 年 3 月 26 日。

④ 余歌沧：《印尼戈尔卡党主席将竞选总统》，载新加坡《联合早报》，2010 年 12 月 23 日。

显改善。主要表现是：

第一，作为执政联盟核心的第七任巫统主席，纳吉布以加强巫统党内团结为核心的党的建设措施日见成效，巫统支持率显著回升。马来西亚独立民调机构默迪卡中心 2010 年第四季半岛选民民调显示，纳吉布总理的满意度虽然下滑，但依然维持在 69% 的高水平。①

第二，执政联盟国阵第二大成员马华公会闹得沸沸扬扬，持续了近 18 个月的党争，随着新人总会长的产生而终于尘埃落定。3 月 28 日，马国最大华人政党举行中委以及总会长和副总会长改选，由现任总会长翁诗杰、原署理总会长蔡细历及前总会长黄家定三人竞争总会长一职，由 86 人角逐 25 个中委职位。② 结果，近两年因“性爱光碟事件”缠身的前署理总会长蔡细历一举夺魁，成为新一任马华公会总会长。4 月 7 日，蔡细历宣布组成了新一届马华公会领导班子。马华党争的最终平息，有利于执政联盟国阵提振士气，恢复形象。

第三，近两年来呈上升趋势的反对党联盟的核心人民公正党内斗加剧，力量急转直下。由于人民公正党实权领袖安瓦尔近年来官司缠身等，从上年起，反对党联盟开始走下坡路，2010 年继续遭受不断分裂的折磨，如今的人民公正党已是风光不再。为了重整旗鼓，9 月初人民公正党开始酝酿，决定于 11 月底改选党的领导班子。在党的实权领袖安瓦尔决定不参加竞选主席职，而署理主席赛胡先阿里也宣布不会寻求连任的情况下，人民公正党内部新一轮的斗争日益激烈。③ 由于“不满公正党内选举不公”，原拟角逐第二把交椅的再益于 11 月 8 日退选并辞党职，而安瓦尔的妻子旺阿兹莎不战而胜，蝉联主席职。安瓦尔继续充当公正党顾问。选举使公正党内部的斗争白热化、公开化，力量遭到严重削弱，以至于有媒体评论说，反对党“民联好势头将一去不返”。④

反对党日渐衰微，执政党则压住阵脚，重整旗鼓后支持率显著上升，执政地位日益巩固。就连纳吉布总理也认为，“马来西

① 《民调：纳吉支持率 虽微跌仍处 69% 高水平》，载新加坡《联合早报》，2010 年 12 月 25 日。

② 新加坡《联合早报》，2010 年 3 月 28 日。

③ 《安华确定不角逐党职》，载新加坡《联合早报》，2010 年 9 月 15 日。

④ 《民联好势头将一去不返?》，载新加坡《联合早报》，2010 年 11 月 10 日。

亚人民已逐渐对执政联盟国阵恢复信心，因为政府开始兑现大选承诺和其他诺言”。① 一些国阵高层也自信地认为，如果现在举行大选，国阵定能获得压倒性胜利。执政联盟地位的巩固，人民对国阵信心的回复，保证了马来西亚政治社会的稳定。

（三）泰国、菲律宾和缅甸：舆论关注度最高的国家

年内，泰国、缅甸和菲律宾成为东南亚地区国际舆论关注度最高的国家。关注泰国，是因为其持续的政治社会动荡将如何收场；关注缅甸，是因为其拟定于 11 月 7 日举行的大选将产生何种结果，选举前后会发生何种意外；关注菲律宾，是因为其年内的大选充满了变数。随着时间的推移，上述关注都已经有了如下的结果。

1. 泰国：初步实现从乱到治的过渡

年初的泰国沿袭了上年事态的发展，可谓乱象丛生。支持前总理他信的“红衫军” 3 ~ 5 月大规模集会曼谷，从集会示威、泼洒鲜血，发展到封堵街道、占据街区，搞得整个曼谷不像首都倒像一个战场，火药味越来越浓。“红衫军”此举，旨在逼迫阿披实下野，进而重新举行大选。结果是阿披实坚不辞职，“红衫军”也决不退让，针尖对麦芒，互不相让，一场斗勇气、斗智力、斗耐力的旷日持久的对决就这样从 3 月份拉开序幕，一直持续至 9 月中下旬。最终，拥有绝对资源优势的阿披实一方取得了胜利。②

就在眼看难以取胜，7 名“红衫军”领导人宣布向政府投降之际，柔中带刚的阿披实最终决定以铁血手段结束这场闹剧，于 5 月 19 日下令军队“清场”，一场本来不该发生的血案就这样发生了，结果造成 90 人丧生，1 900 人受伤。③“红衫军”的大规模抗议示威被军队以武力扑灭之初，国际国内舆论都普遍认为动荡并不会就此结束，“红衫军”有可能化整为零返回泰北打游击，有的观察家甚至预言，在泰国，大规模的游击战争即将开始。但

① 《纳吉：马国民对国阵已渐恢复信心》，载新加坡《联合早报》，2010 年 12 月 4 日。

② 《要进一步了解这方面的情况》，请参阅 Economist Intelligence Unit, *Country Report*: *Thailand*, July 2010, P. 3.

③ 《法庭驳回“滥用选举基金”指控，泰执政党免解散，阿比昔不必下台》，载新加坡《联合早报》，2010 年 11 月 30 日。

是后来事态的发展证明，上述预言是错误的。“红衫军”遭到毁灭性打击后，从此一蹶不振，明显进入了一个蛰伏期，五个月内未有大的动作。反之，阿披实在以武力镇压了“红衫军”以后，顶住了国际国内一片谴责，以及国会反对党一次次弹劾的压力，逐渐稳定了政局。

5 月底 6 月初，国会就反对党议员对阿披实总理提出的不信任动议进行了两天辩论。反对党称，政府对红衫军示威者的镇压行动侵犯了人权，导致多人死伤。国会下议院 6 月 2 日以 246 票赞成、186 票反对的结果否决了对阿披实的弹劾动议。①

8 月底，泰国选举官员又以执政的民主党在 2005 年大选中滥用政治发展基金为由，要求解散阿披实的泰国民主党。如果罪名成立，民主党的执委，包括阿披实都将面对五年不得参政的惩罚。② 11 月底，蛰伏了近半年的“红衫军”又开始显现活跃态势。为纪念 6 个月前遭政府军镇压的事件，11 月 19 日，万名红衫军聚集曼谷，涌向中央购物区的街头举行集会示威。此后几天，黄衫军也大规模走上街头，抗议国会上、下议院联席会议通过宪法修正案，因为他们认为修改后的宪法是在为特赦流亡海外的他信铺路。他们已开始谴责阿披实对支持前总理他信的红衫军持和解态度。③

但是，11 月 28 日，泰国宪法法院以指控程序不合法为由，推翻了对执政党民主党涉嫌滥用政党发展基金的指控，判决不解散该党。但此判决并未令选委会信服。12 月 3 日，选举委员会主席阿比猜反驳宪法法院的裁决，指选委会提交指控的时间超出法律规定的 15 天期限。12 月 9 日，泰国宪法法院再度驳回选委会对民主党的指控。这意味着民主党不必被解散，该党党魁阿披实总理也不再面对下台的威胁，并且能带领该党参与 2011 年的全国大选。这使阿披实及其政府又逃过了一劫。

总之，“5·19 事件”后，阿披实地位日益巩固，泰国的政治社会日益稳定。泰国易三仓大学 12 月 1～14 日的民调显示，“阿披实执政有进步，已得到 70% 泰国民众的认可”。④ 随着政权

---

① 新加坡《联合早报》，2010 年 6 月 3 日。

② 新加坡《联合早报》，2010 年 8 月 24 日。

③ 新加坡《联合早报》，2010 年 11 月 24 日。

④《阿披实执政有进步，超 70% 泰民众认可》，载《云南信息报》，2010 年 12 月 16 日，A16 版。

的进一步巩固，12月21日，泰国政府正式宣布结束在曼谷及周围（即个府）所实施的紧急状态。①

2. 菲律宾：新总统尘埃落定，社会形势喜忧参半

年内，舆论对菲律宾的关注，主要是因为其大选总统宝座到底花落谁家充满了变数。3月26日，菲地方选举45天竞选活动启动，49 996个候选人争夺17 842个地方职位；约5 000万选民则拟在5月10日投票，选出正副总统和12名参议员。② 本次总统选举扑朔迷离，选举委会批准10个候选人参加总统竞选，8个候选人参加副总统竞选。经过90天竞选宣传，5月10日顺利举行了正副总统选举投票。在截至5月12日已计算的78.55%选票中，阿基诺三世获得40.2%的选票，排名第二的前总统埃斯特拉达得25.5%的选票。阿基诺的8个对手中有5个已经承认败选。③ 6月9日，菲国会正式宣布正副总统选举结果，现年50岁的阿基诺以承诺打击贪腐和解决贫穷问题赢得选民支持，以42%的得票率胜出。而落选总统候选人埃斯特拉达的副总统搭档比奈则成功当选副总统。比奈明确表示会遵照总统的指示办事，不会搞破坏。④ 6月30日，阿基诺三世宣誓就任总统，同时公布了部分内阁成员名单。

就阿基诺三世选胜，有媒体评论说：菲律宾人都希望他能为国家带来一番新景象，但……菲律宾的问题太过根深蒂固，就连"超人"也可能没有办法解决……迎接他的是国内日益恶化的赤贫问题、无孔不入的贪污腐败行径、持久的骚乱、被掏空的国库及摇摇欲坠的基础设施建设等。⑤ 但是后来的民调显示，有近九成（即88%）的菲律宾人"非常信任"新总统，而只有4%的人对他"不大信任"。⑥ 对新总统阿基诺三世而言，人民的信任是一个利好消息。他上台半年来，菲律宾政局保持了稳定；在社会环境方面，除严重损害菲律宾形象的"香港人质危机"事件外，

① *Bangkok's emergency rule to end*, http://www.channelnewsasia.com, 21 December 2010.

② 新加坡《联合早报》，2010年3月27日。

③ 新加坡《联合早报》，2010年5月12日。

④ 《正式当选菲律宾总统》，载新加坡《联合早报》，2010年6月10日。

⑤ 《后天就任菲律宾总统，阿基诺面对重重困难》，载新加坡《联合早报》，2010年6月28日。

⑥ 《民调：历来最高总统信任率 近九成人民信任阿基诺》，载新加坡《联合早报》，2010年7月13日。

没有发生更大、更严重的事件，社会形势仍然处于可控范围之内。

3. 缅甸：在和平氛围下顺利举行大选

年内，缅甸的政治社会发展继续成为国际关注的一个焦点，关注的主要是其大选的过程和结果。由于政府的扶持，再加上预留给军队的25%的席位，选前普遍预测联邦巩固与发展党实际上早已胜券在握。[①] 尽管如此，许多人还是抱有一种别样的期待。

11月7日，国际国内翘首以待的大选日终于到来，缅甸如期举行了20年来的首次大选。全国开放了4万多个投票站，2 900多万选民参加了投票。据联邦大选委员会早前宣布，共有37个政党的3 000多名候选人和82名独立候选人参选。按照2008年5月公投通过的新宪法的规定，将在大选后90天内召开第一次会议，选举产生总统、副总统，并将权力移交给民选政府。

根据11月17日缅甸选举委员会公布的大选结果，联邦巩固与发展党（USDP）获得883个席位，占1 153个总席位的76.5%。

具体地说，联邦巩固与发展党获得人民院325个总席位中的259个，得票率为79.6%；获得民族院168个总席位中的129个，得票率为76.8%；获得省邦议会661个总席位中的495个，得票率为74.9%。民族团结党的得票率排名第二，共获63个席位，而该党提交的候选人也是排名第二，高达980名，仅次于联邦巩固与发展党的1 100名；掸邦民族民主党（SNDP）得票率排名第三，获57个席位，该党提交的候选人是157名，排名第四；若开民族发展进步党（RNPP）获35个席位，该党提交的候选人名单是45名，得票率较高；从民盟分裂出来的民族民主阵线（NDF）获16个席位，该党提交的候选人为161，候选人排名第三；孟区域民主党获16个席位，该党提交的候选人为25名。根据缅甸选举委员会公布的大选结果，由现任总理登盛领导的联邦巩固与发展党已经在大选中赢得了压倒性的胜利，将可以单独组阁。而两个最大的反对党均已公开承认失败，也就是接受了大选

① Economist Intelligence Unit, *Country Report*: *Myanmar* (*Burma*), August 2010, P. 6.

的结果。①

值得注意的是，与国际社会的普遍猜测相反，大选期间缅甸的社会政治秩序出奇的平稳，大选后参选的民族民主阵线、民族团结党、民主党、掸邦民族民主党等联合起来抗议大选结果“不公正”、过程“不民主”的呼声也非常软弱，几乎没有什么影响。尤其是11月7日投票日，各大城市街头异常安静，与平时没什么两样。正如西方外交官所说的，没有多少迹象显示这个国家正在举行重大选举。总之，缅甸在和平、安宁的气氛中成功举行了大选，说明缅甸政府仍然具有较强的掌控局势的能力。正是居于此，大选后不久，缅甸政府就兑现承诺，释放了被关押多年的昂山素季。②

二、经济形势：整体复苏情况好

关于刚刚过去的2010年东南亚地区的经济形势，总体上复苏良好，但由于具体情况不同，各国的经济发展情况也不尽相同。

（一）东南亚经济形势的总体评估

与上年总体上出口不振、增长乏力、持续低迷的情况相反，2010年，在不确定因素日益增多，世界经济增速总体上减缓的人背景下，东南亚地区各国经济率先复苏，呈现整体上扬趋势。据世界银行4月份预测，2010年印度尼西亚、老挝、泰国、越南、马来西亚、柬埔寨经济增速将分别达到9.5%、7.7%、6.2%、6.5%、5.7%和4.4%。4月中下旬，亚洲开发银行的预估与世行的预估非常相似，其报告显示，包括东南亚在内的亚洲各国经济已开始复苏，同时经济成长步伐也将比去年来得迅速……亚洲各国和地区经济增长率平均将达7.5%，超过去年的经济增

① 《缅甸亲军政府政党称已赢八成议席》，载新加坡《联合早报》，2010年11月10日。

② 大选前，媒体就一再猜测，大选后缅甸政府可能释放昂山素季。见 Myanmar may free Suu Kyi after polls, *The Straits Times*, Singapore, 28 October 2010.

长率。[①]

尽管随着时间的推移，世界银行所预估的增长率不断发生变化，但其总体增长的大趋势并没有改变。7 月初，《国际财经时报》载文指出，受益于政府迅速出台的货币和财政刺激政策，东南亚经济在金融危机中迅速复苏。文章指出，一季度，新加坡GDP 增长年率高达 15.5%，马来西亚增长了 10.1%，菲律宾达到了 7.3%，甚至受政治动荡困扰的泰国也达到了 12%，创 15 年来最高纪录。二季度，东南亚地区的经济继续强劲增长，譬如，新加坡经济 4 月份环比增长了 2.1%。根据 7 月初亚洲开发银行的预测，年内东南亚地区的经济增长率平均可达 5.1%，超 2009 年的 1.3%和 2008 年的 4.3%。

东南亚地区经济的整体复苏，在很大程度上得益于中国刺激经济的影响，中国的需求大幅提升了东南亚地区的出口。

当然，东南亚经济要恢复持续高速增长，所面临的困难和风险也不可忽视。从宏观上讲，如果全球主要经济体出现新的危机，东南亚肯定会受到外部需求下降的影响，而且风险规避会放缓或减少外国投资的进入。从微观上讲，各国面临的情况也不尽相同，除政治社会因素外，自然灾害，以及其他不确定因素也比较多。譬如在泰国，上半年由于政治危机拖累经济，泰国股市暴跌重创旅游业，一季度，旅游业损失已超过 4 亿元。[②] 在越南，尤其是在南部工业聚集区，罢工频发也对其经济的健康发展产生了不利影响。4 月初，同奈省一家鞋厂的上万名工人罢工，要求加薪，以应付生活费高涨的问题。此事曾震动越南朝野。[③] 自然灾害频发对大多数东南亚国家经济造成了不利影响。譬如，大多数东南亚国家都曾经遭受了热带风暴和洪灾的严重影响，损失惨重。10 月份，泰国持续了近一个月的洪灾，致使 122 人死亡，南部橡胶产区产量大幅度下降；宋卡府、素叻他尼府、陶公府和北大年府数十万居民和数万旅客被困。马来西亚的水灾、缅甸的风灾情况都十分严重。在马来西亚北部和东海岸地区，水灾使灾民增至 3.6 万多人。此外，印尼、越南、柬埔寨等国也不同程度遭

① 《亚洲开发银行报告称经济已开始复苏》，载柬埔寨《星洲日报》，2010 年 4 月 19 日。

② 新加坡《联合早报》，2010 年 4 月 10 日。

③ 新加坡《联合早报》，2010 年 4 月 4 日。

受了热带风暴和水灾所带来的损失。

（二）各国经济形势：增长快慢各不同

年内，虽然东盟 10 国经济总体上看都比较好，但由于国情不同，增长的快慢也不尽相同。据国际经济预测机构的预测和各国年底的表现，被认为增长最快的是新加坡、印度尼西亚、老挝、马来西亚和越南，而相对来讲表现较差的是缅甸和柬埔寨，就连长期徘徊不前的文莱，年内都有约 2% 的成长率。

1. 老挝经济：增速高于政府预估

年内，老挝经济表现不俗，其快速增长的趋势受到国际经济机构好评。据 4 月份世界银行预测，尽管全球经济复苏缓慢，但老挝经济继续保持了强劲增长的势头，2010 年增速可达 7.7%，成为东南亚地区经济发展最快的国家之一。这一预估高于老挝政府定下的 7.5% 的增速。预测认为，持续的经济发展将使老挝在 2020 年从世界最不发达国家目录中得到摆脱。丰富的自然资源成为老挝经济发展的主要动力，水力发电、矿业开采将为其年内的经济增长贡献 3.6 个百分点。[①]

2. 越南经济：发展势头不减

2010 年，越南经济继续保持了较快发展势头。4 月份，英国 EIU（Economist Intelligence Unit，经济学家智囊机构）预测，年内越南经济可以实现 6.2% 的增长率，2011 年则可以达到 6.9%。[②] 后来的发展证明，这一预测基本上是正确的。上半年 GDP 同比增长 6.16%；农、林、渔业产值约合 54 亿美元；工业产值约合 177 亿美元；商品零售和服务收入约合 393 亿美元；进出口总额 710 亿美元，其中出口 321 亿美元，进口 389 亿美元；新批外资项目 438 个，协议金额 79 亿美元，加上老项目增资 5 亿美元，共 84 亿美元，实际到位 54 亿美元；对外签订官方发展援助协议金额约 14 亿美元，其中贷款约 13 亿美元，无偿援助约 1 亿美元；金融基本稳定，财政收入约 131 亿美元。

下半年，越南经济发展势头仍然不减。前 9 个月，越南 GDP 同比增长 6.52%，其中农、林、水产增长 2.89%，工业增长

---

① 中国驻老挝使馆经商处网站，2010 年 4 月 10 日 21：37。文章来源：《万象时报》。

② Economist Intelligence Unit，*Country Report*：*Vietnam*，April 2010，P. 2.

7.29%，服务业增长7.24%。这为全年经济增长率突破6.5%奠定了重要基础。

在对外贸易方面，前9个月越南进出口总额达到1 115.8亿美元，其中出口515亿美元，同比增长23.2%；进口600.8亿美元，同比增长22.7%。[①] 前10个月，中越贸易额总额达到231.23亿美元，同比增长42.4%。其中，中国对越出口175.88亿美元，同比增长41.4%；自越南进口55.35亿美元，同比增长45.5%。中越全年双边贸易有望超过250亿美元。

在引进和利用外资方面，截至8月下旬，越南全国在建外资项目达到11 807个，投资总金额1 884亿美元；有91个国家和地区在越南投资，其中韩国有2 570个项目，协议投资额230亿美元，排名第一。[②]

尽管前9个月越南经济发展势头良好，但仍需面对许多问题，包括电力短缺；企业招工困难，劳动力成本上升；物价上涨较快，商业银行贷款利率高于企业承受能力；贸易逆差大；部分地区人民因自然灾害、疾病等生活仍然贫困；等等。

3. 印度尼西亚经济：增速可突破6%

在上年度良好表现的基础上，2010年印尼经济继续高奏凯歌，普遍认为其“经济已恢复持续增长”，年内经济增长率可达乃至超过6%，[③] 已超过2008年至2009年全球金融危机后的最低水平。许多经济预测机构都看好印尼的经济表现。

国际经济预测机构以及一些印尼政府部门对印尼2010年经济形势的乐观看法，除投资强劲拉动的现实外，还有其他方面的有利因素。

第一，消费者物价指数（Consumer Price Index，CPI）涨幅不大，通胀压力明显较少。据印尼中央统计局11月1日公布的数据显示，印尼前三季度CPI平均上涨5.35%，属于印尼央行5%±1%的通胀目标范围内。政府年内的通胀预定指标为6%，但实际上有可能在6%以下。

第二，国家财产大幅度升值，经济实力进一步增强。据10

① 《越南经济网》，2010年9月27日。

② 《越南经济时报》，2010年，8月19日。

③ 5月份英国EIU的预测为5.6%。见Economist Intelligence Unit，*Country Report*：*Indonesia*，May 2010，P. 2.

月13日印尼财政部官员表示，经对政府部门和机构所属的2.3万个单位进行审核，印尼国家财产总价值达778.9万亿盾，比2004年底增加400.4万亿盾。与此同时，印尼外汇储备也大幅增加。截至11月中旬，印尼外汇储量已达到929亿美元。[①]

此外，其他经济部门也表现不俗：全年稻谷产量可达6 598万吨（折合大米有望达到3 800万吨至3 900万吨），同比增加2.46%；棕榈种植面积达730万公顷，产量达到2 200万吨，约占世界总产量的47%，仍居世界首位；咖啡产量将达960万袋，比上年增加45万袋，从而稳坐世界第三大咖啡生产国的交椅；工业增长继续爬升，上半年除制造业、林业、油气等领域下降外，其他工业同比都实现高速增长，以至全年工业增长率将可达到4.65%；[②] 对外贸易出现了大幅度的增长，前三季度进出口总额达到2 080.8亿美元，同比增长40.2%，预计本年度顺差可达300亿美元；[③] 由于投资环境改善，印尼正成为外商投资的热点，2010年可列入全球第二大投资目的地（越南排第一），超过号称“金砖四国”的巴西、俄罗斯、印度及中国。

与此同时，能源短缺、工业结构落后、基础设施尤其是交通基础设施不足的问题仍然比较突出。频繁发生，而且破坏力极强的自然灾害也对印尼经济的发展造成不利影响。

4. 柬埔寨经济：复苏势头明显

受国际金融危机影响，2009年柬埔寨经济遭受重创，GDP仅增长0.1%。进入2010年以后，随着全球经济回暖，柬成衣业、农业、旅游业复苏，外资流入恢复增长，柬经济已显现出明显的复苏势头。3月，洪森首相表示：“柬埔寨已渡过经济难关，2010年经济可重新回到高速增长轨道。”柬埔寨政府和许多国际预测机构也都看好柬埔寨的经济形势。3月中旬，国际货币基金组织（IMF）估计，年内柬埔寨的经济增长率将突破4%。[④] 6月上旬，根据其上半年的表现，世界银行也调高了对柬埔寨经济增长的预期，由4月份的4.4%调高为4.8%。[⑤] 随着上半年欧美市

---

① 《印尼外汇储备达929亿美元》，中国驻印尼使馆经商处网站，2010年11月18日12：37。文章来源：《国际日报》。

② 印度尼西亚《星洲日报》，2010年7月27日。

③ 《印度尼西亚商报》，2010年11月3日。

④ 柬埔寨《星洲日报》，2010年3月18日。

⑤ 柬埔寨《星洲日报》，2010年6月11日。

场需求的逐渐复苏，下半年柬埔寨宏观经济形势进一步好转，市场供给活跃，游客增加，进出口扩大，经济运行环境好于上半年，全年有望实现政府预测的5%的增长目标。

5. 新加坡经济：前升后降

年内，新加坡经济总体表现良好，但前升后降的特点比较明显。上半年，新加坡经济增长强劲，以至于7月19日新加坡贸工部第三次将全年经济增长预测上调至13%～15%。此前，新加坡曾将年度增长预期从3%～5%调高至4.5%～6.5%，随后又调高至7%～9%。贸工部公布预估数字显示，在制造业的带动下，新加坡经济二季度同比增长19.3%，超过一季度的增长纪录16.8%。上半年，新加坡经济增长达到18.1%，主要得益于制造业特别是生物医药业的大幅增长。资料显示，5月份，新加坡制造业取得26年来最强劲的增长，增长率达到58.4%。新加坡经济迅速复苏，推动就业率创下新高。新加坡人力部年中进行的劳动力调查显示，其居民的劳动力参与率从上年的65.4%上升到本年度的66.2%，25岁到64岁居民的就业率也从75.8%回弹到77.1%的新高。与此同时，失业率则从上年6月的4.5%降低到本年6月的3.2%。据此，有学者认为，"新加坡可能成为2010年全球增长最快的经济体"。①

进入6月以后，情况发生了一些变化，增长出奇之快的制造业6月份只取得26.1%的增长，为4个月来最低，主要原因为药剂业、电子业增长放缓；制造业增长放缓，拉低了第三季度的经济增长预期，从第二季度的同比增长19.6%，大幅度下降为第三季度的同比增长10.6%。即便如此，全年经济增速预估仍然可以达到15%左右。②

10月份，受制药行业产值大幅增加的提振，新加坡制造业再次显露生机，产值增幅高于预期。此外，对外贸易也有良好表现：前三季度外贸总额达到4855.6亿美元，同比增长24%。其中，新加坡进口2287.5亿美元，同比增长22.2%；出口2568.1亿美元，同比增长25.6%，顺差280.6亿美元。其中，中新双边

① 《新加坡2010年经济增长预测上调至13%～15%》，载新加坡《联合早报》，2010年7月20日。

② 《新加坡第三季度GDP环比下降18.7%》，2010年11月18日15：22：41。http://www.csc.mofcom-mti.gov.cn/csweb/csc/info/Article.jsp?a_no=241311&col_no=137。

贸易总额为512.2亿美元，同比增长31.1%；中国继马来西亚、欧盟之后，成为新加坡第三大贸易伙伴。

与此同时，新加坡经济也面临着通货膨胀加大的压力。由于全球商品价格上涨，加之新加坡汽车售价上升，下半年以来，新加坡物价逐渐上升。据新加坡贸工部12月初预测，年底通胀率将升至4%，全年通胀率将达到2.5%~3%。

6. 马来西亚经济：成绩可喜

年内，马来西亚经济发展也取得了可喜的成绩。据11月底马来西亚经济学家预测，其经济增长率可达7.2%~7.3%。前三季度，马GDP增长8.0%，第四季度增长有所放缓，但由于政府刺激经济的财政和货币政策、强劲的消费、固定资本增长等因素，预计可增长4.5%~5%，因而全年增长将在7.2%左右。[①]第四季度经济增速就开始减缓，GDP同比增长5.3%，其中制造业和服务业仍然是增长的主要动力。增速趋缓的原因，据称主要是因为全球经济复苏的步伐受欧洲债务问题影响而放缓，从而导致马来西亚6月份出口增幅放缓。此外，10月份的洪灾，也对其造成了不利影响。[②]

根据瑞士洛桑国际管理学院（IMD）2010年世界竞争力年鉴显示，马来西亚的竞争力排名大幅度上升，已从第18名攀升至第10名，即已进入前10名行列。种种情况说明，马来西亚的经济环境在不断改善。为了刺激经济，实现可持续发展，11月初纳吉布总理公布了经济转型计划路线图，其中包括在未来10年落实12个国家关键经济领域的131个旗舰计划和60个商业机会，以提供330万个额外工作机会。马政府表示，将通过伊斯兰教债券融资活动集资4 440亿美元，以在未来10年内实现经济计划的转型。[③]

尽管取得以上成绩，但有经济学家认为，由于马来西亚目前在政治上优柔寡断，而且面对仍不明朗的全球经济前景，马来西亚很可能难以实现要在2020年成为先进国的宏愿。经济学家进一

---

① 《马来西亚预计今年经济增长7.2%》，载马来西亚《南洋商报》，2010年11月26日。

② Malaysia evacuates thousands as floods hit, http://www.channelnewsasia.com/, 2 November 2010.

③ 《马来西亚公布经济转型计划路线图》，载马来西亚《南洋商报》，2010年11月2日17:44。

步解释说，要实现 2020 年宏愿，必须在未来 10 年维持至少 8.0% 的年经济增长率，但在未来 5 年马来西亚顶多只能取得 5.5% 的年增长率。①

7. 泰国经济：被持续政治动荡所拖累

自2006 年以来，泰国经济的发展就一直为持续的政治动荡所拖累。进入 2010 年以后，泰国沿袭了上年的政局动荡，在 4～5 月政治风险大幅增加的情况下，多个经济指数呈现放缓，民间消费指数和制造业生产指数月环比均由正转为负；民间消费者信心指数连续第三个月下滑，企业信心指数更是创下月环比最大跌幅。对外贸易方面，出口额和进口额分别月环比萎缩 2.5% 和 7.5%，外国入境游客数量也比上个月大幅萎缩 18.0%。泰国智库泰华农民研究中心预测，尽管一季度泰国经济增长 12%，创下 15 年来的新高，但 3 月 12 日开始的大规模政治示威活动，以及 5 月 19 日的曼谷大规模流血冲突事件，造成二季度 GDP 比一季度大幅下跌 5%。据预测，政局动荡给本年度泰国经济造成的损失或达 2 330 亿至 3 650 亿铢。幸运的是，5 月 19 日的铁血事件以后，泰国政局逐渐趋于平静，随着旅游业以及国内消费和投资的复苏，泰国经济从第三季度起逐步好转。泰国政府将年内经济增长预估提高到了 4.5%，英国 EIU 则预测其经济增长率可达 4.1%。② 但遗憾的是，10～11 月发生了波及全国 40 多个府的严重水灾，农业、工业和服务业损失惨重，③ 其上扬的经济增速再次受到抑制。

8. 缅甸经济：内外环境改善，情况有所好转

由于国际尤其是地区经济环境改善，其周边的东盟国家、中国，以及印度经济强劲复苏的带动，2010 年缅甸经济进一步摆脱国际金融危机的影响，同比上年情况明显好转。此外，国内政局继续保持稳定，大选平稳举行，也有利于缅甸经济的复苏。年内，缅甸外贸、外资、外援形势良好。

在对外贸易方面，据缅甸商务部公布的数据，2010/11 财年 4 月至 12 月的 8 个月内，缅甸外贸总额已超过 88 亿美元，其中

① 《经济学家：政治上优柔寡断，马国 2020 宏愿难实现》，载新加坡《联合早报》，2010 年 9 月 18 日。

② Economist Intelligence Unit, *Country Report*: *Thailand*, July 2010, P. 32.

③ Death toll from Thai floods hits 100, *the Straits Times*, Singapore, 30 October 2010.

出口55亿美元，进口33亿美元，顺差达到20亿美元。[①] 除天然气外，创汇最多的商品是翡翠，4月至12月一般贸易出口翡翠11亿美元，这还不包括11月在内比都举办的珠宝交易会成交金额。除翡翠外，黑麦豆、柚木原木、成衣、生胶片也是创汇较多的商品。泰国仍然是缅甸的最大贸易伙伴，4月至12月缅甸与泰国的贸易额为20亿美元，与新加坡的贸易额为11亿美元，与中国的贸易额为9亿美元（其中缅甸出口1.9亿多美元，进口7亿多美元）。

凭借独特的地理区位、便捷的交通、丰富的资源和低廉的劳动力成本等优势，尤其是其私有化进程的加快（譬如年内缅政府宣布允许私人参与公路建设），缅甸吸引着越来越多的外国商家前来投资。2009/10财年共有21个国家和地区到缅甸商谈投资事宜。

此外，由于缅甸在11月7日平稳地举行了大选，联邦巩固与发展党（简称巩发党）取胜，巩发党的企业家们绝大多数都在参选地区获胜，企业界普遍认为他们进入议会后，会把符合实际的经济改革方案作为党的方针付诸实施，因此有关专家认为，缅甸未来的经济形势将有望转好。

9. 菲律宾经济：可实现中速增长

年内，菲律宾经济呈强劲复苏势头。12月中旬，由经合组织（OECD）进行的调查显示，在旺盛出口和良好商业情绪带动下，东南亚经济恢复强劲。在反映经济波动及经济活动总体前景的指标上，菲律宾名列前茅，其综合指标得分103.3，高于第二名泰国和第三名印尼。截至12月16日，菲律宾外汇储备已经达到610亿美元，首次超过外债规模。前10个月，菲律宾外劳汇款已达到154.5亿美元，比上年同期增长7.9%；消费者信心指数进一步提升，已从三季度的-14%提升到四季度的-8.5%。鉴于以上情况，国际经济预测机构普遍看好菲律宾经济形势，根据10月份英国EIU预测，年内菲律宾经济增长率可达到6.2%，[②] 而12月中旬联合国亚太经社理事会的预测则为6.3%，但2011年

---

① 中国驻缅甸大使馆经商处网站，2010年12月17日10：49。文章来源：缅甸《七日新闻周刊》。

② Economist Intelligence Unit, *Country Report*: *Philippines*, October 2010, P.2.

将放缓至4.6%。[①]

10. 文莱经济：表现不俗

多年来，文莱经济总体上温温吞吞，增长率在±1%左右徘徊，起伏不大。2009年，由于油气出口大幅下滑，导致当年出口总额下降30.2%，经济增速整体受到很大影响。进入2010年以后，文莱经济出现回暖态势。根据亚行4月中旬公布的一份经济展望报告，年内文莱经济可望实现1.1%的增长，这主要是由于国际能源市场价格的增长以及上半年一家大型甲醇厂建成（历时6年建设）投产。另外，大摩拉岛建设、跨境输电线路以及一些农业加工项目也将为经济增长作出贡献。此外，外国投资也有回升，私人消费实现小幅增长，通胀预期保持较低水平。[②] 但是，根据世界银行6月上旬的预估，认为年内文莱经济职能实现0.5%的增长。其中，能源领域下降0.7%，非能源领域增长1.5%。石油、天然气仍占国内生产总值的51.9%。在对外贸易方面，出口总额可实现82亿美元（其中石油、天然气出口78.6亿美元），进口26.29亿美元，顺差达55.71亿美元。[③]

根据美国《金融杂志》9月底公布的关于全球182个国家和地区的调查结果，文莱以人均GDP48 714美元位列全球最富国家和地区排行榜第五。

三、区域合作：一体化仍然缓慢推进

年内，尽管区域内外动荡加剧，不确定因素增多，就连东盟秘书长素林也曾经担心“泰国政局恶化动摇外国对亚细安整体安稳信心”。[④] 但是，东盟建设经济共同体、安全共同体、社会文化共同体的决心仍不动摇，东南亚一体化的进程仍然缓慢推进。

---

① 《联合国机构预计菲律宾明年经济增长4.6%》，载菲律宾《商业镜报》，2010年12月17日。

② 《亚行评论文莱经济表现》，中国驻文莱大使馆经商处网站，2010年4月16日15：33。

③ 《世行预测文莱今年人均生产总值GDP将达3.62万美元》，中国驻文莱大使馆经商处网站，2010年6月10日08：22。文章来源：《联合日报》。

④ 《东盟秘书长：泰政局恶化动摇外国 对亚细安整体安稳信心》，载新加坡《联合早报》，2010年4月14日。

（一）两届东盟峰会助推共同体建设

年内，东盟罕见地召开了两次峰会，两次都在越南召开，一次在年头，一次在年尾，其主要议题都与推进东盟共同体建设有关。

1. “从愿景到行动，迈向东盟共同体”：第十六届东盟峰会的主要成果

原拟定于2009年由上届东盟轮值主席国泰国承办的第十六届东盟峰会由于泰国政局动荡未能如期举行，被推迟到了2010年由本届东盟轮值主席国越南承办。

4月8~9日，第十六届东盟峰会在越南河内国家会议中心举行，东盟各国领导人出席开幕式。东盟轮值主席国越南将本次峰会的主题确定为“从愿景到行动，迈向东盟共同体”。

越南总理阮晋勇在峰会开幕致辞时强调：“经过40多年的发展……东盟已进入新的发展阶段，正朝着2015年建成以《东盟宪章》为法理基础的东盟共同体的目标迈进。”同往届东盟峰会相比，本届峰会未邀请东盟对话国参加。会议集中讨论了推进东盟共同体建设和《东盟宪章》的落实、东盟在区域合作中的角色、经济恢复和可持续发展、应对全球气候变化挑战等议题。

会上发表了两项声明，即《可持续恢复和发展声明》和《共同应对气候变化联合声明》。另外，还讨论通过以下8项文件：（1）《东盟宪章框架内争端解决机制协议》；（2）《东盟友好与合作文件》；（3）《东盟秘书处报告书》；（4）《东盟基金会报告书》；（5）《东盟财政状况报告书》；（6）《关于使用东盟各国国旗、国歌和国徽的规定》；（7）《加强东盟文化社区联系的计划》；（8）《召开东盟文化社区大会的条件》。①

《可持续恢复和发展声明》主要总结了2008年全球金融危机以来东盟国家在经济发展方面所取得的经验和教训，表达了建立共同财政刺激机制的决心；呼吁加速东盟经济一体化建设，并强调可持续的经济发展模式。

《共同应对气候变化联合声明》强调东盟各国将为坎昆峰会顺利推出具有法律约束力的文件而作出努力。

---

① 《洪森总理率团返回金边，何南丰：东盟峰会讨论、通过多项议题和协议》，载柬埔寨《华商日报》，2010年4月10日。

《东盟宪章框架内争端解决机制协议》则涉及东盟成员国内部解决纠纷的机制等问题。该协议经东盟各国进行进一步讨论后将形成正式法律文本。

《主席声明》概述了本次峰会取得的上述成果，并透露，东盟正在加紧制订加强各国联系的总体规划，并将提交第十七届东盟峰会正式讨论。[①]

在此前召开的经济部长会议上，东盟秘书长素林还为东盟经济一体化进程的缓慢进行了辩护，指出尽管部长会议提出了一些需要关注的问题，但其进展没有偏离正轨，最迟要在2015年创立东盟经济共同体。“所有障碍都扫除了。期限已定，成员国也接受了该期限。”[②]

2. 聚焦发展与合作：第十七届东盟峰会的主要成果

10月28～30日，为期3天的第十七届东盟首脑会议及东盟与对话伙伴国系列峰会在越南首都河内召开。会议主题与4月初召开的第十六届东盟峰会相同，仍然是“从愿景到行动，迈向东盟共同体”。会议通过了《东盟互联互通总体规划》等文件，并发表了《河内宣言》，朝东盟共同体建设迈出了新步伐。与会各国领导人一致同意将在现有基础上继续推动东盟共同体建设以及加快实施东盟宪章，增强东盟内部的联系；扩展和深化东盟的对外关系，同时确保东盟在地区架构的中心地位；加强东盟各国之间在共同应对包括金融危机后经济复苏以及可持续发展、疾病与灾害预防等各方面的合作。

会议决定建立东盟互联互通协调委员会，以协调和监管“规划”落实进程；欢迎东盟国家财政部长为设立东盟基础设施基金所做的努力。据东盟秘书长素林透露，这一“规划”囊括700多项工程和计划。他希望东盟及其对话伙伴国通过多元投资积极参与“规划”，切实推动东盟内部以及东盟与其对话伙伴国间的互联互通。[③]

根据上一届东亚峰会的决定，会议同意邀请美国和俄罗斯从

---

① 来源：中国新闻网；2010年4月10日00：38。

② 《亚细安秘书长为经济一体化辩护》，载新加坡《联合早报》，2010年3月1日。

③ S. Ramesh, *ASEAN leaders adopt Connectivity Masterplan at summit*, “The Straits Times, Singapore”, 28 October 2010.

2011 年起正式成为东亚峰会成员国。[①]

（二）东盟部长级会议：推进一体化仍然是主题

年内，东盟还召开了一系列部长级会议，其中主要有经济部长会议、外长会议、国防部长会议等。

1. 第四十三届东盟外长会议：聚焦一体化计划的落实

7 月 20 日，第四十三届东盟外长会议在河内举行。作为东盟外长最重要的年度活动之一，东盟外长本次会议重点讨论了第十六届东盟峰会成果的落实情况，强调切实推进“东盟共同体建设路线图”和《东盟宪章》的落实。会议还就扩大和深化东盟同对话国的合作、巩固东盟在本地区的中心作用以及加强合作，应对天灾疫病、气候变化等议题进行了讨论。

对于推进“东盟共同体建设路线图”和《东盟宪章》的落实，东盟外长一致同意以切实的措施及必要的资源有效及严格开展“东盟共同体建设路线图”中的合作计划。东盟各位外长肯定加强东盟互联互通的努力为区域联通奠定了稳健基础。[②]

东盟外长们再次肯定东盟继续在地区中推动政治安全问题及为和平、稳定及繁荣的对话和合作发挥核心角色的决心和努力；一致同意继续推动及发挥《东南亚友好合作条约》、《东南亚非核武区协定》、《南海各方行为宣言》以及东盟地区论坛（ARF）等确保东盟区域和平安全的工具的角色。

会上，东盟外长也一致同意签订加拿大和土耳其加入《东南亚友好合作条约》（TAC）的文件，以及与《东南亚友好合作条约》其他成员国签订《东南亚友好合作条约》修订的第三号议定书，旨在为欧盟能够参加该条约创造便利条件。

对于东盟的对外关系，东盟外长肯定将继续努力扩大深化东盟同对话国的合作，尤其是在经贸、投资、财政、能源、粮食、气候变化、天灾疫病等领域上的合作。

东盟外长同时批准印度、日本、新西兰、荷兰、卡塔尔、沙特阿拉伯、克罗地亚、瑞典、比利时、土耳其、阿尔及利亚等 11

---

① S. Ramesh, *ASEAN invites Russian*, *US leaders to East Asia Summit from* 2011, “The Straits Times, Singapore”, 29 October 2010.

② S Ramesh, *ASEAN foreign ministers agree on connectivity masterplan*, “The Straits Times, Singapore”, 27 October 2010.

个伙伴国任命常驻东盟大使，将伙伴国常驻东盟大使的数量增至41个。

东盟外长对俄罗斯和美国加入东亚峰会的愿望表示欢迎，并建议在将于10月底在河内召开的第十七届东盟峰会上能正式邀请俄罗斯和美国加入东亚峰会。

会议重申东盟成员国将在《东盟宪章》指导下，继续努力建设一个政治团结、经济一体化、担负社会责任的东盟共同体。[①]

2. 第四十二届东盟经济部长会议：建设“充满活力和可持续增长的共同体”

8月25日，第四十二届东盟经济部长会议在越南中部城市岘港举行。会议的主题是“东盟经济共同体——充满活力和可持续增长的共同体”。会议结束后，还举行了东盟与中国、日本、韩国、澳大利亚、新西兰、印度、俄罗斯和欧盟等对话伙伴的会议。[②] 会议一致同意，将进一步促进货物贸易便利化和服务贸易自由化，缩小各成员国间的经济发展差距，保证东盟国家经济的稳定和可持续发展。会议重申，东盟国家经济发展目前面临的重要任务是，进一步完善推进东盟经济共同体路线图实施进程的具体措施和方案，促进货物贸易便利化和服务贸易自由化，实现经济和谐发展的同时保持成员国宏观经济稳定，推动东盟国家经济实现平衡、稳定和可持续增长。会议通过了《东盟中小企业发展2010—2015年战略行动计划》。

3. 第四届东盟国防部长会议：促进地区稳定是主题

在推进东盟安全共同体建设方面，东盟国防部长会议和东盟地区论坛发挥着重要作用。

5月11日，第四届东盟国防部长会议在河内举行。来自东盟10国的国防部长在会议上就“加强东盟国防合作，促进地区稳定与发展”这一主题进行了讨论。越南国防部长冯光青在会上说，东盟需要在国防和安全领域加强对外合作，东盟的安全与亚太地区安全及全球安全密切相关，东盟与对话伙伴的合作对于保证东盟各成员生活在和平、稳定和可持续发展的环境中具有重要

① 《第四十三届东盟外长会议达成多项共识》，载《越南共产党电子报》，2010年7月22日10：24。

② 《第42届东盟经济部长会议进一步促进地区可持续发展》，2010年8月25日14：23，新华网。

意义，应通过东盟与对话伙伴国防部长会议，推动这一进程。

与会各国国防部长在会议上表示，东盟各国要加强在国防和安全领域的合作，并提高合作效率，以应对跨国非传统安全挑战。

本次会议决定，首次东盟与对话伙伴国国防部长会议将于今年10月举行。①

4. 第十四届财政部长会议：推进财金合作

4月8日，第十四届东盟财长会议在越南庆和省芽庄市召开。与会的有来自东盟10国的财政高官和央行行长，还有亚洲开发银行主席，以及国际货币基金组织和世界银行的高官等。越南政府副总理阮生雄出席并发表开幕辞。在越南财政部部长武文宁的主持下，会议就区域金融财政融入计划，东盟在资金市场发展、财政服务自由化、保险及海关中的合作等领域的行动计划进行了讨论并达成广泛共识。与此同时，各项具体合作内容包括《亚洲市场发展倡议》、《清迈倡议多边化》等也是本届会议的重要议题。

四、东盟与区域外大国的合作：仍然发挥着主导作用

年内，东盟在继续推进东盟共同体建设的同时，也继续努力加强与区域外大国的合作。在东亚合作方面，东盟继续寻求并巩固自己的主导地位，以东盟一体化建设为核心，推动东亚共同体建设。在10月底举行的第十七届东盟峰会系列会议上，东盟秘书长素林明确表示："东盟希望能够在地区性事务中保持自己的主导性和中心地位。"② 在东盟与中、日、韩之间的"10+3"和"10+1"合作，以及东亚合作方面，都在东盟的主导下按既定议程召开了相关会议。

（一）第十三次"10+3"和"10+1"领导人会议

东盟与中国、日本、韩国合作机制包括东盟10国与中、日、韩3国（"10+3"）以及东盟10国分别与中、日、韩3国（即三

---

① 2010年5月11日23：28，新华网。
② 2010年10月29日23：04：54。来源：国际在线（北京）。

个“10+1”）合作机制。20世纪90年代后期，在经济全球化浪潮的冲击下，东盟国家逐步认识到启动新的合作层次、构筑全方位合作关系的重要性，并决定开展“外向型”经济合作。1997年12月15日，首次东盟—中、日、韩领导人非正式会议（“10+3”）和东盟10国分别与中、日、韩3国导人非正式会议（即三个“10+1”）在马来西亚举行。东盟与中日韩合作机制密切了东亚国家之间的相互联系，增强了区域合作意识和互利共赢的理念，推动了东亚地区的一体化合作与发展进程。

2010年10月29日，第十三次东盟与中、日、韩（“10+3”）领导人会议和第13次东盟分别与中、日、韩3国领导人之间的非正式会议（即三个“10+1”）在河内举行，上午举行的是“10+1”领导人会议，下午举行的是“10+3”领导人会议。

温家宝总理出席了上午举行的中国与东盟领导人之间的“10+1”会议并发表了重要讲话，就共同落实好第二个五年行动计划提出了六点建议。温总理还就南海问题阐明中方立场，强调南海问题是有关声索国之间的双边争议，应由当事方通过对话协商予以妥善解决，并指出有关各方应共同努力，落实好《南海各方行为宣言》。

出席下午举行的“10+3”领导人会议的有东盟10国领导人、中国总理温家宝、日本首相菅直人和韩国总统李明博。与会领导人积极评价“10+3”合作近年来取得的新成果，其中主要包括清迈倡议多边货币互换机制正式实施、研究设立了“10+3”宏观经济研究办公室、建立“10+3”债券市场论坛以及信用担保和投资机构、研究成立东亚自由贸易区等。

与会领导人表示将采取有效行动，推进落实“10+3”合作的各项协议，加强在金融货币问题上的合作，加深在贸易、投资、旅游、交通和基础设施建设领域的交流合作，建立更紧密的区域合作关系。

温家宝总理在“10+3”会议讲话中，回顾了该机制的发展历程和丰硕成果，强调对“10+3”在东亚合作中的主渠道地位的坚定支持，提出要积极推进东亚自贸区建设、深化财金合作、推进粮食安全等领域合作、加强在重大国际问题上沟通协调。温总理指出，加强“10+3”合作是实现东亚振兴的必由之路，“10+3”国家要肩负起历史使命，向这一远大目标不断迈进。

（二）第五届东亚峰会：规模再扩大

东亚峰会的概念最早由马来西亚前总理马哈蒂尔于2000年提出。在东盟推动下，2005年在马来西亚首都吉隆坡举办了首届东亚峰会。东亚峰会紧随东盟首脑会议举行。目前，东亚峰会参与方包括东盟10国和中国、日本、韩国、印度、澳大利亚、新西兰6国。

2010年10月30日上午，第五届东亚峰会在越南首都河内举行，东盟国家和中国、日本、韩国、印度、澳大利亚、新西兰领导人出席会议，就东亚合作进展与发展方向、经济复苏、可持续发展等地区和国际问题展开探讨。

作为本届东亚峰会主席、越南政府总理阮晋勇的特邀嘉宾，俄罗斯外长谢尔盖·拉夫罗夫和美国国务卿希拉里·克林顿出席了会议。会议决定从2011年起邀请俄美两国加入东亚峰会。会上，阮晋勇正式通知拉夫罗夫和希拉里，东亚峰会领导人决定邀请俄美两国总统出席第六届东亚峰会。从此，东亚峰会由“10+6”架构变为“10+8”架构。

中国国务院总理温家宝代表中方出席会议并发表了重要讲话。温总理总结了峰会为扩大区域合作积累的经验，强调要坚持东亚峰会的既定宗旨、性质和原则，坚持“领导人引领”的战略论坛定位，尊重东盟的主导作用，就促进全球经济增长、应对气候变化等重大问题和本地区具体问题加强各国宏观政策协调，共同促进本地区的和平、稳定和发展。温总理还对俄罗斯、美国加入东亚峰会表示欢迎，希望两国发挥建设性作用。

与会领导人还通过了旨在纪念东亚峰会5周年的《河内宣言》，为下一阶段的发展确立了方向和优先事宜，同意在教育、金融、能源、灾害管理以及预防禽流感等5个优先领域加强合作，重申将继续加强对话与合作，同意继续研究建立东亚自由贸易区的可能性。

媒体认为，美、俄加入东亚峰会可谓利弊共存。利处在于：一则能为本地区提供一个规格更高的议事平台，可培养国家之间的战略互信，并加强政治、经济、军事等领域的合作；二则大国的互动有利于维护地区和平与战略格局稳定。而弊端则在于：由于美国此番介入很大程度是为遏制中国的地区影响力，动机不纯势必会带来诸多不稳定因素，“尤其对东盟而言，‘10＋8’意味着东盟将要从此面对更多的庞然大国，未来的‘10＋8’可能会演变为10个‘1＋8’或8个‘1＋10’，错综复杂的关系可能会稀释东盟在该地区的中心主导地位”。[①] 作为东盟重要成员的新加坡，对东亚峰会扩大成员也有不同看法。还在年初，李显龙总理就曾经指出：“如果美俄加入东亚峰会……东亚峰会的影响力将被削弱。”[②] 而在本届东亚峰会决定正式吸收美俄两国于2011年正式加入东亚峰会后，李显龙总理又在大会的发言中正式呼吁：“美俄加入后，东亚峰会应暂停接纳新成员。”[③]

（三）部长级会议的扩大：显示东盟主导作用

近年来，为突出东盟在东南亚和东亚合作中的主导地位，东盟每年召开的各种部长级会议都在向区域外扩展，吸收区域外的对话伙伴国参加，展开多边对话。除东盟外长会议有多种扩大的后续会议外，其经济部长会议、财政部长会议，乃至国防部长会议都有了扩大的后续会议，其中都由东盟唱主角。年内，值得关注的是7月底举行的第十七届东盟地区论坛外长会议，以及10月中旬举行的第四届东盟国防部长会议。

7月下旬，在河内举行的第四十三届东盟外长会议之后，于23日举行了为期一天的第十七届东盟地区论坛外长会议。来自27个国家和组织的代表就扩大深化东盟框架内的合作，实现朝鲜半岛及地区长久和平与稳定等深入交换了意见。关于东盟地区论坛，外长们强调继续发挥该论坛作为地区政治与安全问题对话平台的作用，并坚持以东盟为核心，使东盟地区论坛发展成为地区架构的重要组成。

10月12日，由东盟主导的首届东盟国防部长扩大会议在第四届东盟国防部长会议之后紧接着举行，主题为“为了地区和平、稳定和发展的战略合作”。来自东盟10国以及澳大利亚、中国、印度、日本、新西兰、俄罗斯、韩国和美国的防长（即国防

---

① 《分析：东盟系列峰会今年有何变化》，载《解放日报》，2010年10月29日09：25。

② 《李总理：“亚细安加八”对话机制 建基于东亚峰会》，载新加坡《联合早报》，2010年4月10日。

③ 《李显龙：美俄加入后 东亚峰会应暂停接纳新成员》，来源：中国新闻网，2010年10月31日15：38。

部长）或代表出席会议。能否增强亚太国家间的军事互信，如何推动这些国家共同应对非传统安全威胁，以及中美两国在会议期间如何互动，是本次会议最受关注的三大焦点。会议交换了看法，达成了一些共识。

五、区域内外关系的发展变化

年内，东盟内部，以及东盟与区域外国家的关系都发生不少新的变化。在东盟内部，成员国之间的关系总体和谐，但柬埔寨与泰国、印尼与马来西亚之间的关系则很不协调。在东盟与区域外大国的关系方面，最令人关注的是美国介入东亚和东南亚的力度明显加大；在美日的挑唆下，中国与东南亚国家的关系出现了一些波动，但很快恢复正常。

（一）与区域外大国的关系：中美两国仍然是焦点

在东盟与区域外大国的关系中，年内最受媒体关注的，仍然是其与中国和美国的关系。与中国和美国的关系，仍然是东盟对外关系中的重中之重。一些东盟国家对中国和美国，都怀有一种又爱又怕的复杂心理。

1. 中国与东盟：仍然需要不断磨合

东盟对中国又爱又怕，爱是由于中国与东盟山水相连，东盟与中国建立自由贸易区，进行深度合作，给东盟各国带来了实实在在的利益，东盟已越来越离不开中国；怕是由于中国是东盟身边的“巨人”，由于中国与一些东南亚国家在南海问题上存在争议，再加上受一些西方垄断资产阶级所散布的“中国威胁论”的影响，随着中国综合国力的不断增强，一些东盟国家对中国仍然抱有猜忌心理，担心中国“威胁”。

年内，由于美、日的挑唆，在有的东盟国家，“中国威胁论”有抬头之势。不过，由于中国始终坚持和平的周边外交政策，强调南海问题是有关声索国之间的双边争议，应由当事方通过对话协商予以妥善解决，并指出有关各方应共同努力，落实好《南海各方行为宣言》。[①]

中国政府的上述主张，通过中国外交部发言人答记者问、中国政府领导人与东盟国家领导人互访时的会谈，以及中国领导人在东盟主导的一系列重要的地区性会议的讲话中表达出来。尤其是10月底温家宝总理带着真情出席了由东盟主导的东亚峰会系列会议，一再重申中国的和平外交政策主张，并就进一步深化中国与东盟的友好合作提出了一系列实实在在的建议，用真情打动了东盟国家。温总理的建议主要包括以下六个方面：第一，推动中国与东盟经贸关系持续、快速发展，力争双边贸易额到2015年达到5 000亿美元；中国愿意在五年内同每个东盟成员国共建一个经贸合作区。第二，用好中方提供的贷款以及“中国—东盟投资合作基金”，提升中国与东盟的互联互通水平。第三，有序推进金融、资本市场的开放和融合，中国将向亚洲区域合作专项资金增资1 700万美元，用于推动区域合作。第四，做大、做强本地区农业经济合作，帮助东盟国家提高农业发展水平。第五，加大对可持续发展的投入，共同应对气候变化、贫困、自然灾害等挑战。第六，加强文化、教育、青年等领域的交流合作。会上把2011年定为中国—东盟友好交流年。

中国政府的上述主张，赢得了东盟国家的理解和赞同，拿南中国海问题对中国“说事”的苗头逐渐平息。事实证明，“东盟国家不愿与中国对着干”。[②] 但是尽管如此，新的情况也说明，中国与东盟的关系仍然需要不断磨合，仍然需要寻求合适的办法，通过和平方式彻底消除影响双边关系长治久安的因素，使中国与东盟千秋万代友好相处。

2. 美国与东盟：彰显了东盟遏止中国的意图

年内，美国介入东南亚事务的力度进一步加大。在上年美国国务卿希拉里高调宣布美国重返东南亚以后，年内美国与东盟的关系又有新的进展。其中，最引人注目的是美国效法日本，于9月24日将东盟10国领导人召集到美国纽约进行安抚，召开了“美国—东盟峰会”。

这是在美国本土召开的首次美国—东盟峰会。美国专家认

---

① *ASEAN leaders gather amid currency tensions, territorial disputes*, “The Straits Times”, Singapore, Posted: 28 October 2010.

② 新华网，2010年10月29日08：01。

为，这意味着美国“重返亚洲”的战略步骤正走上轨道。①

峰会的28点声明涵盖了美国与东盟关系的方方面面，从政治到经济，从安全到绿色能源，从防病到防灾，但没有任何地方提到南海，提到中国。看来会议是在避免刺激中国，避免造成东盟与美国联合起来对付中国的印象，这与国务卿希拉里·克林顿7月下旬在东盟地区论坛上的高调表态大不一样。②

会议签署的《美国—东盟峰会联合声明》条款共达25项，洋洋万余言；内容包括双方在贸易、经济、气候变化、安全等领域的合作。声明全面回顾和总结了2009年11月首次美国—东盟峰会以来的双方合作。声明说，2010年上半年，美国与东盟的双边贸易额达到860亿美元，同比增长28%。然而，美国与东盟在推动实质性合作方面，例如建立自由贸易区等议题上还面临诸多障碍，目前进展不大。

聚焦美国—东盟峰会，双方合作进一步深化，然而双方战略障碍依然存在。奥巴马总统在峰会讲话中说：“作为美国总统，我明确表示美国希望在亚洲充当领导者的角色。”他说，美国和东盟之间的合作将主要集中在创造可持续经济增长以及加深政治和安全合作。越南国家主席、东盟轮值主席阮明哲则回应说，美国和东盟关系发展良好，东盟考虑将双边关系提升到“新的层级”，“以推动地区的安全与稳定”。

美国一方面想在东南亚重建强大的影响力，另一方面又想在反恐等自身关心的问题上赢得东盟支持。而东盟日益成为地区重要政治和经济力量，并不会听任美国的摆布，而是越来越以独立的姿态参加国际事务。美国与东盟的合作仍会推进，但不会一帆风顺。③

值得注意的是，美国重返东南亚，是以遏制中国为其基本目的的。7月下旬，在出席第十七届东盟地区论坛外长会议期间，美国国务卿希拉里根据事先准备好的稿子，大谈南海与美国国家

---

① 杨丽明：《美国—东盟峰会首次在美召开 议题或涉南海问题》，2010年9月25日03：45。文章来源：《中国青年报》。http：//www.chinanews. com. cn/gj/2010/09-25/2551661. shtml.

② 陶文钊：《从美国—东盟峰会看美东亚政策》，载（中国）《瞭望新闻周刊》，2010年10月11日。

③ 李洋：《聚焦美国—东盟峰会：合作深化 障碍仍存》，2010年9月26日03：01。文章来源：中国新闻网。

利益的关系，大谈维护南海航行自由的重要性和紧迫性，大谈在南海问题上反对“胁迫”，反对使用武力或以武力相威胁，等等。这种貌似公允的讲话实际上是在攻击中国，是在给国际社会造成一种南海局势十分堪忧的迷象，是在鼓噪南海问题“国际化”。

希拉里在11月1日访问柬埔寨时，也不忘记离间柬埔寨与中国的关系，警告柬埔寨“不要太过依赖中国”。①

（二）东盟内部的关系：仍有隐忧

众所周知，自20世纪90年代东盟一体化进程加速以来，东盟意识逐渐增强，东盟各成员国之间在不断磨合中总体保持了相互关系的良性互动。但是，由于东盟国家基本上都还处于民族国家的阶段，国家意识和主权意识仍然十分强烈，一些国家之间因边界、领土、历史、宗教、文化、经济等原因而引发的矛盾冲突仍然时有发生，有时甚至达到剑拔弩张的地步。东盟的一体化进程无疑受到了影响。年内，东盟国家之间的关系总体保持了良好状态，但柬埔寨与泰国，以及印尼与马来西亚之间的关系仍然不那么协调。

1. *柬埔寨与泰国的关系：由紧张到舒缓*

柬埔寨与泰国之间因柏威夏寺及其周围地区的归属而引发的争端，自2008年7月以来，至今已经进入第三个年头。其间，柬泰边境局势几度接近失控，甚至多次发生导致人员伤亡的小规模交火。2009年，因柬政府聘任流亡国外的已被军事政变推翻的泰国前总理他信为经济顾问，两国的军事对抗扩展至外交领域，双方闹到互撤大使的地步。但两国领导人均能从大局出发一再表示将努力控制事态发展，始终主张通过对话协商和平解决问题。

年内，柬泰争端大幅度降温：一是柬泰边境争议地区的紧张气氛明显缓和，双方领导人都一再表示不会恶化边境局势；二是上年泰国召回的驻柬大使也于8月下旬重新上岗，大使级外交关系已恢复正常；三是两国经济合作尤其是边境经济合作仍正常进行。

8月底，泰国前总理他信宣布辞去柬埔寨政府经济顾问职位，得到西哈莫尼国王的同意，从而为柬泰两国恢复外交关系创造了

① 《克林顿警告柬埔寨不要太依赖中国》，载新加坡《南洋视界》，2010年11月1日16：41：00，http：//www.nanyangpost.com/news/5130.html。

条件。[①] 由于关系缓和，柬泰之间的经济联系再次加强，双边贸易额明显回升。12 月 19 日是柬泰建交 60 周年的日子，柬政府希望届时与泰国签署互免签证协议，以便促进两国之间的旅游和商务合作，柬泰两国之间已就此进行过磋商。[②]

2. 印尼与马来西亚的关系：剪不断，理还乱

年内，印尼与马来西亚的关系仍然沿袭了上年的格局，由于在有争议的海域发生扣人事件，而扣人事件还未平息之际又发生马来西亚逮捕印尼渔民事件，以及双方就海域边界进行了 15 次谈判仍未最终解决问题，因此两国关系一直比较紧张，可谓冷战热战不断，有时剑拔弩张，但有时又和风细语。[③] 由于两国领导人都能审时度势，即便有时剑拔弩张，两国关系也处于可控制的范围之内。

过去的整个一年之中，印尼与马来西亚的关系总体上都比较紧张。在两国一些民众中，都互相视对方为主要威胁。2 月和 3 月由印度尼西亚大学社会政治学院对 250 名大学生进行的一项调查中，有 120 名或占 48% 的人认为马来西亚是印度尼西亚安全最主要的威胁。[④] 直至9 月，印尼民众中的反马情绪仍然十分高涨，9 月 2 日，印尼又发生多起民间团体反马示威。面对国人日益高涨的反马情绪，苏西洛总统公开发表演讲，呼吁人民不要采用暴力的方式，去对待当前印尼与马来西亚两国的外交纠纷，要永远把保持国与国之间的和平作为国家的政策。[⑤] 9 月初，印马两国终于同意定于 6 日至 8 日在沙巴州首府举行外长会议，讨论两国海域边界问题。9 月底，印（尼）马两国外长在联合国会谈达成协议，双方同意成立一个专门处理与两国边界有关问题的论坛。[⑥] 看来，印尼与马来西亚的纷争要和平解决，还需一个相当的过程。

---

① 柬埔寨《星洲日报》，2010 年 8 月 24 日。

② 柬埔寨《星洲日报》，2010 年 9 月 16 日。

③ *Malaysia arrests Indonesian Aceh militant*，http：//www.channelnewsasia.com/，28 October 2010 .

④ 《印大调查揭示马国是印尼安全最主要威胁》，载印度尼西亚《星洲日报》，2010 年 4 月 28 日。

⑤ 新加坡《联合早报》，2010 年 9 月 2 日。

⑥ 新加坡《联合早报》，2010 年 10 月 1 日。

六、2011 年东南亚发展展望

综合各方面的情况看，2011 年东南亚地区政治、经济、安全乃至国际关系的发展虽然不会一帆风顺，但如果不发生突发性事件的话，是可以保持稳定发展态势的。

（一）关于政治发展：稳定是主流

在政治发展方面，总体判断是，东盟 10 国政局总体上将保持稳定，但缅甸、马来西亚两国更加值得关注。

缅甸在本年 11 月 7 日终于成功举行了久违的大选，但大选只是确定了有军方背景的联邦巩固与发展党获胜，获得组阁权，这只是第一步，新的国家权力机关还未产生。按新宪法规定，大选后必须在 90 天内选举产生总统、副总统，组建人民院和民族院，组成新政府。目前，缅甸的政权机构及其各部门领袖将如何产生，国家机器将如何运转，仍然充满了变数。

此外，仍有巨大号召力的反对派领袖昂山素季年底获释后，频频与国际社会接触，显示其在缅甸未来政局发展中作为一个不可或缺人物的形象，美国更是派出负责东亚及太平洋事务的副助理国务卿约瑟夫·云（Joseph Yun）于12 月 10 日专程赴缅甸与昂山素季接触，其插手缅甸内政的图谋昭然若揭。美国的干预、昂山素季的影响，仍然值得关注。

关注马来西亚政局的发展，主要是因为 2011 年马来西亚可能举行大选，其政局发展存在变数。据媒体称，马国政要近期已经多次暗示，将于明年举行大选。10 月 23 日，纳吉布总理在巫统大会结束后，在记者会上受询时不否认明年可能会宣布解散国会，为第十三届全国大选铺路；副总理慕尤丁更强烈暗示，全国大选已经不远，总理应该会在未来的数个月内有所决定。[①] 在 12 月 5 日召开的国阵大会上，纳吉布总理再次暗示，大选可能很快

① 《正副首相都暗示，马国明年大选》，载新加坡《联合早报》，2010 年 10 月 24 日。

就要来临，国阵必须迅速作好准备，确保继续长久执政。[①] 由此看来，新的一年将是马国的大选年。大选是马国政治生活中的头等大事，各种政治、社会、经济，乃至民族、宗教都呈总体爆发态势。尽管本年度以公正党为核心的反对党几经分裂，力量不断被削弱，而作为执政联盟核心的巫统则扭转颓废蒸蒸日上，但政坛力量的分化组合随时都在进行，变数还很多，谁能笑到最后，仍需拭目以待。

（二）关于经济发展：保持稳定增长有希望

在新的一年里，国际经济形势仍将在曲折起伏中回升，而在亚太地区，中国和印度经济仍将保持稳定增长态势；此外，年内东盟各国经济都有较好表现，各国经济增长的惯性仍可持续一段时间。因此，在新的一年里，东南亚地区经济增长的国际、地区和国内环境仍将处于良好状态，只要不发生大的外部冲击，取得5%左右的中速增长率是有可能的。但是，由于各国具体情况不同，经济增长的表现也会不同，对出口依赖较大的出口导向型国家如新加坡、马来西亚等受国际经济环境的影响要大一些；如果国际经济环境继续向好的方向发展，那么其获得较高速度的增长是有希望的。此外，越南、柬埔寨、老挝等新兴市场由于政治持续稳定，外资、外援仍然将大量涌入，其基础设施建设仍将保持活跃态势，仍然有可能实现高增长。但是，缅甸和文莱要取得中速以上增长率则非常困难。按照英国 EIU 的预测，缅甸 2010 年的经济增长率为3.1%，而由于受持续进入的外资尤其是中国直接投资的拉动，其2011 年的增长率可达4.0%。[②]

（三）关于区域一体化发展：不确定因素增多

自2003 年东盟签署《巴厘协定Ⅱ》，决定建立包括东盟经济共同体、安全共同体、社会文化共同体三根支柱的东盟共同体以来，东盟的一体化进程目标更加具体，时间表更加具体，进程也在不断推进。由于东南亚在地理、历史、政治、经济、民族、宗

① 《纳吉暗示，马国很快将举行大选》，载新加坡《联合早报》，2010 年 12 月 6 日。

② Economist Intelligence Unit，*Country Report*：*Myanmar*（Burma），August 2010，P. 8，P. 10.

教、文化等方面突出的多样性，尽管东盟已经决定将于2015年建成“东盟共同体”，并且多次强调既定目标不变，时间不变，但国际观察家们大多都另有看法，总体认为东盟要按时保质保量建成一个合格的“东盟共同体”似乎非常困难，即便届时宣称建成了，也可能只是大大缩了水的“共同体”。这一情况，随着近年来东盟发展中不断出现的新情况而越来越引起人们，包括东盟内部有识之士的怀疑。这样的新情况主要体现在两个方面：

一是东盟内部各成员国民族意识仍然十分强烈，相互之间的关系错综复杂，各种冲突不断，建立东盟共同体所必须的区域意识即“东盟意识”难以培育。因此，短期内要建成一个保质保量的“东盟共同体”仍然面临巨大挑战。

二是东盟近年来的大力向外扩展，可能削弱其影响力和主导作用，冲淡其推进东南亚一体化的努力。出于其实施大国平衡战略的政治考虑，近年东盟在对外合作中热衷于“大而全”，在“10+1”、“10+3”合作取得一些成绩而需要进一步巩固时，却急于去推动更大范围的东亚合作（即所谓“10+6”体制），年内又匆忙宣布接纳美国和俄罗斯加入，使东亚合作由“10+6”体制扩大为“10+8”体制。有评论家认为，引入众多大国，不但可能给东南亚地区引入不安定、不稳定的因素，而且“可能会稀释东盟在该地区的中心主导地位”。[①] 这一点，就连一些东盟国家政要也看到了。新加坡政府总理李显龙就曾经在本届东亚峰会的发言中表达了这种看法，并且建议“美俄加入后，东亚峰会应暂停接纳新成员”。[②]

因此，在新的一年里，东南亚的一体化仍将得以推进，但进程不可能很快，只能是缓慢地推进，而且仍然存在着许多不确定的因素。

（作者单位：云南省社会科学院东南亚研究所）

① 《分析：东盟系列峰会今年有何变化》，载《解放日报》，2010年10月29日09：25。

② 《李显龙：美俄加入后，东亚峰会应暂停接纳新成员》，来源：中国新闻网，2010年10月31日15：38。

中　　篇

东南亚各国发展报告

越南：政治经济在平稳中求发展

王国平

对于越南来说，2010 年是一个略显平静的年份。虽然国际金融危机的影响还没有彻底结束，越南经济的发展仍然面临很多困难，尚未恢复到高速增长状态，但与 2009 年相比，经济发展状况都有了明显的改善。年内，越共中央和政府继续稳步推行政治改革，党和政府的机构都保持了相对的稳定，社会形势保持基本稳定，经济增速稳步回升，外交继续保持活跃态势。

一、政治社会形势：稳定中求发展

对于越南党和政府来说，过去的一年是极为关键的一年。越共拟于 2011 年召开第十一届全国代表大会，由于这次会议事关越南今后的发展方向，所以筹备十一大，为十一大的顺利召开创造良好的政治、经济、社会环境就成了年内越南党和政府的一大重要政治任务。为此，越南党和政府将维持政治和社会稳定、保持经济平稳发展当做头等大事来抓，确保了政治经济的平稳发展。

（一）越共十届十二次全会：为十一大召开作准备

年内，越共中央先后于 3 月和 10 月召开了十届十二次和十三次会议，集中全党的智慧，为即将于下一年初召开的越共十一大作积极准备。

3 月 22 日至 28 日，越共中央委员会十届十二次会议在河内召开。这是越共十一大召开前的一次重要会议，对越南党和政府当前和今后的工作都有深远的影响。经过 7 天的讨论，会议在全面总结了十大以来所取得成绩的基础上，表决通过了拟提交十一大审议的《越共十一大报告》、《越南共产党党章执行、补充及修正情况报告》、《越南社会主义过渡时期建设纲领》、《2011～2020 年社会经济发展战略》等报告，对越共十一大人事安排、十一大代表产生办法及其他问题进行了讨论。会议还提出了越南结束过渡时期后的总目标：基本建成社会主义的经济基础及与之相适应的政治、思想和文化领域的上层建筑；到 21 世纪中叶将越南建设成工业化和现代化的、繁荣的社会主义国家。会议同时提出了越南 2011～2020 年的十年发展战略：实现越南经济的快速和可持续发展，并且将可持续发展的要求贯穿于整个经济发展战略中；与经济发展相适应，实行经济和政治同步改革，把越南建设成为“国强民富、社会公平、民主文明”的社会主义国家；实现以人为本的发展目标，落实人民的民主权利，最大限度地发挥人民的积极性；建立以市场为主导的经济体制，发展社会生产力；建立独立自主的经济体系。

越共中央十届十二次会议对党的建设也提出了相应的工作目标：会议决定，越南共产党 2011～2015 年的工作目标是：继续推进革新开放事业，加强越共的执政能力建设，建立一个强大而透明的政治体系，实现经济快速可持续发展，为在 2020 年基本建成工业化国家而奠定基础。农德孟总书记在讲话中指出：会议讨论的各项报告和文件都是越共党内建设的重要文件，目的在于公布党的政治路线，征集各级党组织和群众的意见。党的政治路线既要体现党的本质，又要成为鼓励群众革命的旗帜，这才是决定党和民族命运的关键。对于当前和今后越南党和政府的中心工作，农德孟也作了相应的指示：越南要继续保持宏观经济稳定，加快经济结构调整，提高经济增长的质量和效益，有效利用资源，继续推进社会主义定向市场经济改革。农德孟还特别指出，越南今后在建成工业化和现代化国家的同时，还要保证社会政治稳定，不断满足人民的思想文化需求，不断提升越南的国际地位和影响力。①

① 《越共十届十二中全会闭幕》，载《越南共产党电子报》，2010 年 3 月 29 日 17：43。

（二）积极推动“公民社会”讨论，稳步推进政治体制改革

为了迎接越共十一大的胜利召开，越共中央还提出了建设“公民社会”的构想，推动“公民社会”在党内外的讨论。建设“公民社会”的构想由来已久，在党内也早已开始酝酿，但由于时机尚未成熟等诸多原因，一直没有公开。越共中央选择在年内由部分专家提出这样一个构想，是一种深思熟虑的改革尝试。越南官方一般不采用“政治体制改革”的提法，而喜欢将政治方面的改革称为“政治系统革新”，以减少党内的歧见，最大限度地达成党内意见的一致。从2006年越共十大召开以来，越共中央一直在探索“政治系统革新”的路径，并组织越共中央宣教部、越南国家社会科学院等机构的数十名专家，对越南政治系统革新开展广泛的研讨。

越南专家提出的建设“公民社会”构想的基本内容是：加强公民和社会组织在国家政治生活中的作用，强化公民和社会组织对政府的监督作用，使越南形成政府、市场、社会并行发挥作用的运行机制，推动建立更加开放、民主的社会主义政治体制。“公民社会”构想的提出，释放的是越南稳步推进政治体制改革的积极信号。“公民社会”建设构想是越南近年来政治系统革新的重要内容，越南选择在十一大召开前一年提出这样一个全新的政治革新构想，其寓意应该是极为深远的。

（三）全力维护越共的领导地位和社会稳定

年内，越南党和政府在稳妥推进“政治系统革新”的同时，对反对派仍保持了高压态势。1月20日，越南专政机关顶着国际舆论的压力，对4名“人权分子、民运分子和网络异议分子”进行刑事判决。越南法院裁定维权律师黎公定，电脑专家阮进中，互联网企业家陈黄维识、黎升龙涉嫌参与“推翻人民政府的活动”罪名成立，黎公定、黎升龙被判处5年徒刑，阮进中被判处7年徒刑，陈黄维识被判处16年徒刑。[①] 2月5日，越南女作家陈凯青翠被以蓄意伤人罪判处3年半徒刑；西方人权组织认为，陈凯青翠曾在2009年公开支持民运分子，“提控受害人殴打罪，

---

① 《人权组织：越南违背对亚细安所作维护人权承诺》，载新加坡《联合早报》2010年1月23日。

意在制止批评政府的声音”。8月14日，胡志明市理工大学讲师范明煌因作为非法政治组织“越南改革党”党员参与了颠覆越南共产党政权的活动而被警方逮捕。①

随着越共十一大会期的日益临近，越南国内各种政治势力，特别是不满共产党政权的政治势力加紧活动，利用互联网，鼓吹多党政治，开展各种形式的反政府的宣传活动。面对这种形势，越南党和政府加大了对反对派的打压力度。仅10月1~8日，越南专政机关就对17名政治煽动者、反对派人士和网络作家分别进行了起诉和逮捕，其中就包括在越南小有名气的“著名政治评论家”武古辉河。他因“展开反政府的宣传活动”被警方羁押，警方称在他的手提电脑中发现了大量的包括鼓吹多党政治在内的反政府文件。②

（四）从关注经济、关注民生入手来促进政治社会稳定

年内，越南党和政府继续把保持经济增长、保持宏观经济稳定和保持社会稳定列为中心工作。5月，阮晋勇总理在政府工作会议上分析了当前的经济形势和2011年的经济发展目标，指出越南政府当前最主要的经济任务是：加大生产发展力度，恢复增长速度，稳定宏观经济，保证社会民生和可持续发展；2011年越南要实现GDP增长7%~7.5%，财政收入增长17%~19%的目标。会上，阮晋勇提出了越南政府在经济、教育、科技、文化、社会、环境、资源、可持续发展等方面的任务，指出，这些工作任务都要围绕落实2011~2020年经济社会发展战略和2011~2015年五年规划来开展，为了实现上述目标，越南政府将着力解决三大核心问题，即进一步完善社会主义定向的市场经济体制，大力开发人力资源，加强重大基础设施项目建设。

进入下半年以来，越南的通货膨胀压力陡然增加，居民消费品，特别是日用消费品价格出现了较大幅度的增长，对越南宏观经济的运行和社会稳定都造成了一定影响。在下半年召开的几次政府工作会议上，阮晋勇总理反复强调保持经济增长，保持宏观

① 《被指参与颠覆活动，越南讲师遭逮捕》，载新加坡《联合早报》，2010年8月18日。

② 《越南人代会在即，加紧打压反对派》，载新加坡《联合早报》，2010年11月8日。

经济稳定和社会稳定的重要性，要求政府各部门紧紧盯住市场动态，采取措施抑制消费品，特别是基本生活用品价格的过快增长。[①] 可以说，经济工作是越南政府2010年历次工作会议的重中之重，这一方面说明越南年内面临的经济形势依然比较严峻，另一方面也说明越南政府对经济工作的高度重视。

（五）高度重视反腐倡廉工作

惩治腐败是越南党和政府近年来的一项重要政治工作，但随着越来越多的腐败案件被揭露出来，一些政治势力开始抓住少数领导干部的腐败问题大做文章，将攻击的矛头直指越南共产党，企图制造政治混乱，以便浑水摸鱼。可以说，越南党和政府在反腐问题上面临着巨大压力。

年内，越南党和政府继续加强打击贪污腐败的工作，相继查处了一批腐败案件，其中重要的案件有：2月3日，越南投资发展银行的高级管理人员、副总干事段天勇涉嫌接受超过10亿越盾的贿赂，被警方逮捕。[②] 7月，越南国有造船工业集团总裁范清平因伪造财务报表及其他违法行为被革职。8月，范清平遭逮捕。随着范清平的落马，越南造船工业集团深陷财务危机一事被曝光。据越南媒体报道，该集团自2008年以来，由于财务管理混乱，已欠下至少不低于80万亿越盾（约56亿新加坡元）的巨额债务，已接近破产。除范清平外，越南国有造船工业集团还有8名领导干部落马和遭逮捕。[③]

二、经济形势：艰难的复苏

总体而言，2010年是越南经济艰难复苏的一年，国际金融危机对越南经济的发展仍有着不小的影响，再加上频发的自然灾害的影响，可以说，过去的一年越南经济仍处于震荡整理之中。

---

① *Cabinet discuss price control measures*, VNS, 8 Nov. 2010.
② 《越银行高管受贿被捕》，载新加坡《联合早报》，2010年2月4日。
③ *Cabinet discuss price control measures*, VNS, 4 Nov. 2010.

（一）宏观经济运行：在困难中艰难前行

第一季度，越南经济出现了一些比较好的发展势头。1～3月，GDP增长5.7%～5.9%，同比增长了2.6%～2.8%，虽然低于上年第四季度增长6.9%的水平，但考虑到下半年增速普遍高于上半年的因素，可以说一季度的经济增长还是开了一个好头。

在对外贸易方面，1～3月越南出口额约为141亿美元，同比下降1.6%；进口额约为176亿美元，同比增长38.4%；贸易逆差在继续扩大，季度逆差近36亿美元，占出口额的25.6%，突破了政府预定的逆差不得超过出口额20%的指标。从表面上看，对外贸易的状况不太令人满意：出口下滑，进口则增长过快，贸易逆差居高不下。但是，通过对进出口商品的结构进行分析就可发现，出口贸易中，下降幅度较大的是传统出口商品，如原油、农产品、矿产品等，而一些新兴产业的产品出口却有较大的增长，如机械设备及零配件、电线电缆、电脑、电子产品及配件等，这反映出越南经济部门特别是制造业部门的产业结构正在悄然发生改变。另外，对越南进出口贸易形成影响的还有一个重要因素，即国际市场的价格波动。在越南的进口贸易中，原材料的进口占有很大的比重，而在2010年，大多数进口原材料的价格都出现了较大程度的上扬，如成衣业所需的棉花、棉纱、棉布，大多依赖进口，而国际市场上的棉花、棉纱、棉布价格在2010年都有较大幅度的上涨。又如，自进入2010年以来，越南进口的钢材、建筑材料价格也有不同程度的上涨。进口贸易增长过快，除进口量的增加外，进口商品的价格上涨也是一个很重要的原因。

从吸引外国直接投资的情况看，全球性金融危机对越南的影响仍在继续。2010年1～3月，越南吸引的外国直接投资为21.4亿美元，同比下降71%；新批外资项目139个，协议投资金额19.24亿美元，同比下降40.9%和40.5%；41个既有项目获得增资，增资金额2.15亿美元，同比下降48.7%和94.8%。2010年，越南计划引进外资220亿～250亿美元，到位外资105亿～110亿美元。从近年来越南吸引外资的情况看，越南已很难重现新的吸引外资的高峰期，将无可争议地进入有选择地利用外资时期，吸引外资的重点将放在对外资的质量和提升经济发展质量的追求上。

年内，频发的自然灾害也对经济的发展造成了不利影响。7月17日，强热带风暴“康森”在北部的太平省附近沿海登陆。8月24日，强热带风暴“蒲公英”在北部义安沿海登陆。9～10月，北部和中部的河静、义安、广平等省频遭强降雨袭击，其中10月初和10月中旬河静、广平等省连续遭遇两次大的洪涝灾害，先后有64人、41人在灾害中死亡。在10月中旬的那次水灾中，河静、义安、广平三省一个星期的降雨量达1 200毫米，近20万所民房被洪水冲毁，14万多人逃离家园。10月底，中南部沿海地区的宁顺、庆和、富安三省暴雨成灾，造成3万多人无家可归，8人丧命，6人失踪。仅10月份，越南在洪灾中死亡的人数就接近150人。[①] 11月中旬，中部的广义、广南发生水灾，至少有2人死亡，11人受伤。受灾最严重的广义省近3 000间民房、校舍受损，大量农田被淹，越南1A号公路的部分路段被冲毁，造成交通中断。洪水造成越南直接经济损失达300万美元，上千人无家可归。[②]

除对外贸易、引进外资面临困难，以及自然灾害的影响外，2010年，越南经济还面临巨大的通胀压力。从三季度开始，越南国内市场出现了剧烈的价格波动，尽管政府采取了一些措施来平抑物价，但收效甚微。出现价格剧烈波动的商品包括食品、钢材、食糖、化肥、饲料、燃料、纸张、煤炭、药品、水泥和食盐等，价格波动还引发了越盾贬值，兑美元的汇率从9月份的19 500盾兑换1美元降至10月份的20 000盾兑换1美元，给很多依赖原料进口的生产企业造成损失。很多企业抱怨原料进口支出已占到企业产值的30%～50%，企业盈利的空间已越来越小。[③] 10月底到11月初，阮晋勇主持召开政府工作会议，重点讨论物价形势和应对措施，要求政府各部采取措施，紧紧盯住市场动态，严格控制物价，特别是基本生活品如食品、药品的上涨。会议还对越南当前的经济形势作出基本的判断，认为在克服全球性经济危机的影响和战胜各种自然灾害的前提下，头10个月经济

---

① 《泰南越南灾情严重》，载新加坡《联合早报》，2010年11月4日。

② *Floods wreak havoc in central region*, VNS, 16 Nov. 2010.

③ *Dong devalution hurts equipment importers*, VNS, 1 Nov. 2010.

保持了平稳增长，工业产值同比增长了13.7%；农业产值虽然没有大的增长，但也保持稳定增长的态势；服务业产值同比则有大幅度的增长。会议还认为，其他经济指标也比较让人满意，头10个月的外贸出口达578亿美元，同比增长了23.3%。10月份的CPI指数上涨了1.05%，低于9月份的1.31%，表明政府采取的一系列控制物价上涨的措施已初见成效。[①]

2010年下半年，越南政府颁布了一项控制价格的新法令，并于2010年10月1日起生效。新法令允许国家机构在价格比生产成本升得更快的时候，推行“稳定”措施。[②] 到12月初，全国各地都在执行稳定物价计划，要求各地为迎接新年的到来，切实保证基本生活用品销售价格的稳定，这些基本生活商品包括大米、食糖、食用油、肉类、禽蛋、粮食、蔬菜等八大类。

对于越南经济形势，英国EIU在年初出版的关于越南的报告中初步认为，2010年，越南经济仍将是困难的一年，但在亚洲国家中算是比较好的。报告还认为，尽管越南长期的经济增长前景是乐观的，但在接下来的两年里仍将面临挑战。报告预计2010年越南经济增长可能会高于2009年，在6.0%左右，但很难恢复到2007年以前的水平。[③]

（二）经济刺激政策的调整

2009年，越南政府为了保持经济的适度增长而适时推出了一系列政策和措施，取得了一定成效。2010年，由于通货膨胀的压力越来越大，加上一些重大建设项目的实际效益受到质疑，政府的经济刺激政策进入适度调整阶段。

6月19日，越南国会投票否决了预算总额为560亿美元的南北高速铁路项目，成为年内最具影响的经济事件。南北高速铁路项目从获得政府批准到被国会否决，前后还不到一年时间。越南政府一度对高铁寄予厚望，称该项目是“越南经济发展的新引擎”，但多数国会代表认为：目前越南财力不足，高铁项目将大大增加债务负担；高铁的社会经济效益不高，会严重影响环境。

---

① *Cabinet discuss price control measures*, VNS, 4 Nov. 2010.

② 《越南控制价格新法令已抵触对世贸的承诺》，载新加坡《联合早报》，2010年12月3日。

③ *Economist Intelligence Unit*, Country Report: Vietnam, January 2010, P. 8.

高铁项目被否决后，政府于2009年批准的深水港项目、大型机场建设项目、新河内建设项目、18条高速公路建设项目等重大建设项目都将面临国会的重新审议。

由于面临国会审议的压力，年内越南新批准的大型建设项目寥寥无几，其中比较大的建设项目包括预算投资67.4亿美元的同奈机场项目、占地4 000公顷的海防机场项目、预算投资200亿美元的胡志明市城市轨道项目（包括7条地铁、3条轻轨铁路）。①

（三）部门经济：普遍遭遇困难，表现各不相同

1. 工业部门：产值增长稳中有升

据越南国家统计局公布的统计数据，越南工业部门的产值增长速度与上年相比出现了较为明显的回升。头10个月，越南工业产值同比增长13.7%。1～10月工业产值为330亿美元，其中外资企业产值143亿美元，私营企业产值120亿美元，国有企业产值77亿美元。② 工业生产形势较好的地区包括胡志明市等主要工业城市。头10个月，胡志明市的工业产值同比增长14%，工业产值达85亿美元。③ 在工业生产总体呈现增速回升的大背景下，不同工业部门的表现又有很大的差距。头10个月，产值增长较慢的产业包括原油、食糖、电视机、植物油、洗衣机、鞋类、瓷砖，增速较快的产业则包括奶粉（增长26.1%）、啤酒（增长21.4%）、运动鞋（增长19.5%）、燃气（增长18.9%）、水泥（增长16.1%），增速最高的要数液化天然气，同比增长了125%。产值出现明显下降的则包括煤炭（下降33.5%）、办公设备、运输设备（下降13%）。市场销售量出现下滑的包括木制家具、陶瓷、家用电器、钢材、化肥、药品和瓶装水等。④

2. 农业部门：粮食丰产增收，但有的行业遭遇较大困难

上半年由于风调雨顺，农作物尤其是水稻普遍获得丰收。下半年的几次大水灾和12月以来有所发展的旱灾对农业生产造成了很大影响。年内，大米出口量与往年相比有较大增加。头10

---

① *Government plans two new airports*, VNS, 16 Nov. 2010.
② *Industrial production eases*, VNS, 5 Nov. 2010.
③ *HCMC sees sharp rise*, VNS, 5 Nov. 2010.
④ *Industrial production eases*, VNS, 5 Nov. 2010.

个月出口大米600万吨，出口额达25亿美元；预计全年出口大米680万吨，创汇31亿美元。[①] 尽管大米增产，但农业生产面临的形势仍然不太乐观，主要是农产品出口面临越来越多的困难。另外，化肥、饲料价格上涨引起农业生产的成本上扬，这些都对农业生产造成不利影响。头10个月，农、林、渔业出口总计156亿美元，与上年同期相比增长了22.5%。除大米外，咖啡出口14亿美元，橡胶出口16.7亿美元，海产品、竹木制品虽然遭遇欧美国家的限制，但出口额仍有较大增长，其中竹木制品出口达27.3亿美元，增长了35%；海产品出口达39.8亿美元，增长了14.46%。[②]

3. 对外贸易：进口强于出口的格局依然没有改变，贸易赤字依然居高不下

年内，越南对外贸易呈恢复性增长的态势。据越南工业和贸易部统计，头10个月出口578亿美元，同比增长23%，预计全年出口将达到700亿美元，进口达到825亿美元（同比增长18%），贸易赤字125亿美元（同比增长17.8%）。[③] 对外贸易还出现了一个可喜的变化：出口贸易中，制成品的份额在不断增加。2009年，越南工业制成品出口占出口总额的63%，到2010年，工业制成品出口将占出口总额的68.2%，矿产品出口将下降4个百分点。[④]

4. 外国直接投资：微幅增长

据越南外国投资局公布的统计数字，与上年相比，2010年越南吸引的外国直接投资只有小幅度的增长。头10个月到位的外资大约90亿美元，同比仅增长7.1%。另外，越南外国投资局进一步预测2010年越南新签外资项目759个，引进外资115.9亿美元，续签项目210个，引进外资12亿美元，总计引进外资127.9亿美元。[⑤] 与政府原先计划的引进220亿～250亿美元的目标相差甚远。

年内，越南得到的外国援助也在减少，头10个月共接收外

① *Rice export contracts with deflated prices might be cancelled*, VNS, 18 Nov. 2010.
② *Agricultural exports rise 22.5% so far this year*, VNS, 15 Nov. 2010.
③ *Agricultural exports rise 22.5% so far this year*, VNS, 15 Nov. 2010.
④ *Agricultural exports rise 22.5% so far this year*, VNS, 15 Nov. 2010.
⑤ *FDI disbursements hit $9b in 10 months*, VNS, 16 Nov. 2010.

国政府援助 79 亿美元，这笔资金被指定主要用于基础设施建设。[①]

三、对外关系：全方位、多层次发展

2010 年，越南继续推行全方位、多元化的外交政策，但又有重点地发展与大国和区域内国家，以及与传统友好国家的关系。

（一）利用东盟轮值主席身份积极开展全方位大国外交

年内，越南作为东盟轮值主席国，成功承办了一系列东盟重要会议，其中包括第十六届东盟峰会、第十七届东盟峰会系列会议、第五届东亚峰会系列会议、第四十三届东盟外长会议、第四十二届东盟经济部长会议、第四届东盟国防部长会议暨首届东盟国防部长扩大会议、第十四届东盟财长会议、第七届东盟协调理事会和东盟经济共同体理事会会议。在会议前后，许多国家的政府首脑，如中国国务院总理温家宝、俄罗斯总统梅德韦杰夫、日本首相菅直人、印度尼西亚总统苏西洛、菲律宾总统阿基诺三世以及联合国秘书长潘基文等，分别对越南进行了正式或工作访问。通过承办东盟系列会议，越南与区域内外国家尤其是周边大国进行了广泛接触，密切了关系，增强了在国际上的影响。

（二）越中关系：睦邻友好和互信伙伴关系继续发展

年内，越中之间继续保持着频繁的接触，睦邻友好和互信伙伴关系稳步发展。与此同时，两国高层能够就影响双边关系发展的一些问题进行坦诚而友好的协商，使这些问题不致影响到两国关系发展的大局。

1 月 18 日，是纪念越中建交 60 周年的日子。两国领导人互致贺电，强调要进一步发展互信与合作关系；要继续贯彻“十六字”方针和“四好”精神，进一步提升越中关系的高度，发展两国全面战略合作伙伴关系。[②] 越南越中友好协会还于 1 月 15 日在河内举行了庆祝越中建交 60 周年招待会。

---

① *VN's development partner pledge $7.9 billion in ODA*, VNS, 6 Dec. 2010.

② *Vietnamese, Chinese leaders cheer diplomatic ties*, VNA, 17 January 2010.

年内，越中两国继续保持频繁的接触。3月28~31日，中共中央委员、中共陕西省委书记赵乐际率中国共产党代表团对越南进行工作访问。4月21~25日，中国四川省省长蒋巨峰访问越南。4月22日，中共中央政治局常委、国家副主席习近平在北京会见到访的越南国防部长冯光青。4月26日，越南政府总理阮晋勇对中国上海、江苏、浙江进行为期1周的访问并出席了在上海举行的世博会开幕式。5月13~14日，越南政府副总理阮善仁访问中国广西。5月20日，中共中央政治局常委、国家副主席习近平在北京会见到访的越南国家副主席阮氏缘。5月26日，越共中央总书记农德孟在河内会见到访的中国中央军委委员、总政治部主任李继耐。7月1日，越南政府副总理兼外交部长范家谦出席了在北京举行的中国—越南双边合作指导委员会第四次会议；7月2日，中共中央政治局常委、国家副主席习近平会见了范家谦。7月14日，中越双方在中国云南的天保口岸举行《中越陆地边界勘界议定书》、《中越陆地边界管理制度协定》和《中越边境口岸及其管理制度协定》的生效仪式。8月23日，越南政府总理阮晋勇会见了到访的中国商务部部长陈德铭。8月24日，中国国务委员兼国防部长梁光烈在北京会见了到访的越南国防部副部长阮志咏。9月7日，越共中央总书记农德孟在河内会见了在越南进行友好访问的中共中央政治局委员、中央书记处书记、中宣部部长刘云山。9月15日，中共中央政治局常委、中央政法委书记周永康在北京会见来访的越共中央政治局委员、公安部部长黎鸿英。10月11日，越南政府总理阮晋勇会见前来河内出席东盟与对话国国防部长会议的中国国防部长梁光烈。10月28~29日，中国国务院总理温家宝出席在河内举行的东盟系列峰会。11月25日，越南国家主席阮明哲在河内会见了到访的中共云南省委书记白恩培。

（三）越美关系：继续稳步发展

2010年是越美建交的第十五个年头，越南与美国的关系继续稳步发展。2月4~8日，美国负责东亚及太平洋事务的副助理国务卿兼美国驻东盟大使斯科特·马塞尔对越南进行了工作访问。4月12~15日，越南政府总理阮晋勇应邀访问美国，出席在华盛顿举行的核安全全球峰会，与希拉里国务卿进行了会晤。[①] 6月8日，第三届越美政治、安全及防务对话会议在河内举行。7月23日，美国国务卿希拉里访问越南并出席在河内召开的东盟地区论坛。8月8日和10日，美国核动力航空母舰“乔治·华盛顿”号和导弹驱逐舰“约翰·S. 麦凯恩”号相继访问岘港，并出海同越南海军进行训练交流。此后，越美海军还举行了为期一周的联合军事演习。9月28日，越南政府总理阮晋勇出席了在美国召开的首次东盟—美国峰会，美国总统奥巴马与东盟各国领导人会面并达成承认“和平解决争端、自由谈判、地区稳定性和遵守国际法律的重要性”的声明。10月11日，越南国防部长冯光青会见到访的美国国防部长罗伯特·盖茨。10月28～30日，美国国务卿希拉里以“特别嘉宾”的身份受邀出席在河内举行的东盟峰会。

在美国与越南的几次会晤中，美国政要一再拿中国及南中国海问题“说事”，兜售“中国威胁论”，对中越关系的发展产生了不好的影响。

（四）越俄关系：日渐密切，令人关注

此外，越南与其区域外大国家之间也展开了频繁的接触、交往。其中，越南与俄罗斯关系的日渐密切尤其令人关注。3月23日，俄罗斯国防部长阿那托利·谢尔久科夫访问越南。5月8～12日，越南国家主席阮明哲赴莫斯科参加纪念反法西斯战争胜利65周年活动。9月27日至10月3日，越南政府副总理黄中海对俄罗斯进行了为期1周的访问。10月30～31日，俄罗斯总统梅德韦杰夫访问越南，并出席在河内召开的东盟系列峰会。10月31日，越南与俄罗斯签署了一项价值达56亿美元的合作协议，俄罗斯将帮助越南建设第1座核电站。年内，俄罗斯与越南之间还签订了价值45亿美元的武器贸易合同。近年来，越南从俄罗斯购买了20架苏30MK2战斗机、12艘“闪电”级导弹快艇、2艘“猎豹”级护卫舰、6艘“基洛”级柴电潜艇以及S－300PMU1远程反舰导弹系统、“宝石”岸基反舰导弹等武器。

① *PM Dung meets world leaders outside nuke summit*, VNA, 10 April 2010.

四、2011 年发展展望

通过对 2010 年越南政治、经济发展的分析，笔者认为在未来的一年，越南政治、经济的发展大致会呈现以下特点：

在政治发展方面，2011 年初，越南将召开越共十一大。十一大的进程及最终结果将对越南今后的发展产生深远影响。十一大将集中讨论越南特色社会主义的发展方向，提出越南结束过渡时期后的总目标，并且在人事安排上进行高层领导的集体换届，因此国内外都十分关注。

在新的一年，越南将继续推行多元化的外交政策，有重点地发展与大国的关系。与中国将继续保持高层间的频繁互访，努力使两国关系继续朝着睦邻友好、互信合作的方向发展。与美国的关系将保持平稳发展的态势，出现大的变化的可能性不大，改善和发展两国关系仍然会是基本方向。除此之外，越南还将继续发展与印度、俄罗斯等大国的关系，以平衡大国外交格局。2011 年，越南将继续谋求在东盟框架内发挥更大的作用，与东盟国家特别是老挝、柬埔寨的关系也会继续得到重视，为更好地参与区域合作奠定政治基础。

在经济发展方面，国际金融危机的负面影响一时还难以完全消除，因此越南经济增长的速度虽然会有波动，但增速放缓的大趋势恐怕难以改变。农业的地位将继续萎缩，其发展很大程度上还要依赖气候条件，国际市场上农产品价格波动也会对农业的发展起到影响作用。工业则会保持较好的增长态势，新兴产业还会取得较大、较快的发展。服务业的发展可能会面临较多的困难，其中金融、房地产行业的发展会比较艰难。进出口贸易将面临更多的变数，出口的增长速度会有所加快，但要恢复到 2009 年前的增长水平难度很大，主要原因是原油、大米、咖啡、橡胶等主力产品的价格上升空间有限，成衣、鞋类产品也会受到贸易壁垒的阻击，增长的空间有限，新兴产业如电子产品、家用电器等出口形势可能会略好一些，但全球性的经济复苏缓慢也可能抑制消费需求出现大的上涨，从而对这些产品的出口造成不利影响。

总的来说，新的一年是越南关键的一年，拉动内需仍将成为越南政府刺激经济发展的主要手段，但抑制通货膨胀的任务仍然十分艰巨，如何在刺激经济增长和抑制通货膨胀之间找到一个平衡点，需要越南政府予以谨慎的安排。预计，2011 年越南经济增长速度可能会在 6.5% ~7.0% 之间。

（附记：在本书付梓之前，越共十一大已于 2011 年 1 月 12 ~ 19 日在和谐氛围下顺利召开。会议选出并组成了新一届越共中央委员会和中央政治局。新一届越共中央政治局委员 14 人；农德孟、阮明哲等人没有入选。国会主席阮富仲当选新一届越共中央总书记。分析人士认为，越共中央书记处常务书记张晋创将接替阮明哲出任国家主席；苏辉若将接替阮富仲出任国会主席；阮晋勇将连任总理。）

（作者单位：云南省社会科学院《东南亚南亚研究》编辑部）

老挝：政局持续稳定，经济快速复苏，外交活跃

方 芸

在过去的一年里，老挝政局持续稳定，经济快速复苏，外交活跃。政治上，老挝党和国家最高领导层思想统一，一心一意谋国家发展，以饱满的热情迎接拟定于2011年的老党九大的胜利召开；尽管在年底召开的老挝国会会议上，波松“由于个人原因”于12月23日突然宣布辞去总理职务，但国会马上投票选举国会主席通辛出任新总理，并未引起政治震荡。经济上，由于所面临的国际国内和周边环境越来越好，政府为应对国际金融危机而采取的措施得当，老挝经济率先实现复苏，GDP增长率可达7.7%。

一、政治社会：稳定中求发展

2010年是老挝实施“六五”计划关键性的一年，为迎接来年九大的召开，老挝人民革命党继续坚持其既定的发展路线和方针，努力推动各项改革政策的贯彻和实施，开始对近五年来的工作进行全面总结；加强法制建设，加强民族国家文化的塑造与认同，维护了政局的稳定和国家统一。

（一）加强党员干部队伍的建设，巩固执政地位

作为老挝唯一的执政党，年内老挝人民革命党面临的最大挑

战仍然是如何在带领全国人民发展经济、推动社会进步，争取早日摆脱最不发达国家的行列；同时还要谨慎对待西方自由化思潮对老党主流意识形态的挑战。为此，老党采取各种措施加强党的建设，以巩固其执政地位。主要措施包括：

第一，借助老党建党55周年之机，宣传老党历史及建国35年来老党带领全国人民在经济、社会、外交各领域取得的伟大成就。朱马利·赛雅颂总书记在庆祝老党建党55周年纪念大会上回顾了老党的光荣历史，高度评价了老党建国30余年来的伟大成就，重申了老党以自然资源开发为基础的发展政策，并强调了全党全国人民加强团结和统一的重要意义。①

第二，发行新版（第二版）《老挝人民革命党党史》，加强党和国家各部工作人员的党史学习。老党中央思想、理论和文化指导委员会主任沙曼·维雅吉和老挝国家社会科学院院长坎普依博士（Khamphoui Panmalaythong）出席了发行仪式。新版老党党史在老版基础上增加了六大至八大老党的新精神和信息，主要是向党和政府各部委及其他部门的领导分发。②

第三，加大反腐力度。尽管国会在上年就通过了《反腐败法》，但实施难度很大；为加大反腐力度，国家监察局起草了一份要求国务院申报财产和收入的总理令，以推动反腐败工作。③尽管反腐工作步履维艰，但老挝党和政府的决心却依然坚定。12月举行的老挝六届国会第十次会议期间，老挝政府总理波松·布帕万向国会提交了辞呈，距离其本届任期尚有近半年时间，尽管老挝党和政府没有公开其辞职原因，《万象时报》也仅用“家庭原因”几个字提及，但是坊间的各种分析认为腐败是其被迫提前辞职的主要原因。从此次老挝政府总理紧急换人来看，老党似乎向全党和全国人民吹响了反腐的集结号。

第四，老党还加强了与越南、中国、朝鲜、古巴、蒙古等社会主义国家在政治思想等方面的交流，讨论社会主义国家共同面对的挑战，交流执政经验。

---

① *Laos celebtates party's 55th anniversary*, “vientianetimes”, 23 March 2010.

② *New edition of Party history launched*, www. kpl. net. la/english news edn1. htm 20100720. htm.

③ *Inspectors want civil servants to declare their wealth*, “vientianetimes”, 8 June 2010.

（二）总结各方面工作，积极准备九大的召开

老挝人民革命党第九次全国代表大会拟订于2011年3月召开，届时将对老党八大以来的方针政策执行情况作全面总结和评价，并制订老挝党和政府下一步的发展目标和政策。为保证九大的顺利召开，老挝党和政府都在作积极准备。九大筹备宣传和工作小组委员会已经组织召开了九大的宣传工作会议，组织和动员各部和政府团体，以及各省政府为九大的召开做好宣传工作。政府各部及各省都相继召开了党代会，选举了新一届党的执行委员会和党委书记，并从中选出了参加九大的代表，还讨论了提交九大的政治报告。12月，老党八大十一中全会讨论和评价了八大决议的执行情况和第六个五年社会经济发展计划的执行情况，并集中讨论了老党九大政治报告草稿，第七个五年（2011～2015）计划草案，以及要提交九大的党章修正草案等。①

为迎接老党九大，老挝国会也在作充分准备。12月召开的六届国会第十次全体会议讨论了九大政治报告草案，即关于老党八大政治决议的执行情况的报告草案以及下一个五年计划草案。

（三）为构建和谐平安社会，法制建设全面展开

为加快法制社会建设，2009/10财年，老挝司法部组织了法律专业的学生到每个省共40个县进行普法知识讲座；组织了乡村无犯罪建设活动；司法部还出版了85部法律图书分发到全国所有村寨，并在全国共3 694个社区实现了无犯罪活动。②

老挝法律人才缺乏，资料显示，老挝全国仅有101名律师，16个省中的9个省没有律师。为此，2010年5月老挝律师协会与国立大学法律与政治学院签署了一项促进和提高老挝律师质量和数量的合作谅解备忘录，根据这一合作文件，老挝律师协会将采取多种方式鼓励和帮助更多的学生毕业后从事律师工作。当然，面对目前老挝法律专业服务面临的困难和问题，老挝律师协会主席昂卉恩先生（Ounheuan Kaenpraseuth）指出，老挝的司法

① *11th plenary session of the Party CC closed*，http：//www. kpl. net. la/english/news/edn3. htm.

② *Justice ministry leads Laos towards integrity*，http：//www. vientianetimes. org. la/sub－new/Feature/Feature_ Justice. htm.

体系正在向国际标准靠拢，但是司法体系本身还有待完善。而作为国家的立法机关，国会的改革也在稳步推进。12月召开的六届国会第十次全体会议就国会自身的改革进行了热烈讨论，如关于在国会增设一个与国会下属委员会同级的选民委员会，该委员会将有权首先审议省的社会经济发展计划、监督省的财政预算是否与国会的决议保持一致。该委员会也有权过问就各省社会经济的发展质询省级权威部门。国会办公室将改称国会秘书处，而在其下设立国会办公室负责财务和其他行政事务工作。法律委员会改称法律和司法委员会。最终，本次会议通过了国会法修正案，新增条款6条，修改原有条款28条，包括省级国会成员的编制预算不再由省级地方政府负担，国会成员有权过问各省的社会经济发展情况，下一步将设置省一级的国会下设机构，保证国会成员更好地担当其角色和履行职能，以代表人民和政府促进国会职能的完善和凝聚个人和政府力量为人民的利益。①

（四）加强民族文化的塑造与认同，维护和巩固国家统一

年内，老挝举全国之力精心准备并成功举办了万象建都450周年庆祝盛典，旨在通过对老挝历史的宣传提升民众对老挝历史文化的认识，强化海内外老挝人的民族文化认同。庆祝活动于11月21日起在万象举行，持续了一周。在国家体育馆举行的表演分成39个方阵，有11 000人参加，展示了老挝的历史、文化和发展。来自世界30多个国家的嘉宾和9个国家的海外老挝人与社会各界的代表一起观看了表演。老党总书记、国家主席朱马利在致辞中赞扬了老挝人民为保卫国家的爱国、团结和牺牲精神。②借此机会，老挝党和政府向许多海外老挝人发出了邀请，并在庆祝活动期间免除了海外老挝人回国的签证费。12月27日，老挝外交部又宣布将从2011年1月1日起免除海外老挝人申请90天签证费用。老挝党和政府希望通过类似政策，鼓励越来越多移居海外的老挝人回国探亲访友，通过亲情友情的联络，增强海内外老挝人的文化认同和对国家的认同，以维护和巩固国家的统一和

---

① *NA session approves amended law*, http://www.vientianetimes.org.la/sub-new/Current/Curren_NA.htm.

② *Historic events draw to a close*, http://www.vientianetimes.org.la/sub-new/Current/Curren_Historic.htm, 22 November 2010.

独立。[1]

尽管年内老挝政治稳定，社会安宁，但在实现减贫、早日摆脱最不发达国家行列这一奋斗目标上仍然面临许多问题。2003年，老挝制定了国家发展和减贫战略，并据此制定了“六五”计划和2006～2020年国家社会经济发展计划。通过五年计划的实施，老挝实现了经济持续发展，并朝着联合国千年目标迈进了一大步：人均收入已从491美元增加到1 069美元；贫困率从1990年的48%降低到2009年的26%；小学入学率从1991年的58%提高到2005年的84%；产妇死亡率从1995年的650/100 000降低到2005年的405/100 000；初生婴儿死亡率也从104/‰降至70‰。2010年12月召开的老挝国会确定了老挝到2015年的减贫目标是贫困率进一步下降到19%；贫困家庭从15%下将到11%，人均收入达到1 700元。[2] 但是，由于老挝基础条件较差，底子较薄，要实现上述目标，还必须付出艰苦的努力。

二、经济：复苏初现

年内，与大多数东盟国家经济强劲复苏一样，老挝经济发展表现不俗，但各部门发展不平衡的特点也比较突出。

（一）宏观经济形势

2009/10财年是老挝“六五”计划的最后一年，国民经济继续保持了较快的增长，GDP实现了7.9%的增长，总量达到59.67亿美元，超出计划0.4%；人均国民收入达到1 030美元，较上年增长14.6%。政府财政收入约为9万亿基普，约为GDP的16%。各领域投资总额达到16亿美元，其中外国直接投资占到了85%。全年政府投资3 110个项目，金额5.5亿美元，超出计划17.27%，有力地刺激了经济增长。

---

① *NA President receives overseas Laotians*, http://www.na.gov.la/docs/eng/current-news/2010/november10/na_ president_ receives.pdf.

② *Govt needs to work harder on poverty reduction*, http://www.vientianetimes.org.la/FreeContent/Free_ Govt.htm.

（二）部门经济：表现不一

1. 农业：粮食安全问题堪忧

2008/09财年，老挝的稻谷（包括水稻、旱稻和山地稻）种植面积和产量都有所增加，其中水稻种植面积达到65.54万公顷，水稻产量为246.87万吨；旱稻种植面积为9.44万公顷，旱稻产量为45.205万吨；山地稻种植面积为12.21万公顷，产量为22.4万吨；大米总产量为273.48万吨。根据老挝计划投资部估计2009/10财年的大米产量有望达到315万吨，同比将增产15%，但是仍不能解决老挝的粮食安全问题。根据《老挝到2020农业发展战略规划》披露，目前老挝约有30万即40%的5岁以下儿童因粮食不足未达到标准体重，约有23%的6~24个月的婴幼儿缺粮。

老挝农业抵御自然灾害的能力十分有限，2010年初持续干旱，降雨量比正常年份减少了14.4%，后来又遭受严重洪涝灾害，直接影响到当季水稻的收成和旱稻的播种。南部主要产粮区沙湾拿吉和甘蒙两省在10月份遭遇了强烈降雨，农业损失惨重，粮食不能自给；而北部省份的玉米又因价格及销路问题而产量下降。年内，老挝大米价格飞涨暴露了长期以来老挝农业发展中存在的粮食安全问题仍然比较突出。除抵御自然灾害的能力弱外，主要问题还包括投资不足、农业科技水平低、人力资源缺乏、耕作技术有待提高等。

2. 工业和手工业：有喜有忧

2008/09财年，老挝工业发展速度较快，在GDP中的比例为24.5%，虽不及农业和服务业的贡献率大，但是却实现了18.5%的高速增长。老挝目前有各种工业企业24 000家，其中大型工业企业363家，中型工业企业424家，小型工业企业23 213家。2006~2010年的5年间，加工企业的投资额为151亿基普，提供了116 000个工作岗位。随着全球经济的回暖，老挝主要的出口导向性企业服装加工企业的处境喜忧参半，喜的是世界服装市场需求和国外订单增加使得老挝服装生产扩大；忧的是基普升值增加的生产成本对服装企业是个挑战，已有一些小服装厂因此停产或被兼并。老挝目前约有100个服装厂，工人24 000人，2009

年出口额为1.56亿美元，同比减少了16%。[1]

水电和矿产资源开发是老挝经济发展战略的重点领域之一，吸引着大量的外国直接投资。2008/09财年矿产业吸引外资约16亿美元，约占全年外资的45.7%。2009年，老挝开始实施“资源换资金”战略，出台了新的《矿产法》和《投资促进法》，有力地促进了能源、矿产业的发展：2009/10财年矿产品出口增长52.79%，仅向泰国、澳大利亚和越南三国的出口就达10.4亿美元。老挝最大的水电项目南吞2号多功能项目经过10年的咨询与计划和5年的建设周期，终于于2010年12月投产，将在为期25年的第一个运行期内为老挝提供20亿美元的财政收入，并带动周边省份的经济发展。目前老挝已投入运营的水电站有12座，总装机容量187万千瓦；在建水电站11座，总装机容量207.2万千瓦。目前老挝矿产开发中的主要问题是已批准的大量矿产项目中不少项目不按计划施工，圈地不作为等问题突出。针对这一问题，老挝政府已下令暂停审批矿产新项目，并有可能对相关法律进行修订。

3. 服务业：保持稳定、全面的发展势头

为刺激经济增长，2010年前三季度老挝政府实施积极的财政政策，全年货币供应量增长25%。四季度通胀率达7.65%，环比增长58.3%，通胀压力开始显现。为防止经济过热，9月份老挝央行将政策年利率由5%下调至4%，转为实行从紧的货币政策。同期基普存款利率回落，预示国民对基普信心增强。

随着外商投资需求增长，老挝政府进一步开放本国银行、保险业务。年内，新批设立老—越和老—法合资银行各一家。目前，除外贸银行、开发银行、农业发展银行和政策银行4家国有银行外，合资银行、外资银行、私营银行的数量已达23家。来自日本、泰国、越南等国的保险公司也相继在老开立保险业务。

由老挝和韩国合股组建的老挝第一个证券市场——老挝证券交易所于2010年10月挂牌成立，将于2011年1月11日开业。首轮发行的股票是老挝两大国有企业即老挝电力公司和老挝外贸银行，总市值近20亿美元，这两家企业已经在12月开始公开向社会发售股票。根据老挝“七五”计划，未来5年需国内外投资

---

① *Garment sector sees rising orders, production costs*, http://www.vientianetimes.org.la/sub-new/Business/Business_ Garment.htm.

150 亿美元，其中老政府投资和国外援助可解决 50%，其余 50% 资金重点通过资本市场募集。

年内，为促进旅游业快速发展，老挝国家旅游局采取了增设通关口岸、延长签证停留期、免除部分国家签证以及提供外国投资优惠政策措施，收到良好效果。迄今，老挝共设立了 21 个国际通关口岸，其中 16 个口岸可以办理落地签证；签证停留期为 30 天，可延长 30 天；免除了东盟国家及部分国家的签证；外国投资者可以独资经营大型酒店、餐馆，还可与老挝企业和个人合资开办旅游公司，外方持股比例最低 30%，最高 70%。2010 年前 6 个月到老挝旅游的外国游客达 110 万人次，同比增长 26%，全年接待国内外游客 203 万人次，超出计划 2%，旅游收入 2. 96 亿美元，占 GDP 的 4. 3%，成为继水电、矿产之后的第三支柱产业。目前，老拥有 383 家宾馆，1 379 家旅社和山庄，1 389 家餐馆，22 个国际口岸。

（三）加快经济特区建设，带动经济开发

2010 年 10 月 26 日，老挝国会通过了关于在老挝设立“特别经济区和专门经济区”的政府令，政府为此成立了国家管理特别经济区和专门经济区委员会，该委员会由常务副总理宋沙瓦·凌沙瓦任主任，计划投资部部长、工贸部部长及公共工程运输部部长为副主任，以加大引进外资、推动经济特区建设力度。老挝现有 3 个经济特区：2003 年在沙湾拿吉省建立的沙湾—色诺经济特区、2010 年在南塔省建立的磨丁黄金城经济特区、2010 年建立的波乔省金三角经济特区。按老挝政府“七五”规划，将于 2015 年建成 10 个经济特区，分布在万象、甘蒙、川圹、华潘、占巴色、沙耶武里等省市。

（四）对外经贸：表现较好

在对外贸易方面，2009/10 财年上半年老挝出口额达到 5. 8 亿美元，同比增长了 9%，完成了本财年出口目标的 55%；进口同比下降了 23. 7%，为 5. 26 亿美元，完成了年度计划的 50%。出口的增长是因为国际市场铜价和金价的恢复上涨。2009/10 全财年，老挝出口额达到 12. 8 亿美元，同比增长 21%；而进口额

达到 12.5 亿美元，同比增加 1.58%。[①]

根据老挝国家计划与投资部统计，2009/10 财年，老挝共批准投资项目 300 项，协议投资 16 亿美元，其中国内投资占 15%，其余均为外国投资；主要领域为电力、工业和手工业、建筑、贸易和服务业。

外援是老挝财政收入的主要来源之一，2009/10 财年上半年，老挝争取到官方发展援助（ODA）超过 2.57 亿美元，相当于年度计划的 46.7%。全年外援达到了 3.5 亿美元，约占政府财政收入的 27%。

（五）热点问题：土地和通货膨胀备受关注

土地的分配和使用问题，一直是老挝最有争议的问题之一，每次国会的例会，都有上百人通过国会热线反映相关的问题。6 月举行的六次国会第九次常会上，国会议员们迫切要求政府进行国家土地政策改革，以确保国家的可持续发展。问题之一，就是向以出口为导向的农业种植和工业、服务业开发项目转让土地使用权可能威胁到的粮食安全。问题之二，是由于缺乏透明度，政府继续出让土地做开发之用有可能引起民众的不满情绪。[②]

持续通货膨胀的严峻挑战，也引起了社会的广泛关注。从 2009 年 11 月份起至 2010 年 4 月，老挝通货膨胀率持续增大，分别达到 3.92%、4.2%、4.71%、4.89% 和 4.84%，主要诱因是个人消费品和珠宝首饰价格急剧上涨。9 月，通货膨胀的势头仍然走高，达到 8.14%，主要原因是食品价格同比增长了 14%。[③]如何有效抑制通货膨胀成为 11 月举行的政府工作每月例会的主要议题。波松·布帕万总理要求相关部门和当地政府密切关注宏观经济形势，特别是政府官员和低收入人群生活必需品价格的管理；要求相关部门和当地政府要积极采取措施防止通货膨胀和稳定汇率。[④]

---

① *Govt satisfied with investment value*, http://www.vientianetimes.org.la/FreeContent/Free_ Govt%20satisfied.htm.

② The economist Intelligence Unit, *Country Report*: Laos, September 2010. P.15.

③ *Lao inflation pursues upward trend*, http://www.vientianetimes.org.la/sub-new/Business/Business_ Lao%20inflation.htm.

④ *Govt to take action against inflation*, http://www.vientianetimes.org.la/sub-new/Business/Business_ Govt%20to%20take.htm.

三、对外关系：全方位、多层次发展

2010 年，老挝党和政府继续贯彻落实全方位务实外交，巩固和发展与越南的特殊关系，加强与中国的战略伙伴关系，积极参与东盟事务，发展与美国等西方发达国家及日本、韩国的关系，特别是与美国的关系取得了突破性进展。

（一）积极参与东盟及国际事务

年内，老挝国家领导人出席了东盟组织各种层次的会议，其中主要包括第十六届东盟峰会，第十七届东盟峰会系列会议、各种东盟部长级会议，以及东盟和 GMS 框架下的各种专题会议，积极开展与东盟国家的多边和双边合作，推进东盟共同体建设。

老挝国家领导人还频繁亮相国际性会议，利用多边舞台向国际社会展示老挝经济社会发展的成就，争取国际社会的支持和帮助。4 月 10 日，国家主席朱马利·赛雅颂参加了博鳌亚洲论坛 2010 年年会，并在开幕大会上做了主题发言。9 月 20 ~ 22 日，朱马利主席率团出席了联合国千年目标峰会，介绍了老挝的发展和减贫战略执行情况。

（二）老越、老柬关系继续巩固和发展

年内，老挝与越南之间通过党、政府、人民各个层面的交流与合作，共同巩固和培育着传统友谊、特殊团结、全面合作的特殊关系。4 月，越共总书记农德孟应朱马利·赛雅颂主席邀请访问了老挝。双方领导人讨论了加快落实双边合作协议的措施。双方同意扩大两国部委之间、政府机构之间以及各级政府之间的合作。农德孟还访问了老挝国立大学。教育和培训是老越合作的重点之一，越南每年为老挝学生提供 650 个政府奖学金名额，目前在越南学习的老挝学生约有 5 000 人。①

12 月 25 日在越南首都河内召开的老越联合理事会会议上，充分肯定了对老越双方为出版《老挝越南特殊关系史》一书初稿

① *Vietnamese president concludes "fruitful" visit to Laos*, http://www.vientianetimes.org.la/FreeContent/Free_ Vietnamese.htm.

的编辑工作。该书叙述了1930～2007年间老挝与越南特殊关系的确立和发展历程。通过这一项目，老越双方充分肯定了老越特殊关系是两国最为宝贵的财产和取得革命胜利的法宝。在回顾历史的同时，该书还结合实际，探索了在全球化背景下如何维持和发展老越特殊关系的问题。该书将作为向2011年召开的越共十一大和老挝人民革命党九大的献礼之物。①

年内，老越经济技术合作成效显著。1月，在老挝琅勃拉邦举行了老挝—越南政府合作委员会第三十二次会议讨论和制订了2010年继续推进双方人力资源开发、深化经济、文化、科技合作等的合作计划，签署了经济、文化和技术合作的双边协议。双方在边境贸易方面发展也较快，仅前6个月就达到了2.11亿美元，同比增长了7.7%。截至2009年9月，老挝批准的越南公司投资项目有207项，投资金额21亿美元。2010年，越南在老挝的投资金额为4 900万美元。

年内，老挝与柬埔寨的关系也稳定发展。1月5日，老挝和柬埔寨双边合作联合委员会第十一次会议在老挝首都万象举行，双方签署了内容广泛的合作协议，就继续推进边境划界、保护森林和生物多样性领域的合作，以及共同防止非法贸易、破坏自然资源以及疾病传播、两国间高压输变电线的连接等问题达成了共识。3月4日，老挝人民革命党和柬埔寨人民党高级代表团会议在万象举行，双方签署了2010～2011年合作协议。目前，柬埔寨在老挝开设了一家银行；柬埔寨在老挝外来投资国排名中位居23，2000～2009年，柬埔寨在老挝的投资额约为1 000万美元。②7月，老挝与柬埔寨之间光纤网络系统实现了联通。

（三）扩大和深化与中国的战略合作伙伴关系

2010年老挝与中国秉承“长期稳定、睦邻友好、彼此信赖、全面合作”的十六字方针，战略合作伙伴关系进一步深化。6月，中国国家副主席习近平对老挝进行正式友好访问，期间习近平分别会见了老挝国家主席朱马利·赛雅颂和副主席本扬·沃拉

① *Book on Vietnamese－Lao special relations appraised*, http://www.kpl.net.la/english/news/edn1.htm, 20101228.

② *Lao, Cambodian banks seek to boost economic growth*, http://www.vientianetimes.org.la/sub－new/Business/Business_ Lao_ Cambodian.htm.

吉。在与朱马利的会见中，双方高度评价了双边关系的发展。在与本扬的会谈中，双方就进一步深化两国全面战略合作伙伴关系达成广泛共识。

为贯彻落实两党两国关于深化治党理政经验、社会主义理论与实践的交流与合作精神，10 月份在老挝首都万象举办了以“社会主义现代化建设中的重大理论和实践问题”为主题的第一次中老两党理论研讨会。中宣部部长刘云山率中共代表团访问并出席了研讨会。3 月份，老挝国立大学孔子学院举行了揭牌仪式，首期培训班报名人数达到 726 人。

在经济技术合作方面，习近平副主席访问老挝期间，两国签署了包括《南方电网公司投资建设老挝国家电网项目谅解备忘录》和《老挝南塔河 1 号水电站项目开发协议》在内的 18 项合作协议。11 月，中共云南省省委书记白恩培率团访问老挝期间，老挝与云南省签署了多个滇老经贸合作项目，其中富滇银行驻老挝代表处的挂牌标志着中国金融机构正式进驻老挝，中寮钾盐有限公司启动 5 万吨生产装置试运行则标志着老挝进入世界少数生产钾肥的国家行列。此外，《中老铁路合作谅解备忘录》的签订以及中老铁路建设方案获得老挝国会批准，更是把老中合作推向新的阶段。

据中方统计，2009 年中老双边贸易额达 7.44 亿美元，同比增长 79%；2010 年前 5 个月，双边贸易额达 4.98 亿美元，全年有望达到 12 亿美元以上。2000 ~ 2010 年 7 月，中国在老挝的投资累计达 29 亿美元，其中仅 2010 年上半年，中国公司决定在老挝投资项目 16 项，投资金额共计 3.35 亿美元。中国已成为外国在老挝投资第一大国。[①] 据统计，已办理企业注册并登记备案的中资公司已达 200 家，其中矿产企业 60 家、水电企业 10 家、工程承包企业 10 家、橡胶和林木企业 60 家以及其他企业 60 余家。

（四）稳步推进老泰关系

年内，老挝与泰国关系稳定发展。10 月，老泰联合委员会举行了第十六次会议，双方达成了一份涉及领域广泛的合作协议，包括老挝向泰国出口电力、跨境便利化、边境贸易、劳动力合

① *China surpasses Thailand as biggest investor in Laos*, http: //laovoices. com/2010/07/16/china - surpasses - thailand - as - biggest - investor - in - laos/.

作、增开跨境巴士服务、边界调查和划界等方面。特别是在有争议的边界问题上，双方都同意进行基本的调查和取证，尽快解决或最大限度地解决两国边界的划分问题。12 月 9 日，泰国总理阿披实应老挝政府总理邀请对老挝进行为期 1 天的正式访问，出席了南吞 2 号水电站的投产发电典礼，并与老挝总理波松举行了会谈，双方重申了通过双边或多边形式发展两国密切合作，造福两国人民的强烈愿望。

泰国是老挝主要的投资来源国之一，2000~2009 年，泰国在老挝的投资项目共计 241 个，投资金额累计达 26 亿美元，在老挝外来投资排名中位居第二。泰国是老挝最大的贸易伙伴国，2008/09 年，老挝从泰国进口额达到了 7.47 亿美元。[①] 据报道，老泰双方决定要使双方贸易总额在 2015 年达到 40 亿美元，比目前增加 1 倍。

（五）与美国关系取得新进展

2010 年 1 月，美国国会议员代表团访问老挝，与老挝副总理、外交部长通伦·西苏里举行了会谈。3 月，美国高级外交官代表团访问了湄公河委员会秘书处驻万象总部。期间美国东亚和亚太事务助理秘书库克·坎贝儿会见了老挝多个部部长，并出席了全面双边关系对话会议。6 月 28 日，美国总统奥巴马在接见新任老挝驻美国大使时，对老挝努力融入东盟和通过协商解决地区问题的表现表示赞赏，并重申美国对老挝加入世贸组织的支持。7 月 12~14 日，老挝外交部长通伦·西苏里应美国国务卿希拉里邀请率团访问美国，这是自 1975 年老挝建国以来第一个高级政府代表团访美，被媒体称为老美外交史上的里程碑。通伦访美期间与希拉里进行了会谈，发表了联合声明，双方承诺加强文化交流，并签署了“开放领空”协议，以扩大双方的民用航空联系并使其便利化。

据美国驻老挝大使馆提供的数据，两国双边贸易增长迅速，2009 年达已经到 6 500 万美元。双方还在军事、健康、环境保护、教育、文化交流和法律等领域开展了合作；仅 2009 年，美

---

① *Laos, Thailand commit to strengthening bonds*, http://www.vientianetimes.org.la/FreeContent/Free_ Laos.htm.

国政府就向老挝提供了 1 800 万美元用以资助多个项目。[1]

四、2011 年发展展望

2011 年将是老挝现代史上承前启后的一年，老挝人民革命党第 9 次全国代表大会即将举行，届时将对老挝今后的中长期发展制定新的战略和目标。2011 年也是老挝“七五”计划的第一年，是机遇与挑战并存的一年。

在政治方面，老党九大将如期召开，届时将在对老挝八大决议执行情况及建国 35 周年以来各领域所取得的成就进行总结的基础上，根据国内外形势及发展趋势，及时调整和确定老挝中长期的发展战略和目标，以实现老挝经济社会的快速、持续、全面的发展。老挝人民革命党的执政地位也将因九大的召开而进一步巩固，老挝政治民主化和法制化进程将进一步推进，老挝将继续保持稳定的政局、和谐有序的社会环境。

在经济方面，根据老挝 2010/11 年社会经济发展计划，经济增长率将达到 8% ~8.5%，人均 GDP 达到 960 万基普（约合 1 130 美元）。其中，农业的增长目标是 3.5%，占 GDP 的 29.0%；工业的增长目标是 17.3%，占 GDP 的 26.5%；服务业的增长目标是 6.7%，占 GDP 的 39%；争取大米产量达到 338 万吨，实现 12.297 亿美元出口额；吸引外国游客 222 万人，旅游收入 2.88 亿美元。上述目标能否顺利实现，仍然需要拭目以待。

（作者单位：云南省社会科学院东南亚研究所）

① *Good relations to benefit US, Laos*, http://www.vientianetimes.org.la/sub-new/Opinion/Opinion_Good.htm.

柬埔寨：政治上一党独大，经济上复苏明显

王士录

2010年，柬埔寨政治社会继续沿袭了上年稳定发展的态势，执政的柬埔寨人民党节节胜利，地位更加巩固；反对党则节节衰败，全都处于守势。执政党和在野党力量悬殊，保证了政策的贯彻执行和政局的稳定。经济上，一方面由于国际和区域经济环境的日益改善，另一方面由于政府刺激经济的措施日益见效，经济复苏势头明显。对外交往继续保持活跃态势，柬埔寨在地区和国际事务中的地位日益提高。总之，柬埔寨正日益显现出政治、经济、社会、外交协调发展的良好局面。

一、政治发展：执政党地位牢固，反对党近期难成气候

在刚刚过去的一年，柬埔寨政局继续保持了稳定。由洪森等领导的人民党执政环境比过去20年来任何时候都好。人民党继续高奏凯歌，各主要反对党则日益衰败。柬埔寨人民党一党独大的地位进一步巩固。

（一）执政党：人民党的地位进一步巩固

年内，柬埔寨政治舞台继续沿袭了上年执政党柬埔寨人民党节节胜利，反对党节节败退的基本格局。反对党对人民党的执政

地位未能发出任何有力挑战，人民党的执政地位进一步巩固，正在为长期执政作理论准备、思想准备和组织准备。还在1月7日人民党夺取政权纪念日的会议上，人民党已正式宣布将在2013年全国大选时提名洪森继续担任首相职位。在6月28日的建党59周年庆祝大会上，党主席谢辛又代表该党中央委员会再次宣布，继续推举洪森领导人民党备战下届大选，并在赢得大选后出任下届政府首相职务。对于人民党中央继续提名自己为本党候选人，劳苦功高的洪森心安理得。在1月份的一次讲话中，洪森公开表示："如果人民投票支持，为何我不能再做首相呢?"7月份，洪森再次公开表示，他已决定会一直参选首相到2028年（届时他将年满76岁），他绝对不会"中途辞职"，而人民党也会支持他的决定。[①] 当然，洪森也表示，人民党应后继有人，"目前已到了执政党栽培接班人的时候了，以确保……政权能够平稳过渡"。

已有400多万党员、正如日中天的柬埔寨人民党于6月28日举行了成立59周年庆典。党主席谢辛在庆典仪式上发表讲话指出：过去59年来，人民党和柬埔寨人民同甘共苦，并领导人民克服无数困难，终使国家走上和平稳定的发展道路。人民党完全支持政府严厉执行反贪计划，打击非法砍伐树林和渔业，阻止各种土地侵权案的发生。[②] 7月21～22日，人民党中央委员会第35届大会在其金边的总部召开，有239位中央委员、268位候补委员，以及党外人士，共896人参加了会议。党主席谢辛在开幕式上发表讲话，回顾了人民党的成长史和执政史，以及在各方面取得的成绩。他说，人民党执政31年，和广大人民一起共渡难关，为人民谋福利。事实证明，柬埔寨人民党是优秀的政党和执政党。[③]

（二）反对党：抗争软弱无力，力量重组加速

目前，柬埔寨有四大最主要的政党即由现任参议院主席谢辛（人民党主席）、国会主席韩桑林（人民党名誉主席）、政府首相洪森（人民党副主席）领导的柬埔寨人民党为执政党，由诺罗

---

① 柬埔寨《星洲日报》，2010年7月20日。
② 柬埔寨《星洲日报》，2010年6月29日。
③ 柬埔寨《星洲日报》，2010年7月22日。

敦·拉那烈王子创立而发生分裂后由高布烈斯梅领导的奉辛比克党，由桑兰西领导的桑兰西党，奉辛比克党分裂出来后由拉那烈等组建的民族主义党（原称“拉那烈党”，曾由拉那烈担任党主席），以及由金速卡领导的人权党。其中，人民党自1993年恢复和平以来一直为执政党，是目前柬埔寨最大的政党，有四百多万党员。奉辛比克党曾一度成为柬埔寨的第一大党并长期与人民党联合组阁，后来几经分裂，力量不断削弱，目前只是第三大政党。桑兰西党是第二大政党，也是最主要的反对党。由于各方面的原因，反对党一直难成气候，力量不断削弱。年内，各反对党也在积极活动，联合自强的趋势更加明显。其中，桑兰西党与人权党的合并仍在谈判，而奉辛比克党与民族主义党则已成功合并。

1. 桑兰西党与人权党的联合：仍有障碍

作为最大的反对党，近年来桑兰西党每况愈下，党员大批倒戈，党的领导尤其是高层领导常常官司缠身，力量不断削弱。

新年伊始，桑兰西党就厄运频传。先是1月份党主席桑兰西因“为了保护柬领土不受越南蚕食”，于上年10月间在柴桢省拔除柬越边界界桩而遭当局起诉，1月、2月，法庭以“伪造公共资料、传播失实新闻”两项罪名立案调查并对其做出了监禁2年和罚款的判决，致使桑兰西被迫流亡欧洲；[①] 3月初，又发生大批桑兰西党党徒背叛桑党而转投人民党的事件；共有963名桑兰西党党员在柏威夏省柏威夏市倒戈，转投执政的人民党。人民党柏威夏省委员会办事处还为其举行了欢迎仪式。[②] 一方面，党主席桑兰西长期流亡国外不敢回国，党的事务疏于管理；另一方面又不断发生党员批量倒戈的事件，一年来，作为柬埔寨政坛最大反对党的桑兰西党力量进一步遭到削弱。桑兰西党对执政的人民党已无力发动挑战。

为了改变被动局面，桑兰西党主席桑兰西也曾经做过种种努力。还在4年前，桑兰西党与人权党就酝酿合并以壮大力量，但一直没有实质性进展。此后，人权党主席金速卡曾多次提出建议，希望两个党合并，以成立一个新的政党，共同参加2012年的县乡选举和2013年全国大选，但此举并未得到桑兰西及桑兰

① Economist Intelligence Unit, *Country Report*: *Cambodia*, June 2010, P. 5.

② 柬埔寨《华商日报》，2010年3月7日。

西党中央委员会的同意。3月初，桑兰西党中央再次强硬表示，称尽管该党会寻求与其他党合作，但“永远不会换名”。人权党主席金速卡对此作出回应称，合并党不是要桑兰西党改名。他还指出，目前已有许多人选择转投人权党了。[①] 言外之意是说，桑兰西党的吸引力正在下降。

2. 壮大政治力量，奉党与民族主义党成功合并

桑兰西党与人权党合并陷入僵局的态势，奉辛比克党和民族主义党（前拉那烈党）的合并却进展顺利。自2009年2月起，奉党与民族主义党开始就合并一事进行了多次磋商。2010年3月中旬，奉党主席高布烈斯梅宣布奉党与民族主义党合并为新政党；预计将在近日内签署协议书及宣布新党的名称。[②] 4月上旬，奉党秘书长涅本才表示，奉党和民族党领导人已检查和通过两党结盟协议的内容，并计划在柬新年后正式宣布结盟，以备战2012年的乡选和2013年的全国大选。[③] 5月中旬，两党就合并后设立联合主席制达成一致，为两党合并为新政党铺平了道路。

6月7日下午，奉党主席高布拉斯梅和民族主义党主席陈祥灵分别代表两党签署协议，最终实现了合并。合并后，无疑将能争取更多支持者，壮大政治力量。[④]

值得注意的是，2006年因欺诈罪而被逐出奉辛比克党，不久后成立拉那烈党，2007年因欺诈罪被缺席判处18个月监刑，长期流亡法国的拉那烈于年底回国，宣布重返柬政坛并于12月11日在金边举行的民族主义党（前拉那烈党）会议上被选为党主席，重新执掌该党大权，该党成员也同意恢复原党的名称，即拉那烈党。拉那烈还在会议上呼吁由他创立的奉辛比克党与拉那烈党联合，组成一个以他为领袖的联盟以重振昔日雄风。[⑤] 拉那烈重返政坛，政治力量加紧重组，到底能给柬埔寨政局带来何种变化，我们还需拭目以待。

3. 反对党势单力薄，人民党一党独大的格局仍将继续

目前，在拥有123个议席的国会中，人民党独揽90席，桑兰西党有26席，人权党有3席，奉党和民族主义党各有2席。

---

① 柬埔寨《华商日报》，2010年3月8日。
② 柬埔寨《星洲日报》，2010年3月18日。
③ 柬埔寨《星洲日报》，2010年4月10日。
④ 柬埔寨《星洲日报》，2010年6月8日。
⑤《拉纳利亲王重返柬政坛》，载新加坡《联合早报》，2010年12月12日。

除桑兰西党外，其他政党都对人民党形不成挑战，即便桑兰西党的挑战也软弱无力。在柬埔寨，反对党的作用仍然很小。各反对党仍然在不断地分化和重组，要形成一定的战斗力仍然需要时日。

在柬埔寨这样的民族国家，民主化仍然有一个不断巩固和完善的过程，实践已经证明，政党政治发展所需要的良好环境仍然需要不断培育和巩固。在今后一个时期内，执政党一党独大的政治格局，有利于柬埔寨政局的稳定，有利于发展。洪森领导的人民党经过多年风风雨雨的磨砺，已经发展成为一个成熟的现代政党，成长起一批像洪森那样在掌控国家方面能够挑得起大梁的党政领导者和管理者。可以说，在当前柬埔寨政治舞台上，没有哪一个政党和政治团体可以取代人民党。

二、社会形势的发展

由于政治发展保持稳定，经济复苏势头加强，柬埔寨社会治安也日渐好转，社会发展总体上保持了稳定。但是，由于当前的柬埔寨仍然处于政治、经济、社会发展的转型期，各种社会矛盾仍然比较突出。因此，对其社会形势总体评价是喜忧参半。存在的主要问题包括以下几个方面：

（一）贫困面大，犯罪率陡增

由于经济不景气，失业率增加，犯罪率出现大幅度上升。[①] 据柬政府内政部 2 月底的总结报告，2009 年，全国发生犯罪案件 3 456 起，较前年上升了 20%（即多出 575 起）；其中中等刑事案件激增了 30%（即增加了 543 起）。报告显示，新增加的 543 起中等刑事罪案件中，有抢劫案 310 起，伤人案 148 起。全年共侦破了 2 492 起犯罪案件，破案率达 72.11%；有 3 680 名嫌犯落网，其中 2 405 宗案件已备案移交法庭审理，嫌犯人数 3 586 名。犯罪呈现出以下一些新的特点：一是在犯罪手法方面，已由街边

① 据亚洲开发银行报告，柬埔寨消除贫困进展缓慢，目前全国只有约 20% 的人口被纳入社会保障计划；政府花在社会保障方面的经费，还不到国内生产总值的 1%，比巴基斯坦、尼泊尔和孟加拉国还要低。见柬埔寨《星洲日报》，2010 年 2 月 19 日。

掠夺转向打劫商店和住宅，且带有专业化、系统化的特点，许多犯罪分子还动用各类先进作案设备甚至武器作案。二是复案率呈上升趋势。在作案者中，许多是刑满刚出狱者，或是在逃通缉犯，职业罪犯增加。三是凶杀与强奸案明显增加。共造成353人死亡，789辆摩托车和11辆汽车被盗抢。四是拐卖妇女儿童案呈高发态势。年内共侦破拐卖人口案289起，拘捕嫌犯576名（其中柬人467名，外国人109名）。

2010年，随着经济形势的企稳回升，犯罪案件相对减少，但总体上仍然处于高发态势。据金边市打击人口贩卖及保护未成年人局的报告，进入2010年以后，拐卖人口和强奸案仍呈上升趋势。头6个月，共破获75宗拐卖人口案，同比增加8.69%；发生强奸案216宗，较上年同期的133宗增加83宗（约62.40%），但只破获了171宗。[①]

（二）交通肇事高发势头虽被遏制，但仍然处于高位

2009年，柬埔寨全国发生交通肇事6 021起，比前年的6 214起减少了193起，但致死人数却增加至1 654人，另有10 310人受轻重伤，损害汽车2 492辆、摩托车6 548辆。

年内，交通肇事仍然处于高位。据内政部的统计，仅仅在4月13～16日新年的4天里，全国就发生了254宗交通事故，共造成49人死亡、530人受伤。与上年同期相比，虽然死亡人数减少了3人，但受伤人数则增加了50人。交通肇事增多，主要原因是超速驾驶、酒后驾驶及不遵守交通规则。[②] 更为世人所关注的是，11月22日即柬埔寨送水节的最后一天，连接金边市区到钻石岛的一座吊桥发生晃动，引发人群恐慌，最终导致严重践踏，造成351人伤亡，数百人受伤。柬埔寨政府对遇难者举行了国葬。洪森首相为此潸然泪下，把此事件形容为柬埔寨31年来的最大悲剧，并表示政府必须为践踏事件负责。[③]

---

① 柬埔寨《星洲日报》，2010年8月29日。

② 《内政部初步统计显示：柬新年49人死于交通事故》，载柬埔寨《华商日报》，2010年4月20日。

③ 《洪森：政府须为践踏事件负责》，载新加坡《联合早报》，2010年11月30日。

（三）劳资纠纷、罢工频发的问题仍然突出

柬埔寨自由工会主席谢莫尼表示，2009 年柬埔寨全国共发生罢工事件 100 起，较往年明显下降，但是绝对数字仍然很高。2010 年，制衣业罢工事件仍然此伏彼起，而且呈规模化、统一化的趋势。以往各工厂孤立的、单独的罢工和游行示威正转向全市统一的、有组织的行动。罢工的原因主要是要求增加工资、改善工作条件、缩短工作时间等。这表明劳资矛盾仍然比较突出。2 月初，柬埔寨联合工会（NACC）决定要求劳工委员会（LAC）将制衣业工人底薪由目前的 56 美元上调至 93 美元。① 为此，一度引发全国性的劳资关系紧张。直至年底，都陆陆续续有罢工发生，旨在逼迫资方将柬制衣工人最低工资提高到每月 93 美元。

（四）土地纠纷案件居高不下

土地纠纷案件居高不下，成为柬埔寨的一大社会问题。土地纠纷频繁发生，既是柬埔寨长期战乱、政治社会秩序缺失的结果，也反映了战后柬埔寨社会秩序重建任务的艰巨。据柬埔寨国土规划建设部披露，迄今，柬埔寨土地纠纷诉讼案累计已达 5 364 起，其中 1 926 起已经审结，占地面积达 3 148 公顷，占土地纠纷案总面积的 55.64%。②

2009 年，柬埔寨全国共发生土地纠纷诉讼案 326 起，比 2008 年下降 2%。2010 年，土地纠纷案仍呈高发态势。保护柬人权与发展协会（ADHOC）的调查报告显示，自 1 月至 10 月初，全国共发生 145 宗土地遭侵占案子，其中 57 宗是大案，约有 10 万人因土地遭侵占而发动示威游行，甚至组成“人肉盾牌”堵塞公路以示抗议。③

土地纠纷案频发，既有历史原因，也有现实原因，情况比较复杂。其中，所谓“特许土地”政策的实施就是其中之一。人权组织批评说，随着特许地开发计划日益增多，土地纠纷案件也越来越多。贡不、菩萨、马德望、实居、班迭棉吉、蒙多基里等省问题都比较突出。

---

① 柬埔寨《星洲日报》，2010 年 2 月 2 日。
② 柬埔寨《星洲日报》，2010 年 2 月 5 日。
③ 柬埔寨《星洲日报》，2010 年 10 月 4 日。

三、经济发展：复苏势头明显

受国际金融危机影响，2009 年柬埔寨经济遭受重创，GDP 仅增长 0.1%。进入 2010 年以后，随着全球经济回暖，柬成衣业、农业、旅游业复苏，外资流入恢复增长，柬经济已显现出明显的复苏势头。3 月，洪森首相表示："柬埔寨已渡过经济难关，2010 年经济可重新回到高速增长轨道。"

（一）经济形势概述

上半年，经济部门表现各不同，可谓有喜有忧。就财税、物价、金融等关键领域来看，总体形势表现较好。

财税目标能实现。根据其财政预算案，年内柬政府财政收入计划为 14.45 亿美元，支出为 20.51 亿美元，财政赤字 6.06 亿美元。从上半年的执行情况看，已完成国内收入 7.63 亿美元。其中，税收收入 7.02 亿美元，非税收收入 5 600 万美元，资本收入 520 万美元；完成经常性支出 7.28 亿美元，资本支出 4.62 亿美元。由于经济复苏明显，国内收入同比小幅上升，预计全年税收可实现计划目标。

物价基本稳定，通胀压力减弱。今年前 6 个月，柬消费者物价指数基本稳定，平均下降 0.03%。6 月份，大宗商品下降 0.95%，文化娱乐下降 0.83%，电信下降 0.65%，房屋租售、水电及燃气下降 0.38%，日常家居用品下降 0.24%，烟酒及饮料下降 0.21%，服装鞋类下降 0.14%，住房、水电、天然气及油料等价格平均下降 7.9%。百姓日常消费的粮食、鱼肉等供应价格相对稳定，货源充足，市场供应状况良好。

金融形势稳定，资产增长。截至 6 月，柬币兑换美元贬值 2%，基本稳定在 4 100 瑞尔兑 1 美元。外汇储备 29 亿美元，可满足 4 个月进口需要。截至 9 月，全国共有商业银行 27 家，专业银行 6 家，小型贷款机构 21 家。

随着上半年欧美市场需求的逐渐复苏，柬宏观经济领域的投资、成衣出口、建筑及旅游亦呈现明显增长，市场供给活跃，游客增加，进出口扩大。从市场整体表现看，该势头仍在平稳发展，预计下半年宏观经济运行将好于上半年，全年有望实现政府预测的5%的增长目标。①

柬埔寨政府和许多国际预测机构都看好柬埔寨的经济形势。3月中旬，国际货币基金组织（IMF）估计，年内柬埔寨的经济增长率将突破4%，可达柬埔寨官方公布的5%的增长率预估，但英国EIU6月份的预测则为4.1%。② 6月上旬，根据其上半年的表现，世界银行也调高了对柬埔寨经济增长的预期，由4月份的4.4%调高为4.8%。

（二）经济政策

2010年，柬埔寨政府为实现“四角战略”第二阶段目标，采取了积极和宽松的财政政策，拟通过加大基础设施投入、增加社会公共福利开支、扩大财政赤字等措施，使柬埔寨经济尽快走出国际金融危机的阴影。实践证明，这一政策的效果是明显的。

5月31日，柬国会召开全体会议，会上以多数票通过了《2009—2013国家发展战略计划》。该计划的总预算资金为62.78亿美元。该计划是花了一年的时间，在政府多个部门和合作伙伴的通力合作下，才得以拟订完成的。该计划强调将更加关注农业、教育、卫生等领域的发展，特别强调了农业在柬埔寨的基础作用。

4月5日，柬国会通过了《外国人房屋产权法》。该法案规定：柬埔寨政府鼓励外国人买房。4月底，柬埔寨《外国人房屋产权法》获得国王正式签署批准。该法规定，外国公民可以在柬埔寨拥有二楼及以上房屋产权，并可以用自己的名义购买、出售和出租这些房屋，但土地产权仍不能为外国公民拥有。舆论认为，随着《外国人房屋产权法》的颁布实施，将吸引更多外国人来柬投资。③

（三）部门经济发展情况

由于具体情况不同，柬埔寨各经济部门的具体表现也不尽相

① 《2010年上半年柬宏观经济形势及下半年走势》，2010年9月13日17：23。文章来源：驻柬埔寨使馆经商处。

② 参见柬埔寨《星洲日报》，2010年3月18日，见Economist Intelligence Unit, *Country Report*：*Cambodia*，June 2010，P. 2.

③ 柬埔寨《华商日报》，2010年4月26日。

同，有的经济部门发展情况好一些，有的差一些。总体情况是：服务业尤其是旅游业，以及对外贸易回升较快，工农业要差一些。

1. 农业：极端气候影响收成

根据柬农林渔业部的报告，2009 年全国稻谷总产量约 731 万吨，有 407 万吨大米，平均 1 公顷产量 2.76 吨。除满足国内需求外，还剩余 327 万吨稻谷可供出口。

2010 年，柬全国计划种植稻谷面积为 234 万公顷。但受极端气候影响，雨季来迟，雨量小且分布不均，影响了插秧，一些原本在 7 月份即可插秧的地区，因无雨推迟到 8 月份才能插秧，导致水稻种植面积打了折扣，农业收成不容乐观。

柬埔寨是农业国家，约 85% 的人口从事农业，[①] 但由于水利灌溉系统落后，目前农田灌溉率只达到约 48%，农民必须靠天吃饭。农业受天气因素制约严重，为确保农业用水，政府每年必须投入 2 亿美元建设水利灌溉系统。政府计划将 2010/11 年度的大米产量增加到 730 万吨并非不可能，只要加强水利灌溉系统，一年至少可种三季。因此，农业的出路在于改变“靠天吃饭”的状况。

当然，农业也受市场供求关系的影响。年内，波罗勉省玉米价格大幅度下降，导致农民收入大减，严重影响了农民种玉米的积极性。

渔业情况也不佳。虽然菩萨省鱼产量预计可增长 5% 至 10%，达到 7 500 吨，但这只是局部现象，就全国来讲，水产量呈下降趋势。柬农林渔业部 10 月 14 日称，由于洞里萨河水位下降以及部分渔民非法捕鱼，年内柬渔产量同比将下降 30%，预计全年产量仅有 50 多万吨，其中出口为 2 万吨。

在橡胶种植方面，政府鼓励胶农多种橡胶。2009 年，柬政府共将 12 万公顷的经济特许土地拨给 19 家公司，其中约 20% 用来种植橡胶，使橡胶种植面积增加到 8.3 万公顷。政府希望企业种植更多的橡胶以推动国家经济发展。

---

① 其中，从事水稻与农产品种植业的人口占 53%，渔业人口占 25%，养殖业人口占 15.3%，林木业及其他商业人口占 6.6%。见柬埔寨《星洲日报》，2010 年 4 月 14 日。

2. 工业：增长乏力

柬埔寨是个农业国，工业仅占 GDP 的 21.7%。由于国际金融危机的影响，2008/09 年柬埔寨工业尤其是制衣业受到严重冲击。2009 年共有 122 家成衣厂倒闭，导致 53 097 名工人失业，随后有 67 家成衣厂重开，但规模缩小，只雇用了 19 000 名工人。[①] 2009 年底，柬埔寨全国拥有各类工厂 556 家，职工 39.24 万人，其中制衣工人 34.59 万人。进入 2010 年以后，随着全球经济的回暖，柬埔寨工业景气指数上升，新开工厂逐渐增多。上半年，新增工厂 33 家，增加就业人数 3.37 万，其中制衣工人 2.99 万。4 月底，成衣厂数量已从上年底的 416 家增加到 469 家，共增加了 53 家，增幅达 12.74%。工厂数量的增加表明制衣业已经逐步走向复苏。[②] 据柬商业部消息，1~5 月在商业部登记注册的公司已达 1 000 多家，同比增长 42%。其中申请注册最多的外国公司分别来自韩国、中国和越南，投资领域主要是橡胶、木薯种植业和成衣业。前 3 个月，共有 663 家国内外企业在商业部办理注册手续。[③] 前 7 个月，柬工业产值为 21.16 亿美元。其中，出口商品产值为 18 亿美元，国内市场供应商品产值为 3.16 亿美元。总体看，工业基础薄弱，产值有限，增长乏力。前 3 个季度，柬政府批准的建设资金总额为 5.08 亿美元，同比减少近 70%。由于建筑业尚未摆脱金融危机的阴影，投资者和开发商仍在观望，因此大型项目开工率很低。

在综合交通运输体系建设方面，在国际援助下，不断取得新进展。主要表现是：

铁路建设有新进展。10 月 22 日，柬埔寨开通了一段 120 公里长、连接首都金边和接近越南边界南部小镇图梅斯（Touk Meas）的新铁路。这是柬埔寨计划修建的 650 公里铁路网的第一段铁路，预计这段从北部接近泰国边界，一直延伸到南部海滨城镇磅逊的铁路网，将在 2013 年竣工。修建柬埔寨铁路网的总费用为 1.41 亿美元，其中亚洲开发银行提供 8 400 万美元的贷款。[④] 诗梳风至波贝 48 公里铁路的修复则“因铁轨供应短缺”而进展

① 柬埔寨《星洲日报》，2010 年 4 月 28 日。
② 柬埔寨《星洲日报》，2010 年 4 月 30 日。
③ 柬埔寨《星洲日报》，2010 年 6 月 26 日。
④ 新加坡《联合早报》，2010 年 10 月 23 日。

缓慢。据悉，该铁路线的修复于2008年2月18日开工，是利用亚行的4 200万美元贷款，由法—泰（TSO－AS－NWR）联合公司进行施工，计划于2013年完工。①

柬埔寨列入规划的铁路网建设包括5个项目：①修复金边市至西哈努克港的南部铁路，全长254公里；②修复金边市至诗梳风市的北部铁路，全长335公里；③修复诗梳风市至波贝市的铁路，全长48公里；④新建朗哥区速隆分区新火车站及货仓；⑤加强政府有关执行铁路特许营业协议的工作能力。②

港口基础设施不断完善，吞吐量大增。在越南范蓬湾港口建设等有利条件带动下，年内金边港吞吐量将突破58万吨，并有望取得655万美元的收益。年内，金边港装卸集装箱总数可达62 500个，接待1 622艘货轮靠港。③ 1～8月，柬第一大港西哈努克港货物吞吐量达144万吨，同比增长15%。进口的货物主要为机械、水泥、燃料及燃煤；出口的货物则主要是木屑及服装。

3. 旅游业回升，入境游客增加

旅游业是柬埔寨的支柱产业之一。2009年柬接待国际游客2 161 577人次，同比增长2%，创汇15.6亿美元。但由于国际金融危机的影响，同比收入却减少1%，因为大多数游客只是短期居留，在柬消费减少。与此同时，柬埔寨人出国旅行的人数也大为减少，仅有339 695人次，同比减少56.78%。④

2010年，随着全球经济企稳回升，柬埔寨旅游业复苏势头迅猛。1～7月，全国共接待入境游客142.35万人次，同比增长13.9%。预计全年接待入境游客可达240万人次，同比增长12%。1～8月，暹粒省接待国内外游客已达1 635 353人，这有力地带动了暹粒省经济尤其是酒店、餐饮和运输业的发展。⑤

就客源来讲，据旅游部门的统计，2010年上半年赴柬旅客中，越南游客最多，为215 496人，增幅46%；其余依次为：韩国游客144 077人，同比增长35%；中国内地游客84 535人，增长31%；日本游客75 039人；中国台湾游客48 201人，增长31%；澳大利亚游客45 656人，增长17%。此外，来自欧洲的

① 柬埔寨《华商日报》，2010年2月26日。
② 柬埔寨《星洲日报》，2010年3月3日。
③ 柬埔寨《星洲日报》，2010年1月23日。
④ 柬埔寨《星洲日报》，2010年2月4日。
⑤ 柬埔寨《星洲日报》，2010年8月16日。

游客也增长了2%。柬埔寨旅游部门希望，年内能吸引240万名旅客，增长幅度约10%，若能达到这个目标，柬埔寨将成为亚洲旅游业发展最快的国家。① 从上半年的情况看，这个目标是能够达到的。

4. 对外贸易：进出口全面回升

年内，柬埔寨对外贸易形势良好，进出口都有较大增长，显示其已经摆脱国际金融危机的影响。1～7月，柬实现进出口总额44.39亿美元，同比增长18.63%；其中进口26.13亿美元，出口18.26亿美元。进口商品主要包括石油产品、汽车、摩托车、纺织原辅料、水泥、钢材、机械、电器以及日用消费品等。出口除成衣制品外，还有板材、橡胶、大米、农副产品、鱼类及工艺品等。前7个月，柬成衣制品出口额为16.28亿美元，占同期总出口的89%，同比增长13.4%。成衣出口回升的主要原因系欧美市场需求增加，欧美市场占柬成衣出口的96%。柬农副产品出口对象国主要为越南、泰国、马来西亚及中国。

就其进出口来看，值得注意的特点有以下几个方面：

第一，上半年服装出口有量增价跌的特点。据柬财经部统计，上半年柬服装出口额12.56亿美元，同比增长12%；其中出口美国7.78亿美元，占62%；出口欧盟2.77亿美元，占22%。尽管服装出口数量增加了，但出口单价却平均下降了10%。

第二，柬中贸易增速快。据柬商业部统计，上半年柬中双边贸易额为5.01亿美元，同比增长25.9%。其中，柬对华出口1768万美元，同比增长284.3%，主要出口商品为天然橡胶和木材。

第三，贸易赤字进一步扩大。头7个月进口额比出口额多出18亿美元。贸易赤字激增的原因，据说是因柬埔寨进口收入水平逐渐提高，因而刺激了国内消费。

5. 引进和利用外资：呈继续下降之势

上半年，柬发展理事会（CDC）共批准投资项目48个，协议投资金额10.78亿美元，同比下降11.4%。其中农业项目12个，2.43亿美元；工业项目34个，7.32亿美元；服务业项目1个，8570万美元；旅游项目2个，1770万美元。上述投资中，

① 柬埔寨《星洲日报》，2010年4月14日。

外国资本为9.174亿美元；国内资本为1.614亿美元。外国协议投资额排名依次为：中国5.3亿美元，马来西亚1.1亿美元，越南8 340万美元，澳大利亚4 970万美元，中国台湾4 150万美元，韩国3 530万美元，美国600万美元，加拿大420万美元。

据柬埔寨发展理事会（CDC）公布的最新数据，过去15年以来，中国是柬埔寨最大的投资国，累计投资额已达65亿多美元；其次为韩国，共28.5亿美元；马来西亚约22亿美元。其余依次为欧盟11.8亿美元、美国11.3亿美元、泰国7.5亿美元、中国台湾6.5亿美元、新加坡5.2亿美元、中国香港2.8亿美元、日本1.5亿美元。外资主要投向为：旅游业占外资投资额的48%，工业和服务业各占23%，对农业的投资仅占6%。在过去4年来，柬外国直接投资出现剧烈波动趋势：2006年达到44亿美元，2007年降至26.7亿美元，2008年又飙升至109亿美元，而2009年则骤减至16亿美元。[①] 2010年同比将有增长，但增幅不会很大。

6. 争取外援：成果显著

外来援助一直是柬埔寨经济发展的重要动力。年内，柬政府在争取外援方面成果显著。根据6月初柬埔寨与发展合作伙伴论坛公布的数据，国际发展援助有望在2010～2012年的3年内对柬提供28亿美元的援助。

在6月初举行的柬埔寨发展合作论坛上，各援助方承诺在2010年内向柬埔寨提供11亿美元的援助，在2011年提供9.58亿美元的援助，在2012年提供7.505亿美元。

2010年承诺的11亿美元援助中，包括日本承诺提供的1.318亿美元、中国承诺的1.02亿美元、美国承诺的6 850万美元，以及澳大利亚承诺的6 100万美元。[②]

四、外交：继续显示活跃态势

年内，柬埔寨外交继续呈现活跃态势。国家领导人洪森首相、参议院主席谢辛、国会主席韩桑林，以及西哈莫尼国王频频

① 柬埔寨《星洲日报》，2010年1月19日。
② 柬埔寨《星洲日报》，2010年6月9日。

在国际舞台曝光，在国际和地区事务尤其是东盟地区事务中，柬埔寨的影响日益扩大。在与周边国家的关系方面，柬埔寨继续加强与越南和老挝的合作，积极推动“柬越老三角区”合作。一度剑拔弩张的柬泰关系，年内也大幅度降温：一是柬泰边境争议地区的紧张气氛明显缓和；二是上年泰国召回的驻柬大使也重新上岗，大使级外交关系已恢复正常；三是两国经济合作尤其是边境经济合作仍正常进行。

（一）柬埔寨与中国：全面合作伙伴关系进一步巩固

年内，柬埔寨与中国的关系继续向纵深化、宽领域发展。柬中两国之间继续保持了密切的高层互访。

年初，回良玉副总理应邀访问柬埔寨期间，洪森首相于3月18日在金边会见了回良玉一行。双方就进一步深化两国友好合作达成广泛共识。之后，回良玉副总理与宋安副首相举行了工作会谈，双方签署了农业、通信合作等协议。①

11月3~6日，吴邦国委员长应柬国会主席韩桑林的邀请，对柬埔寨进行了为期4天的正式访问。这是中国全国人大委员长近10年来首次访柬。访问期间，吴邦国分别与西哈莫尼国王、参议院主席谢辛、国会主席韩桑林和首相洪森举行了会谈，就进一步发展中柬全面合作伙伴关系、提升双边友好合作水平以及其他共同关心的问题交换了意见。11月4日下午，洪森首相会见了吴邦国一行，中方宣布免除柬400万美元的债务，同时向柬另外提供100万人民币（约15万美元）的无偿援助。在洪森首相和吴邦国委员长的见证下，中柬两国政府签署了在未来5年内中方在柬投资23个项目的合作谅解备忘录，总额达16亿美元。另外，两国政府和企业之间还签署了16个合作协定。②

12月中旬，应温家宝总理邀请，洪森首相对中国进行了为期5天的正式访问，拜会了柬主要国家领导人，与洪森首相进行了会谈，双方签署了12项合作文件。两国达成共识，决定到2015年推动双边贸易额达到25亿美元的目标。温总理还宣布，为柬埔寨提供1亿人民币无偿援助，提供3亿美元的优惠贷款以实施3个项目即兴建214号国道、76号国道和在柴桢省水利灌溉系统

① 柬埔寨《华商日报》，2010年3月19日。
② 柬埔寨《星洲日报》，2010年11月5日。

的第一阶段项目。[1]

在经贸合作方面，柬中之间也继续保持了良好的合作。据中国海关统计，由于受国际金融危机影响，2009 年中柬贸易额为 9.44 亿美元，同比下降 16.7%。其中，中国对柬出口 9.07 亿美元，同比下降 17.1%；进口 0.37 亿美元，下降 5.2%。2010 年上半年，中柬双边贸易出现大幅度增长，总额达到 6.27 亿美元，同比增长 37.7%。尽管中柬双边贸易总额不大，但在经济合作尤其是中国企业投资柬埔寨，以及中方对柬提供援助方面力度却不断加大，柬方获得了实实在在的利益。统计显示，中国已经成为柬埔寨最大的投资国，过去 15 年中，中国对柬埔寨的投资累计已达 65 亿多美元。

据中国商务部统计，2010 年上半年，中国企业在柬新签承包工程与劳务合作合同 37 个，同比增长 76.2%；合同总额 1.68 亿美元，增长 23.5%；营业额 2.89 亿美元，增长 46.8%；外派人数 1 461 人，增长 79.9%。截至 2010 年上半年，中国企业在柬承包工程与劳务合作累计合同额和营业额分别是 38.2 亿美元和 19.5 亿美元。

另据柬埔寨发展理事会统计，截至 2010 年 7 月底，中国对柬累计投资项目已达 360 个，协议投资额近 80 亿美元，占柬投资总额的 23.4%，继续为柬最大的外资来源国。[2]

（二）柬越关系：仍然是柬埔寨最重要的双边关系

年内，柬越两国继续保持了密切的交往。[3] 4 月中旬，越南前国家主席陈德良率代表团访问了柬埔寨，分别会晤了参议院主席谢辛、国会主席韩桑林和首相洪森。5 月 10～16 日，应柬埔寨人民党中央常委会和洪森首相的邀请，前越共中央总书记黎可漂对柬埔寨进行了访问，旨在进一步推动两国两党的团结与友好合作。8 月底，越南国家主席阮明哲应邀对越南进行了为期 3 天的访问。访柬期间，阮明哲拜访了西哈莫尼国王、参议院主席谢辛以及首相洪森。柬埔寨方面，包括洪森首相、被称为“国父”的

① 《洪森访华成果丰硕，柬中贸易 5 年内翻倍》，载柬埔寨《星洲日报》，2010 年 12 月 18 日。

② 柬埔寨《星洲日报》，2010 年 8 月 25 日。

③ Economist Intelligence Unit, *Country Report: Cambodia*, June 2010, P. 6.

退位国王诺罗墩·西哈努克等在内的高官也都造访了越南。

频繁的高层互动，有力地带动了两国各阶层各领域的交往。柬越关系从正常的国家关系层面健康、稳定发展。

在经贸关系方面，柬越之间的联系日益紧密。2009年，柬越双边贸易额已经突破20亿美元，越南已经成为柬埔寨的最大贸易伙伴。2010年前8个月，柬越双边贸易额剧增至11.47亿美元同比增长约35.1%，其中柬埔寨进口9.77亿美元，增长34.4%；出口约1.7亿美元，增长38.8%。越南主要出口钢铁、化工产品、燃料、塑料制品、化肥、谷类食品和方便面，从柬埔寨进口的主要是原材料。

目前，越南已成为柬埔寨第九大投资国。2010年头6个月，越南对柬埔寨的实际投资额达到8.62亿美元；投资领域主要为运输、航空、银行、贸易、农业、水力发电、橡胶、石油、天然气以及保健。① 近年，橡胶业成为越南企业投资的热点。越南橡胶协会于2009年11月与柬埔寨签署了6亿美元的橡胶种植计划，将于2012年在全柬范围内开垦10万公顷的橡胶园。柬越之间的双边合作近年来还扩展到柬、越、老三边的跨境合作。2010年3月中旬，来自越南、老挝和柬埔寨的投资者齐聚腊塔纳基里省，就"发展三角地区"问题与政府官员展开了为期1周的会谈。在11月16日于金边召开的第六届柬、越、老三国峰会上，三国领导人承诺加强合作，推动柬、越、老发展三角更快地发展经济，同时呼吁更多合作伙伴提供财政援助。

（三）柬埔寨与泰国：紧张关系渐缓和

由于历史的、文化的、领土的等各方面的原因，长期以来柬泰之间恩恩怨怨纷争不断，但友好合作是主流。2008年7月，柬埔寨申报柏威夏寺列入世界文化遗产成功后，柬泰之间对柏威夏寺及其周围地区主权的争端严重升级，双方的军事对峙一度剑拔弩张甚至多次发生小规模造成人员伤亡的武装冲突，严重影响了两国关系的健康发展。上年，因柬政府聘任流亡国外的已被军事政变推翻的泰国前总理他信为经济顾问，两国的军事对抗扩展至外交领域，双方闹到互撤大使的地步。但两国领导人均能从大局

① 柬埔寨《星洲日报》，2010年11月7日。

出发，一再表示将努力控制事态发展，始终主张通过对话协商和平解决问题。[①]

由于两国领导人所坚持的和平理念，柬泰争端一直处于可控范围，在过去的一年大幅度降温：一是柬泰边境争议地区的紧张气氛明显缓和，双方领导人都一再表示不会恶化边境局势；二是上年泰国召回的驻柬大使也于8月下旬重新上岗，大使级外交关系已恢复正常；三是两国经济合作尤其是边境经济合作仍正常进行。

8月底，泰国前总理他信宣布辞去柬埔寨政府经济顾问职位，得到西哈莫尼国王同意，从而为柬泰两国恢复外交关系创造了条件。边界局势紧张，严重影响经贸交往。2009年1~11月，柬泰双边贸易额下降了22.5%。泰国出口额为14.3亿美元，而柬埔寨出口额仅7 100万美元。双边贸易大幅度下降，当然也有经济不景气下双边旅游业、建筑业和成衣业产值下降等方面的原因，但最主要的原因还是两国间关系恶化。2010年，由于关系缓和，柬泰之间的经济联系再次加强，双边贸易额明显回升。12月19日是柬泰建交60周年的日子，泰国外长卡实应邀访问了柬埔寨，于20日上午同柬外长贺南洪进行了会谈，并于下午拜会了洪森首相，转达了阿披实总理的慰问，及对即将到来的新年的祝愿。[②]

（四）柬埔寨与美国：美国对柬兴趣增加

年内，高调宣布要“重返亚洲”的美国对柬埔寨兴趣大增的表现值得关注。

2010年是柬美建交60周年，美国驻柬大使馆为此举行了一系列的庆祝活动。

美国国务卿希拉里于11月1日访问了柬埔寨，表示了对发展与柬埔寨关系的兴趣，并且还不忘记警告柬埔寨“不要太过依赖中国”，[③] 表示了对柬中密切关系的不满。与此同时，美国又常常挥舞“人权”大棒打压柬埔寨，柬埔寨政府十分反感，也常常予以反击。

---

① Economist Intelligence Unit, *Country Report: Cambodia*, June 2010, P. 6.

② 《洪森接见泰国外长》，载柬埔寨《星洲日报》，2010年12月21日。

③ 《克林顿警告柬埔寨不要太依赖中国》，载新加坡《南洋视界》，http://www.nanyangpost.com/，01/11/201016：41：00。

在经贸关系方面，美国对柬埔寨的贸易和投资也在稳定增长。尽管美国不是柬埔寨最大的投资国，但美国依旧是柬埔寨最大的商业合作伙伴及贸易顺差最大的国家。美国是柬埔寨最大的成衣出口市场，2010 年 1～6 月，柬服装出口额 12.56 亿美元，其中出口美国达到 7.78 亿美元，占 62%。截至 2010 年 3 月中旬，共有 643 家美资公司投资柬埔寨，金额达 7 100 万美元。

五、2011 年发展展望

综合柬埔寨以往的发展尤其是 2010 年政治、经济、社会和对外关系的发展，展望其 2011 年形势的发展，总体判断是：

在政治发展方面，新的一年，柬埔寨政治社会将继续保持稳定。柬埔寨人民党执政地位将进一步巩固，人民党一党独大的政治格局将继续保持。[①] 这种格局有利于保持柬埔寨政治社会的稳定和经济发展。桑兰西党、人权党、奉辛比克党、民族主义党（前拉那烈党）等反对党仍将继续处于弱势地位，难以对人民党发起有力挑战。最大反对党桑兰西党的领袖桑兰西的回国仍然面临种种障碍，如果其难以体面回国，桑兰西党的力量将继续削弱，如果不能与人权党实现合并，两个党的力量都难以壮大。

因此，随着 2012 年的县乡选举和 2013 年全国大选日期的临近，在新的一年，各政党和政治团体的分化组合将进一步加剧。执政的人民党将为赢得下届大选而作准备，各反对党则将通过新的联合和组合来壮大力量，迎接下届大选。

在经济发展方面，随着国际国内经济环境的进一步改善，在国内政治社会保持稳定的前提下，在新的一年，柬埔寨经济的发展形势将继续看好。经济增长率在本年度约 5% 的基础上将进一步提升，有望达到 6% 至 6.5% 的增速（英国 EIU 6 月份的预估为 5.1%）。[②] 但是，工业基础薄弱、农业“靠天吃饭”的局面仍将继续存在，其经济增速仍将靠成衣业和第三产业来拉动。

在对外关系方面，柬埔寨将继续保持活跃的外交态势，积极

---

① 国际观察家们普遍赞成这种观点。参见 Economist Intelligence Unit，*Country Report*：*Cambodia*，June 2010，P. 2.

② Economist Intelligence Unit，*Country Report*：*Cambodia*，June 2010，P. 2.

参与地区合作。根据东盟办会时间表，柬埔寨将于 2012 年成为东盟轮值主席国，并将承办东亚峰会，届时将有东盟和对话伙伴国家的约 20 个国家的领导人出席会议。为此，在新的一年，柬埔寨将启动会议的准备工作。

（作者单位：云南省社会科学院东南亚研究所）

缅甸：大选带来政治新变化，经济发展有起色

扈琼瑶

2010年是缅甸近20年来的第一个大选之年。如果用两个字总结一年来的缅甸，那就是“变”和“化”：随着多党民主大选的顺利进行，缅甸政治在悄然“变”革；随着昂山素季的获释，缅甸朝野纷争表面上有所“化”解。有人欣慰地看到缅甸政权正在平稳过渡，有人宽慰地看到昂山素季重获自由，有人欣喜地看到缅甸蕴涵着巨大的商机。总之，无论缅甸未来发展之路是顺利抑或坎坷，“变”、“化”着的2010年都将永远载入缅甸的史册。

一、政治发展：大选在周密部署下如期顺利举行

年内，缅甸一切政治生活都围绕大选而展开。在反政府组织制造的连连爆炸声中军政府谨慎安排、严密推进，确保了大选按计划、有秩序进行。从进程设计、人事调整、安全保障等方面的安排来看，本次大选虽是20年来的第一次大选，但却布置得如此周密、实施得如此紧凑，可见军政府的领导和组织能力非同一般。

（一）军政府内部进行重大改组

年内，缅甸军界按计划有序地进行了大范围人事调整，展现

出了军政权力有限分离的状况。根据周密部署，4 月 26 日，总理登盛上将与其他 22 名军人部长宣布退出军职而只保留政府现职，牵头将联邦巩固与发展协会改组为“联邦巩固与发展党”，旨在专心准备参加大选并确保赢得胜利。4 个月后，包括缅甸军政府第三号人物、三军总协调官（又译三军总参谋长）杜拉瑞曼和发委秘书长底哈杜拉·丁昂敏乌在内的至少 15 名军官也根据安排辞去军职，投身议员选举。同时，军界自上而下出现了大范围的人事调动，包括总部各局、特战局和军区司令几乎全部进行了调整，如三军总协调官由原第二特战局局长敏昂莱中将接任，军事安全局局长由原西南军区司令觉瑞少将接任等。

国际舆论普遍认为，军队的大规模人事调整是经过精心谋划的，目的在使军人集团于在即将举行的大选中掌握主动，确保政权掌握在军人手中。

（二）备受瞩目的大选如期顺利举行

按照2008 年 5 月公投通过的新宪法规定，缅甸将于 2010 年举行大选，并将在大选后 90 天内召开第一次会议，选举产生总统、副总统，之后将权力移交给民选政府。

1. 缅甸联邦选举委员会公布大选安排

3 月 8 日，和发委正式颁布《联邦选举委员会法》、《政党注册法》、《议会人民院选举法》、《议会民族院选举法》和《省邦议会选举法》等五个法律文件。其中《政党注册法》规定，所有新旧政党必须在 60 天内申请成立注册或重新登记注册，否则就被视为非法。

3 月 11 日，成立了由吴登梭为主席的 17 名无党派知名人士组成的联邦选举委员会；8 月 11 日，缅甸联邦选举委员会宣布人民议会选票区、民族议会选票区、省（邦）议会选票区的划分和议会代表的组成情况。其中，人民院选票区 330 个，全联邦 330 个镇区各为一个选票区。人民院最多由 440 名代表组成，其中当选代表 330 名，由军队总参谋长提名的军队代表 110 名。民族院选票区 168 个，全联邦 14 个省（邦）各 12 个选票区。民族院由 224 名代表组成，其中各选区选出的代表 168 名，由军队总参谋长提名的军队代表 56 名。根据公告，各议会选票区的候选代表提名时间是 8 月 16 日至 8 月 30 日。对候选代表名单的审查时间是9月6日至10日。撤销候选代表提名的最后期限为9月3日。

8月13日，缅甸联邦选举委员会宣布大选将于11月7日举行。

2. 参选政党情况

尽管明知没有获胜可能，但参选政党仍然踊跃。经过政党注册、最后获准参加此次大选的政党共有37个，其中绝大多数为少数民族政党。

37个参选政党中力量最为强大的当属5月4日新近批准成立的“联邦巩固与发展党”，其前身为1993年9月成立的“联邦巩固与发展协会”（简称巩发协）。巩发党的中央执委由现任政府总理登胜和27位现任部长担任。8月20日，巩发党在全缅各地同时成立400个基层党部，共计党员1 800万。巩发党此次派出1 112名候选人参加全缅所有1 158个选区的选举，是所有参选政党中派出代表最多的一个。在54个选区中，巩发党由于没有竞争对手而自然胜出。

参选政党中第二大政党为1990年大选中败选的民族团结党。该党于4月29日重新注册获批，自称拥有党员20万。

1990年大选有93个政党参选，到2010年只有10个政党尚存。根据此次《政党注册法》，包括在1990年大选中获得最多席位的全国民主联盟（简称民盟）和取得第二多席位的掸邦民主联合会等五个政党因拒绝重新提请注册而就地解散，包括民族团结党在内的另五支政党再次申请注册参选。

根据《政党注册法》规定，民盟如果要重新注册就必须开除昂山素季的党员资格。因此3月29日民盟全国大会决定抵制此次大选。原民盟的一些党员不愿放弃机会，重新注册成立了全国民主力量党，8月1日获准参加此次大选，成为此次大选中的最大反对党。全国民主力量党共计派出140名候选人参加大选，但仅有10%的候选人胜选。

3. 大选结果：预料中之事

37个参选政党共推出3 071名各级议会候选人，其中包括82名独立候选人、114名女性候选人。全缅共有2 900万合法选民，共设立了6万个投票站。

11月7日，国际国内翘首以待的大选日终于到来，缅甸如期举行了20年来的首次大选。令人意想不到的是，投票日各大城市街头异常安静，与平时没什么两样。正如西方外交官所说的，没有多少迹象显示这个国家正在举行重大选举。总之，缅甸在和平、安宁的气氛中成功举行了大选，说明缅甸政府仍然具有较强的掌控局势的能力。

11 月 17 日，缅甸联邦选举委员会公布大选结果，政府总理吴登盛领导的联邦巩固与发展党获得联邦议会（人民院和民族院）和省（邦）议会 77% 的议席。巩发党在 325 个人民议会选区中的 259 个选区中胜出，在民族院的 168 个选区中的 129 个选区中胜出，在 661 个省（邦）议会选区中的 494 个选区中胜出，共获得人民院、民族院、省（邦）议院共 1 154 个席位中的 882 席。①

根据缅甸联邦大选委员会 12 月 7 日公告，11 月 7 日 75% 的合法选民参加了投票，其中 90% 多的选票是有效选票。人民院的投票率达 77. 26%（93. 06% 为有效选票），民族院的投票率达 76. 78%（93. 57% 为有效选票），省（邦）议会的投票率达 76. 62%（92. 60% 为有效选票）。

民族院 168 个选区都成功地举行了选举；人民院的 330 个选区中有 325 个选区成功进行了选举；省（邦）议会的 673 个选区中有 661 个选区成功进行了选举。

参加人民院选举的候选人共计 989 名，其中代表政党参选的候选人有 949 名（324 名胜选），独立候选人 40 名（1 名胜选）；参加民族院选举的候选人共计 479 名，其中代表政党参选的有 472 名（167 名胜选），独立候选人 7 名（1 名胜选）；参加省（邦）议会选举的候选人共计 1 601 名，其中代表政党参选的有 1 566 名（657 名胜选），独立候选人 35 名（4 名胜选）。

根据缅甸选举委员会公布的大选结果，由现任总理登盛领导的联邦巩固与发展党在大选中赢得压倒性的胜利，将可以单独组阁。国际观察家们普遍认为，联邦巩固与发展党赢得大选胜利没有悬念，早已是预料之中的事情。而两个最大的反对党也公开承认竞选失败，也就表示接受了大选的结果。②

① 《缅甸新光报》（缅文），2010 年 12 月 5 日。

② 《缅甸亲军政府政党称已赢八成议席》，载新加坡《联合早报》，2010 年 11 月 10 日。

（三）兑现承诺释放昂山素季，政治和解有进步

大选前，缅政府宣布，选后将释放昂山素季。由于大选按原先的设计顺利举行，因此军政府兑现了承诺，选后第六天即11月13日就无条件释放了昂山素季。昂山素季重获自由不仅显示了军政府对把握缅甸政局发展的信心，而且也传达出昂山素季本人与军政府和解，缅甸的政治气氛进一步缓和的信息。

经历了“三进宫”的昂山素季此次获释带给人们一种全新的感觉——温和代替了激烈、妥协代替了对抗、务实代替了幻想。她选择了接受现实，面对现实，但她并没有放弃理想，仍在憧憬未来，仍要为缅甸的民主而战。她说：“我想我们也必须作出尝试……似丝绒般软革命对军方来说有点奇怪，应该这么说吧，是非暴力革命。”但与以往不同的是，昂山素季现在不是以推翻现政府为实现民主的前提。她指出：“我不想看到军方倒台，我要看到军队上升到一个专业和真正爱国的有尊严的高度。”① 同时，昂山素季也不再只顾一己一党之私利，而是从国家和人民利益的高度关注缅甸的发展。于是，她向全世界发出了呼吁：“我们吁请任何人来协助我们，西方的国家、东方的国家、全世界……一切从对话开始。”②

（四）收编民地武困难大，民族和解无进展

由于原军事安全局局长耶敏中将先期措施不力，再加之年内军政府着力准备大选和选前的军政人事安排，因此民地武的收编工作年内几乎没有取得进展。

与此同时，一些反政府民地武组织则内外串联，意图搅乱民心、影响大选的顺利进行。上半年全缅各地爆炸案此起彼伏，仅4月缅甸全境就发生大小爆炸案10起。③ 其中，影响最为恶劣的当属4月15日泼水节仰光一彩楼前的爆炸案。当时3颗手榴弹被引爆，所幸一枚手机遥控的75磅重的C4型炸弹未引爆成功，但也造成了10人死亡、168人受伤的惨剧。8月，再次发生少数

---

① 《翁山淑枝呼吁“非暴力革命”》，载新加坡《联合早报》，2010年11月16日。

② 《翁山淑枝获释的政治现实》，载新加坡《联合早报》，2010年11月15日。

③ *Weekly Eleven News* 第5卷第31期，2010年5月12日。

民族武装组织袭击第四特战局长和东南军区司令车队，造成5人死亡的严重事件。

作为对民地武不配合的惩戒，同时也为了防止大选时出现的不测，多个少数民族地区被取消大选资格。9月16日，缅甸官方媒体宣布，掸邦、克钦邦、孟邦、克伦尼邦、克伦邦等32个镇的330个乡区，约500个行政村组由于不具备举行自由和公正的大选条件将不安排投票活动。

11月7日大选当天清晨，因不满大选，缅甸“民主克伦佛教军”第5旅902营的300余人，在营长梭·雅特中校的指挥下，突然袭击了缅甸东部克伦邦小镇渺瓦底的警局和邮局，并与随后赶来的缅甸政府军发生激烈交火，至少造成缅泰两国边民16人死伤。由于军方攻势强大，事态很快缓和。①

缅甸民族问题积重难返，要在短期内彻底解决民地武问题，实现真正意义上的民族和解，看来仍然需要耐心，需要时日。

二、经济发展：有一定起色

在世界经济尤其是缅甸周边国家经济强劲复苏的带动下，年内缅甸经济的发展有一定起色。尽管国际舆论对吴登盛总理4月30日所说的年内经济增长率要达到12%的说法表示怀疑，但年内缅甸经济发展有起色却是不争的事实。据此，亚洲发展银行预测，2010财年缅甸的GDP增长率可达5%，② 这是一个了不起的成绩。

（一）产业发展乏善可陈

缅甸依然是一个典型的农业国，农业对GDP的贡献率达33.7%。年内，主要还是靠天吃饭的缅甸水稻种植业由于恰逢润年（雨季迟到早退），再加上干旱缺水，大米产量明显下降，往年每年大米有500多万吨富余，但年内富余的大米仅265万吨，

---

① 〔泰〕《缅甸军队增兵边境地区，紧张气氛依然存在》，载泰国《民主报》（网络版），2010年12月6日。

② *Asian Development outlook update*，2010：Myanmar.

少了近一半。[①] 为了减少损失，缅甸农业部针对雨季短的气候特点，向农民推广农业公司种苗培育基地培育的生产周期为 120 天或 120 至 135 天的稻种；并在主要产粮区伊洛瓦底省、勃固省、实皆省、若开邦等地成立的 29 家私营水稻特别经营公司，为当地农民提供水稻种植优惠贷款；[②] 另外，还有 5 家私营水稻种植公司与缅甸国营农业公司合作为勃固省、马圭省和仰光省的 3638 英亩耕地提供良种。[③]

缅甸制造业发展缓慢的原因，除了缺乏资金技术外，还有电力供应严重不足等等。缅甸水力资源丰富，全国可建 300 多个水电站，总装机容量可达 46 000 兆瓦。但是，目前缅甸全国有发电站 31 座，其中水力发电站仅有 15 座（另有 16 座在建）、火力发电站 1 座、天然气发电站 15 座，总装机容量 3 045 兆瓦（304.5 万千瓦）；全国电力短缺 1 555.25 兆瓦（155.525 万千瓦）。仰光是缅甸主要的工业基地，电力需求量每年以 10% 的速度增长。目前仰光共有四个工业园区 192 个分区。电力需求量为 600 兆瓦，但供电量只有 350 兆瓦，[④] 缺口近一半。

年内，第三产业的发展引人注目的一点是私有化进程加快和私有银行的再次获批。年内，缅政府把约 300 项国有资产，包括房地产、港口、船运公司和航空公司等陆续脱售，大部分私营化计划拟在年内完成。缅甸从 1993 年开始引入私有银行，但自 2002 年出现银行挤兑风波后，就再也未批准成立新的私有银行。8 月 1 日，麦斯集团公司、突集团公司、欽定公司、IGE 公司等四家私营公司获准开设的银行正式开业。按照缅甸中央银行规定，新开设的私营银行要向中央银行缴纳 100 亿缅元才可以进行 1 000 亿缅元的存款业务。每个总行最多可开设 10 个分行。[⑤]

（二）外贸继续成为经济增长的主要引擎

2009/10 财年，缅甸的外贸进出口总额达到 117.8 亿美元，其中出口 76 亿美元，进口 41.8 亿美元。实现贸易顺差 35 亿美元，这是缅甸连续第 7 个外贸顺差年。位列大宗出口商品第一的

① *Weekly Eleven News* 第 5 卷第 31 期，2010 年 5 月 12 日。
② 〔缅甸〕《仰光时报》第 6 卷第 3 期，2010 年 1 月 21～27 日。
③ *Weekly Eleven News* 第 5 卷第 37 期，2010 年 6 月 23 日。
④ 〔缅甸〕《仰光时报》第 6 卷第 17 期，2010 年 5 月 6～12 日。
⑤ 〔缅甸〕《仰光时报》第 6 卷第 24 期，2010 年 6 月 24～30 日。

是天然气。在2009年东盟能源部长会议上，缅甸能源部一位高官表示，缅甸已位列世界第十一大天然气生产出口国；2008/09财年天然气出口创汇23.5亿美元，2009/10财年出口创汇25.6亿美元，同比增长了8%，占当年出口贸易总额的33.7%。其次是农产品，出口创汇16亿美元；再次是珠宝玉石，出口创汇10亿美元；最后是水产品，出口创汇4.96亿美元。

农产品出口以豆类为主。2009/10财年豆类出口123万吨，创汇9.8亿美元。大米出口也创新高，实现出口79.8万吨，创汇2.8亿美元。①

农产品质量不高、价格低廉、出口市场狭窄、走低端路线的固有弱点，再加之缅元对美元汇率大幅升值的现实影响，是导致缅甸农产品出口困难的主要原因。本财年农产品出口仍以豆类为主，豆类出口仍以印度为主要出口目的地。截至10月底，缅甸豆类出口54万吨，创汇5.5亿美元。

与邻国相比，缅甸出口的大米质量不高，价格低廉，2007/08财年出口大米33.85万吨，无优质大米；2008/09财年出口大米66.96万吨，优质大米仅占0.2%；2009/10财年出口大米79.8万吨，优质大米仅占2.25%。年内，由于缅甸国内大米收购价格上涨，加之缅元大幅升值，虽然出口大米单价同比平均上涨了10%，但出口1吨大米所获利润折合缅元则比上年少了30%，除了少量的对欧洲和中东市场的大米出口可以获利外，大量的对非洲和亚洲市场的出口则无利可图，这极大地挫伤了大米出口商的积极性。因此，2009/10财年头3个月出口大米仅5.1万吨，与上年同期的26.4万吨相比减少了80%。

出口同样受到影响的还有水产品。本财年水产品出口创汇目标为7亿美元，但从4月1日至11月7日，仅完成3.3亿美元。针对连续4年水产品出口未能完成创汇任务的问题，相关部门采取了责成上一财年未从事出口业务的企业做出检查、停止发放出口许可证等措施，但由于饲料价格上涨，国际水产品价格下降，国内养殖户和出口企业未掌握国际市场信息等诸多方面的原因，这些措施收效甚微。

① 〔缅甸〕《仰光时报》第6卷第24期，2010年；*Weekly Eleven News* 第5卷第36期，2010年。

（三）外资大量流入，成为经济发展新动力

自1988年至2010年10月底，缅甸累计吸引外资已达318.95亿美元，而且近年还呈大幅度增长之势。外资的大幅度持续涌入，成为拉动缅甸经济增长的重要动力之一。2009/10财年头4个月，外国对缅直接投资协议金额高达158.45亿美元，其数量相当于缅甸自1988年10月至2009年3月20年来吸引外资的总和（160.5亿美元）。2010年当之无愧地成为缅甸军政府上台后吸引外资的巅峰之年。其中，中国（含香港特区）首次超过泰国成为缅甸最大投资国，累计投资达123亿美元。2010年一年，中国（含香港特区）对缅投资就达104.7亿美元，其中香港53.9亿美元，内地50.8亿美元。① 另外，值得一提的是韩国。截至2010年10月底，韩国对缅投资额达到27.2亿美元，超越英国成为缅甸的第三大投资国。

当然，从总体来看，缅甸各领域吸引的外资相当不平衡，约80%的外来投资集中于油气、水电开发，而缅甸亟待发展的农业领域则鲜有国家问津。

三、对外关系：持续改善

由于在基本和平稳定的气氛中顺利举行了大选，选后不久又兑现承诺释放了被长期关押的民主斗士昂山素季，因此在很大程度上改变了缅甸军政府的国际形象。年内，缅甸的对外关系呈现出良好发展态势，其国际环境进一步改善。

（一）缅中关系：进一步夯实基础

2010年是中缅建交60周年，以此为契机，中缅之间的战略互惠关系进一步提升，高层互访频繁。6月2日至3日，中国总理温家宝对缅甸进行了为期2天的正式友好访问，这是自2001年来中国领导人的首次访缅。9月16日，中共中央书记处书记、中央纪委副书记何勇率中国共产党代表团访缅。9月7日至11

① 〔缅甸〕《缅甸时报》第25卷第486期，2010年。

日，缅甸和发委主席丹瑞大将对中国进行为期5天的国事访问。7月5日，应中共中央政治局常委李长春的邀请，缅甸国家和平与发展委员会秘书长丁昂敏乌访华。其中，丹瑞访华意义重大。胡锦涛在与丹瑞举行会谈时表示："中方高度重视对缅关系，巩固和发展中缅睦邻友好合作是我们坚定不移的政策，不论国际形势如何变化，这一政策都不会改变。"丹瑞表示："进一步巩固和发展缅中友好合作关系是缅甸政府的既定政策，缅甸政府致力于维护两国边境的稳定与秩序。"

作为与缅甸"利益攸关"的友好邻邦，中国对缅甸的民主进程给予了理解和支持，并呼吁国际社会给予理解和尊重。3月24日，中国常驻联合国代表李保东表示："缅甸即将举行大选是实现民主和民族和解的重要一步，联合国及国际社会应予以积极支持，以创造良好的外部环境。"11月大选结束后中国外交部新闻发言人洪磊表示："缅甸如期举行全国大选，选举过程平稳、顺利，值得欢迎和肯定。"

年内，中缅经济合作取得前所未有的发展：中国一跃成为缅甸的第一大投资国。5月，中缅两国政府签署了《关于发展瑞丽至皎漂公路项目的合作谅解备忘录》。9月，丹瑞访华期间，双方共同签署了中国向缅甸提供为期30年的42亿美元无息贷款协议，用于水电、信息技术、公路和铁路等项目建设。11月30日，为支持缅甸建设对华出口天然气项目，中国国家开发银行和缅甸外贸银行签约向缅甸提供24亿美元的贷款。中缅油气管道工程缅甸境内段和中国境内段分别于6月3日和9月10日正式开工。2008/09财年，中缅双边贸易额为29.07亿美元；2010年达到44.44亿美元，同比增长53.2%。[①]

（二）缅甸与东盟关系：在坚持原则前提下积极参与东盟事务

缅甸珍惜东盟成员国的身份，积极参加东盟框架下的一切活动，但对东盟试图施加的政治影响则以东盟不干涉他国内政的原则坚决予以拒绝。在年内的东盟外长会议上，东盟外长一致同意向缅甸派出选举观察团，但遭到缅政府的回绝。在东盟组织对缅

① 中国商务部网站，2011年1月30日13：55，来源：中国商务部亚洲司，http：//yzs. mofcom. gov. cn/aarticle/g/date/n/201101/20110107385479. html。

甸难以施加影响的情况下，一些成员国单独行动，试图对缅施加影响。印尼外长马蒂（Marty Natalegawa）于3月30赴缅访问时表示："大选对每个国家来讲都是必经的，我们准备好了协助缅甸举行一个自由、公正的大选"。新加坡总理吴作栋访缅时，更是明确敦促缅甸"举行一次自由、公正、透明的民主选举，让缅甸国内各方都参与大选。"东盟虽然未能对缅甸大选施加影响，但最终还是本着不干涉他国内政的原则，对缅甸此次大选给予了积极的肯定。

年内，缅甸与东盟一些成员国继续保持较为密切的高层接触。4月2日，越南总理阮晋勇于对缅甸进行了为期2天的工作访问，双方共签署了7个关于经贸合作的谅解备忘录。[①] 10月2日，缅甸和发委主席丹瑞访问了老挝。10月11日，泰国总理阿披实也对缅甸进行了为期1天的访问。

缅泰经贸关系的快速发展令人瞩目。目前缅甸南部沿海的两个气田每天为泰国输送4亿立方英尺的天然气；缅甸200多万外劳在泰国从事着本地人不愿意干的繁重的劳动。缅甸借鉴中国经验要建立的第一个经济特区也选址在缅泰边境的土瓦地区；2009年缅泰双边贸易额达到39亿美元。

新加坡作为缅甸的重要贸易伙伴，2009财年双边贸易额达到18.6亿美元；同时，新加坡还充当缅甸与印尼、菲律宾甚至非洲国家间贸易的转口国，获得大量的转口贸易额。

（三）缅甸与印度关系：互为重要伙伴

近年来缅甸利用自己独特的地缘优势加快了融入南亚的步伐。2010年4月28日，缅甸首次作为观察员国参加了在不丹举行的第六届南亚国家联盟第十六次峰会。缅甸积极融入南亚国家联盟当然有其自身的战略考虑，也与印度对缅甸的重视密切相关。近年来年事已高、鲜有出访的和发委主席丹瑞大将于7月25日至29日对印度进行为期5天的访问，受到印度高规格的接待。印度慷慨解囊对缅甸进行巨额投资有其长远的战略考量，其中之一就是改扩建缅甸实兑深水港、疏通缅甸勒丹河河道和修建缅印跨境公路，打通连接加尔各答港到印度东北部内陆地区的贸易通

① 〔缅甸〕《仰光时报》第6卷第16期，2010年4月29日至5月5日。

道，[1] 进而合作开发印度至缅甸、泰国直至越南的运输走廊，从而进入东南亚地区。其次是为支持本国10%的年经济增长率而寻求能源来源。截至2009/10财年，印度在缅甸的投资额为1.89亿美元，其中72%是对石油、天然气领域的投资。

（四）缅美关系：恨爱交织

美国对于缅甸来说可谓恨爱交织。所谓“恨”，是指美国常常挥舞“民主”、“人权”大棒打压、封锁缅甸；所谓“爱”，是指缅甸政府和人民对美元、对美国援助的青睐。年内，缅美关系继续在制裁与接触中艰难前行。不过，随着缅甸大选的和平举行，尤其是军政府大选后立即兑现承诺释放了昂山素季，并允许美国特使与其接触，缅美关系一直在向好的方向推进。大选后不久，美国国务院发言人克劳利于11月15日称，美国愿与缅甸新政府对话。12月7~10日，美国负责东亚及太平洋事务的副助理国务卿约瑟夫·云对缅甸进行了为期4天的访问。

从目前情况来看，缅甸在缅美关系中逐渐处于主动地位，如大选后立即释放昂山素季既向美国示了好，又没有影响到既定的民主进程，恰如缅甸扔给美国的一个烫手山芋，美国怎么处置，仍需拭目以待。

四、2011年发展展望

2011年将为缅甸历史翻开崭新的一页，“七点民主路线图”计划将于年内完成。目前国际舆论普遍关注的是：大选后的新政府将怎么产生？怎么运作？现任最高领导人丹瑞将怎么安置？这一系列问题，需在2011年2月中旬之前见分晓。

如何打破西方封锁，创造有利于缅甸快速发展的国际环境，是新的民选政府希望尽快解决的一个重大课题。鉴于缅甸的形势，国际社会希望缅甸通过本次大选走上类似印度尼西亚那样的民主之路，似乎过于乐观。缅甸有缅甸的独特情况，应当顺其自然。

---

① *Weekly Eleven News* 第5卷第36期，2010年6月16日。

如何促进经济的现代化是摆在缅甸新政府面前最紧迫的课题。只要政治社会稳定，经济政策得当，缅甸的经济形势将会不断向好。首先，缅甸拥有的资源优势可以不断转化为经济优势；其次，后军人时代行政权力将回归政府，政府的行政能力和效率会逐步提升，可为经济的发展提供政策保障和组织保障。

外交方面，国际环境突破性改善的关键仍然在于与美国的关系；未来缅美关系转暖的可能性很大。美国重返亚洲，缅甸有可能再度成为美国的拉拢对象。如前所述，缅甸所谓的“民主”、“人权”问题正在改善，美国没有理由也没有必要再制裁、孤立缅甸。

（附记：在本书付梓之前，缅甸联邦议会于 2011 年 1 月 31 日在首都内比都举行首次会议，选举现任第三号领导人、国家和平与发展委员会成员吴瑞曼为人民院议长，现任文化部部长吴钦昂敏为民族院议长。根据新宪法，联邦议会议长则由吴钦昂敏和吴瑞曼轮流兼任，任期各为两年半。2 月 4 日下午，缅甸联邦议会选举缅甸现任总理、联邦巩固与发展党主席吴登盛为总统；选举吴丁昂敏乌和赛貌坎为副总统，前者为现任缅甸和发委第一秘书长，后者来自缅甸掸邦，曾经营一家私人诊所。他们均为联邦巩固与发展党当选议员。根据 2008 年全民公决通过的新宪法，缅甸实行总统制，总统为国家元首和政府首脑。）

（作者单位：解放军国际关系学院外语训练大队）

泰国：政局发展从乱到治，经济形势忧喜参半

余海秋

2010年泰国政治经济发展的特点，可以概括为一句话：政局发展从乱到治，经济形势忧喜参半。政治上，年初的泰国继续成为世界关注的焦点。支持前总理他信的“红衫军”3～5月大规模集会曼谷，旨在逼迫阿披实下野进而重新举行大选，结果酿成一桩桩血腥事件。但是，在当权者以铁血手段于5月19日平息骚乱之后，下半年局势逐渐趋于平静，泰国政治社会总体上实现了从乱到治的转变。经济上，尽管政局动荡给经济发展造成了严重影响，但拉动泰国经济发展的两架马车——出口和旅游业却克服重重困难保持了增长，从而带动泰国经济总体上呈现了较好的发展势头。外交方面，由于内斗加剧，无论是在东南亚地区还是在全球外交舞台上，泰国政府都保持了低调，小心翼翼地寻求各方力量的支持，努力改善自身的形象。

一、政治发展：初步实现从乱到治的转变

年初的泰国沿袭了上年事态的发展，可谓乱象丛生。支持前总理他信的“红衫军”3～5月大规模集会曼谷，从集会示威，泼洒鲜血，发展到封堵街道、占据街区，搞得整个曼谷不像首都，倒像一个战场，火药味越来越浓。“红衫军”此举，旨在逼

迫阿披实下野，进而重新举行大选。结果是阿披实坚不辞职，“红衫军”也决不退让，针尖对麦芒，互不相让，一场斗勇气、斗智力、斗耐力的旷日持久的对决就这样从3月份拉开序幕，一直持续至9月中下旬。最终，拥有绝对资源优势的阿披实一方取得了胜利，[①] 并且逐渐夯实了其执政基础。

（一）动荡在5月达到高潮

上半年泰国政局的动荡是一个逐步升级的过程，至5月19日达到高潮。

2月26日，由9名法官组成的审判小组判决认定他信在政府任职期间仍暗中持有西那瓦集团股份14亿股，并且利用总理职务之便制定相关法律为本家族企业谋取非法利益，由此获得460亿铢不正当收入，因此判决将他信家族已被冻结的760亿铢财产中的460亿铢没收充公，其余约300亿铢为他信及其家人的合法收入，发还当事人。他信认为这是对他的政治迫害。法院的判决直接引发了数万名支持他信的“红衫军”在首都曼谷市中心举行更大规模的集会示威。

3月12日，支持他信的“红衫军”开始在曼谷集会，要求阿披实总理解散国会下议院并进行选举，遭到拒绝。其间，“红衫军”组成了绵延80公里，号称是“世界上最长的反政府车队”，并搜集了30万毫升的鲜血，大部分泼向了阿披实的办事处、官邸和执政党总部。

4月10日，泰国军警在驱散逼近曼谷繁华桥的“红衫军”示威者时，双方发生暴力冲突，造成23人死亡。随后，阿披实提出在11月举行大选，但“红衫军”方面要求立刻举行大选，并提出其他要求，阿披实随后收回了11月大选的和解提议，双方和解的希望破灭。5月13日晚，泰国军方封锁“红衫军”示威地点，试图逼走近万名示威者。随着“红衫军”的安保负责人被击毙，双方冲突态势骤然加剧，死伤人数不断增加。

就在眼看难以取胜，7名“红衫军”领导人宣布向政府投降之际，柔中带刚的阿披实最终决定以铁血政策结束这场闹剧，于5月19日下令军队“清场”，一场本来不该发生的血案就这样发

① 要进一步了解这方面的情况，请参阅 Economist Intelligence Unit, *Country Report: Thailand*, July 2010, P. 3.

生了，结果造成90人丧生，1 900人受伤。①

"红衫军"的大规模抗议示威被军队以武力扑灭之初，国际国内舆论都普遍认为动荡并不会就此结束，"红衫军"有可能化整为零返回泰北打游击，有的观察家甚至预言，在泰国，大规模的游击战争即将开始。但是后来事态的发展证明，上述预言是错误的。"红衫军"遭到毁灭性打击后，从此一蹶不振，明显进入了一个蛰伏期，五个月内未有大的动作。反之，阿披实在以武力镇压了"红衫军"以后，顶住了国际国内一片谴责，以及国会反对党一次次弹劾的压力，逐渐稳定了政局。

（二）"五月流血事件"后的动向：政局日益稳定

5月底6月初，泰国国会就反对党议员对阿披实总理提出的不信任动议进行了两天辩论。反对党称，政府对"红衫军"示威者的镇压行动侵犯了人权，导致多人死伤。后来，国会下议院于6月2日以246票赞成、186票反对的结果否决了对阿披实的弹劾动议。

8月底，泰国选举官员又以执政的民主党在2005年大选中滥用政治发展基金为由，要求解散阿披实领导的泰国民主党。如果罪名成立，民主党的执委，包括阿披实都将面对5年不得参政的惩罚。此事起始于4月中旬，4月12日泰国选举委员会决定向最高检察院提交执政的民主党涉嫌收取非法政治献金和滥用政党发展基金案调查结果，请求解散民主党。调查称，以阿披实总理为主席的民主党涉嫌于2005年收取一家上市企业总额2.58亿泰铢（1美元约合32.3泰铢）捐款。根据泰国宪法，政党每年接受的单笔捐款总额不得超过1 000万泰铢。此外，民主党还涉嫌滥用2 900万泰铢政党发展基金，违反了宪法关于政党的有关规定。当天，选委会9名成员以5票赞成、4票反对的表决结果，决定把调查结果提交最高检察院，请求解散民主党。最高检察院将决定是否提请宪法法院解散民主党。经过漫长的调查，宪法法院于11月29日宣布，6名法官以4票赞成、2票反对的表决结果，推翻了控方泰国选举委员会提出解散民主党的请求。法院认为，选委会提交指控的时间超出法律规定的最后期限15天，指控程序

① 《法庭驳回"滥用选举基金"指控，泰执政党免解散，阿比昔不必下台》，载新加坡《联合早报》，2010年11月30日。

从一开始就属非法。但是，这一判决并未令选委会信服。12 月 3 日，选举委员会主席阿比猜反驳宪法法院的裁决。12 月 9 日，泰国宪法法院再度驳回选委会对民主党的指控。① 泰国宪法法院以指控程序不合法为由，推翻了对民主党涉嫌滥用政治发展基金的指控，判决不解散该党，从而挽救了民主党，也挽救了阿披实政府。这意味着阿披实总理不再面对下台的威胁，并且能带领该党参与 2011 年的全国大选。

在“五月流血事件”中遭受了沉重打击的“红衫军”，在蛰伏了近半年后，又于 11 月底开始显现活跃态势。为纪念 6 个月前遭军队镇压的事件，万名“红衫军”于 11 月 19 日重新聚集曼谷，涌向中央购物区的街头举行集会示威。此后几天，“黄衫军”也大规模走上街头，抗议国会上、下议院联席会议通过宪法修正案。因为他们认为，修改后的宪法是在为了特赦流亡海外的他信铺路。他们已开始谴责阿披实对支持前总理他信的“红衫军”持和解态度。② 但是，他们的示威都未产生大的影响。

总之，“5·19 事件”后，阿披实逐渐渡过难关，泰国的政治社会日益稳定。泰国易三仓大学 12 月 1～14 日的民调显示，“阿披实执政有进步，已得到 70% 泰国民众的认可”。③ 随着政权的进一步巩固，12 月 21 日，泰国政府正式宣布结束在曼谷及周围几个府所实施的紧急状态。④

（三）破解泰国政治僵局的两大难点

虽然 2010 年泰国政治社会逐渐实现了从乱到治的转变，但观察家们普遍认为这只是一种暂时的现象，影响泰国政治社会长治久安的深层次矛盾依然存在。

上层精英的贵族化和下层民众的民粹化，是泰国这种转型国家绕不开的一个重大问题。上层精英集团和下层激进的民粹主义势力的迎头相撞，往往造成社会的激烈动荡。而要避免这一悲

① 《指民主党非法收政治捐款，泰选委再遭宪法法庭驳回》，载新加坡《联合早报》，2010 年 12 月 10 日。

② 新加坡《联合早报》，2010 年 11 月 24 日。

③ 《阿披实执政有进步，超 70% 泰民众认可》，载《云南信息报》，2010 年 12 月 16 日，A16 版。

④ *Bangkok's emergency rule to end*，http：//www.channelnewsasia.com. 21 December 2010.

剧，双方都出现懂得妥协而又具有威信的领导固然重要，但这可遇而不可求。整个社会在日常事务中多加讨论和博弈，最大限度地寻求妥协，得出对于转型的整体共识，是更加现实的道路。民主之道，显然并不在于一个阶层压倒另一个阶层的"革命"，而要通过各方协调达成共识，维护和增进所有人的权益。社会的深层问题，尤其是各地经济、文化的差异造成的分歧，难以通过一场全民选举中央政权的"大战"获得解决；但是对泰国来说，要让这一点道理在短期内成为全社会的共识，显然不可能。

泰国政治中的另一个不稳定因素是军队。自 1932 年迫使泰国改君主专制为君主立宪以来，军队在泰国政治生活中就一直发挥着举足轻重的作用。按宪制的要求，泰国军队独立于政府之外，在法律上也不受国王的控制。但是二战结束以后的军政府领导人为了维护威权，大肆宣传"忠君爱国"，结果使得虚位的泰王权威不断增强；而普密蓬国王为人睿智慈爱、勤勉爱民，从而得以以超然的姿态扮演权力平衡者的角色。对于王室、军队和政府的关系，泰国枢密院主席炳·廷素拉暖曾精辟地作过以下描述：军队是马，政府是骑手，真正的主人是国王。普密蓬国王崇高的威望和超然的政治地位曾为泰国政局的稳定发挥了重要作用。但这样的权力格局是难以持久的。社会经济的两极分化和军队的政治化，在泰国始终未能得到妥善解决，而这两个因素，将始终是泰国国家稳定和政治民主化的最大威胁。

二、经济：人祸天灾挡不住复苏的脚步

年内，泰国经济的发展遭受了人祸天灾的双重打击。上半年的政治社会动荡和下半年的洪涝灾害，都对泰国经济的发展造成了很大的负面影响。但是，人祸天灾挡不住经济复苏的脚步，凭借较为厚实的基础，以及国际经济形势回暖的拉动，再加上不断受到严重政治干扰的阿披实政府的努力，2010 年泰国经济复苏的脚步明显加快。12 月 25 日，泰国国家社会及经济发展委员会秘书长阿空表示，2010 年泰国经济增长率将达 7.9% ~8%，全年

整体经济发展实现了V字型反弹。[①]

（一）政局动荡对经济的严重冲击

自2006年以来，泰国经济的发展就一直为持续的政治动荡所拖累。在那时以来的5个年头里，泰国政府的更迭犹如走马灯，先后有5位总理登台执政。政府的频繁更迭，以及此伏彼起的反政府示威游行，严重影响了泰国经济的健康发展。

进入2010年以后，在4～5月政治风险陡增的情况下，多个经济指数呈现放缓，民间消费指数和制造业生产指数月环比均由正转为负；民间消费者信心指数连续三个月下滑，企业信心指数更是创下月环比最大跌幅。对外贸易方面，出口额和进口额分别月环比萎缩2.5%和7.5%，外国入境游客数量也比上个月大幅萎缩18.0%。据预测，政局动荡给本年度泰国经济造成的损失或达2 330亿至3 650亿泰铢。

受影响最严重的是旅游业。2010年3月12日红衫军开始示威以后，旅游业低迷不振，尤其是实施宵禁后，素汪那普国际机场旅客减少了近40%。原预测年内入境游客将达1 600万人次，可为泰国带来约6 000亿泰铢的收入；政治危机爆发后，政府不得不将目标下调至1 300万人次，预估收入也减至约4 800亿泰铢。[②]

许多旅游业经营者陷入困境，有的面临倒闭，直接影响到260万从事旅游业的劳工，并间接冲击到约200万名劳工的生计。在“红衫军”示威游行的高峰期，有近50个国家和地区发出了旅游警告，提醒其国民暂时不要进入泰国旅游。

人祸过后，天灾又至。下半年泰国东北部、南部相继遭受水灾、风灾袭击，旅游业损失估计不少于90亿泰铢。宋卡府合艾市及邻近地区遭受水灾后，估计来自新马游客的旅游收入减少过半，因此估计总的旅游业损失高达120亿泰铢以上。[③]

---

① 〔泰〕《关于2010年的经济情况说明及2011年预测》，泰国国家经济和社会发展委员会，http: //www. nesdb. go. th/Portals/0/news/common/10/data_ 0607241210. pdf。

② 〔泰〕《政局对旅游业的致命打击，但出口形势良好》，载《经济观察》第2795卷，2010年4月7日。

③ 〔泰〕《水灾再次重创泰国旅游业》，载《经济观察》第2228卷，2010年10月27日，http: //www. kasikornresearch. com/TH/K - Econ% 20Analysis/Pages/ViewSummary. aspx? docid = 25966。

幸运的是，5 月 19 日的铁血事件以后，泰国政局逐渐趋于平静，旅游业也开始复苏。7 月份泰华农民研究中心的预测也转为乐观，认为全年入境泰国的外国游客将达到 1 555 万人次左右，可创造约 5 360 亿泰铢的旅游收入，全年可保持 10% 的增幅。[①]随着旅游业以及国内消费和投资的复苏，泰国经济从第三季度起逐步好转。泰国政府也将年内经济增长预估提高到了 4.5%，英国 EIU 则预测其经济增长率可达 4.1%。[②]

（二）农业受自然灾害影响大，低迷不振

春夏之交，与中南半岛多数国家一样，泰国也遭遇了百年不遇的干旱，不仅导致应季作物栽种困难，而且还引发了农作物虫害蔓延。因此，尽管一季度农业生产总值上涨了 4.08%，但从二季度起旱灾的影响日益显现：农产品减产而消费需求旺盛，导致农产品价格大幅上涨。

一方面由于农产品价格上涨提振了农民的种地积极性，另一方面政府又出台政策担保农民收入，因此年内农业种植面积大幅度增加，其中晚稻种植面积约 55 740.2 万莱，增幅为 0.26%，稻谷总产量约 2 317.3 万吨，增长 1.88%；旱稻种植面积约 1 259.6 万莱，增长 1.56%。但不幸的是，由于增加的种植面积中多数位于水利工程地区外，加上严重病虫害的影响，稻谷总产量估计将下跌 0.34%，约达 838.6 万吨。玉米价格上涨，也提振了农民的积极性。年内，玉米种植面积达到 714.3 万莱，增加 0.63%，总产量可达 465.5 万吨，增加 0.86%。木薯种植面积约为 717 万莱，年比下跌 4.72%，预期总产量约 2 130.5 万吨，下降 7.16%。橡胶种植面积估约 1 207.3 万莱，增加 4.07%，总产量可达 329.3 万吨，增加 6.55%。[③]

旱灾过后，四季度又发生严重洪涝灾害，农业部门更是雪上加霜。据泰国农业合作办公室初步估计，水灾给农业部门造成的损失可能高达 30 亿至 60 亿泰铢，将导致四季度农业生产总值在

---

① ［泰］《2000—2010 年十年来泰国旅游人数及旅游收入统计》，泰国国家旅游局统计数据。

② Economist Intelligence Unit, *Country Report*: *Thailand*, July 2010, P. 32.

③ ［泰］泰国国家统计局 2010 农业种植面积统计数据，http: //sgis. nso. go. th/sgis/。

原来预估的基础上下调 0.7% ~1.4%。①

（三）工业受益于全球经济复苏，受政局影响较小

尽管政局持续动荡，旅游业遭受严重影响，但受益于全球经济复苏，工业受政治动荡的影响相对较小。一季度，工业生产指数涨幅高达 31.2%，而且每月都在增长，5 月份的涨幅高达 15.9%。一季度，工业 GDP 的涨幅达到 22.8%，是近 16 年以来的最高值。同时，工业产能利用率也有好转，头 5 个月的平均值位于 62.3%。出现好转迹象的工业包括电子、汽车、上游纺织品以及硬盘等。泰国工业部工业经济办公室预测，全年工业生产指数将增长 15% ~16%，工业部门国内生产总值将上涨 12% ~13%。②

（四）泰铢持续升值，对出口影响较大

泰国的经济类型是以出口为导向的外向型经济，泰铢汇率的变化对泰国经济影响很大。经济的逐渐稳定促使大量资金流入，刺激了泰铢持续升值。自年初以来，泰铢升值已达 8%。据估计，泰铢每升值 1%，将使泰国出口损失约 10 亿泰铢，而年初以来泰铢的升值已使汽车出口损失了约 100 亿泰铢，日本丰田等汽车厂很有可能将设在泰国的生产基地转移至其他国家。幸运的是，全球经济恢复增长和不断深化的区域经济合作帮助泰国克服了泰铢升值等不利因素，出口形势总体良好，预计 2010 年出口增长率能够实现泰国商业部制订的 20% 的目标。③

三、外交：以低调寻求支持

年内，由于内斗加剧，特别是发生了军队镇压“红衫军”示

① 〔泰〕泰国农业与合作办公室：《泰国第四季度农产品形势不容乐观》，*Ministry of Agriculture and Cooperatives*，http：//www.moac.go.th/builder/aid/newsupdate.php?id=7449。

② 〔泰〕泰国工业部工业经济办公室文件：《2009 年工业经济情况总结及 2010 年发展趋势预测》，http：//www.oie.go.th/industrystatus1_ th.asp。

③ 〔泰〕泰华农民研究中心报告：《东盟自由贸易区促使泰国汽车出口突飞猛进地发展》，2010 年 8 月 29 日，http：//www.kasikornresearch.com/TH/K - Econ%20Analysis/Pages/ViewSummary.aspx? docid=25521。

威者的“5·19 事件”，泰国的国际形象大受影响，因此无论是在东南亚地区还是在全球外交舞台上，泰国政府都保持了低调，小心翼翼地寻求各方力量的支持，努力改善自身的形象。

（一）泰中关系：全天候的友好合作不动摇

中泰关系式是一种全天候的友好合作关系。中泰两国关系已成为不同社会制度国家之间和谐共处、互利合作和共同发展的典范。

年内，中泰之间继续保持了密切的高层交往。8 月 29 日，中国国务委员兼国防部长梁光烈上将在北京会见了泰国国防部长巴威上将。双方表示，将继续推动两军关系向深层次、宽领域、全方位的方向发展，把中泰两国战略性合作关系提高到新的水平。9 月 2 日，泰国总理阿披实在曼谷接受中泰记者联合采访时表示，希望进一步密切泰中友好关系，特别是要加强两国在基础设施建设方面的合作。9 月 4 日，阿披实总理赴上海参观世博会，并主持了泰国国家馆日活动。10 月下旬，泰国国会批准了泰国与中国合作建设高速铁路的谈判框架。根据规划，泰国和中国将为此共同成立合资公司，合作修建廊开至曼谷、曼谷至宋卡府巴丹贝沙镇，以及曼谷至罗勇等三条高速铁路。① 11 月上旬，吴邦国委员长应邀访问了泰国，与泰国国会主席兼下议院议长猜·奇触举行会谈，会见了泰国总理阿披实，就发展两国关系及共同关心的国际和地区问题深入交换意见，达成广泛共识，将中泰关系推向了一个新的阶段。11 月 12 日，温家宝总理在广州与前来参加亚运会开幕式的泰国总理阿披实举行了会谈，中方希望双方利用中国—东盟自贸区的有利条件，进一步扩大贸易往来；编制好两国经贸合作 5 年发展规划，确定未来合作重点领域和项目；加强铁路等基础设施领域的合作，扩大相互投资，推动两国经贸关系持续、深入发展。泰方愿与中方共同努力，增强政治互信，深化经贸等领域的务实合作，推动两国关系更具活力地向前发展。

牢固的友好合作关系为中泰之间经贸关系的迅速发展奠定了重要基础。2008 年，中泰双边贸易额已达到 420 亿美元。2009

---

① 〔泰〕泰华农民研究中心：《中泰高铁计划将促使泰国成为区域经济中心》，2010 年 9 月 10 日，http://www.kasikornresearch.com/TH/K-Econ%20Analysis/Pages/ViewSummary.aspx?docid=25754。

年，由于受国际金融危机和泰国政局动荡的影响，下降到382亿美元。2010年，中泰双边贸易出现大幅增长，1~9月贸易额已经达到332.44亿美元，同比增长44.82%，中泰贸易正朝着年贸易额500亿美元的目标迈进。泰国向中国内地出口增幅较大的商品主要有：飞机零配件（增长322.7%）、光学镜头（增长158.2%）、机械设备及零配件（增长90.29%）、橡胶产品（增长88.8%）。泰国从中国进口增幅较大的商品主要有：船舶（增长650.5%）、钢铁（增长202.45%）、集成电路（增长134.77%）、电路印刷版（增长101.17%）。

在双向投资方面，过去的35年里，泰国对中国的投资累计达82亿美元，中国在泰国的投资累计达到5亿美元。

除经贸合作外，两国在各领域的合作发展势头良好。在教育方面，泰国在中国攻读学位、学习语言等的留学生逾3万人，而中国在泰的留学生亦达到1万人。在泰国，双方共办的孔子学院有12所，孔子课堂11所，有60余万泰国人在学习汉语，教育合作已成为两国友好合作的新亮点。

在旅游方面，每年有数十万泰国人到中国旅游，而中国赴泰游客每年亦达百万之众，双方已互为重要的旅游客源国；在文化艺术交流方面，两国每年互访的艺术团组都有数十起，泰国和中国还签署了互设文化中心的协议，泰国“中国文化中心”有望在年内开工建设。①

（二）泰国与东盟关系：泰国外交的重点

泰国是东盟的创始国，在东盟内部有着重要影响。泰国历来重视发展与东盟的关系，积极推动东盟共同体建设。东盟是泰国的主要商品市场之一。2010年1~3月，泰国与东盟其他9个成员国的贸易额达到176.3亿美元，同比增长52%。其中，泰出口105.2亿美元，增长67.3%；进口71.1亿美元，增长33.88%；泰方顺差34亿美元。目前，东盟成为泰国第一大出口市场，出口比重占23.7%。

遗憾的是，由于近年来泰国政局持续动荡，对泰国在东盟的地位和作用产生了严重影响。持续的骚乱不仅影响了泰国本身，

① 余显伦：《中国、泰国建交35周年：双方合作和交流的成果斐然》，中新社曼谷2010年6月29日电。

而且也影响到了整个东南亚地区的和平与稳定，以至有的东盟国家领导人表示，东盟国家有必要对泰国的骚乱作出集体行动。

（三）泰缅关系：经济唱主角

近年来，泰缅之间政治关系基本维持稳定，经济关系则不断深化。

泰国目前为缅甸最大的一般贸易伙伴和第二大边境贸易伙伴国家。泰国同时还是缅甸最大的投资国家，投资协议总额超过79亿美元。缅甸每天向泰国出口天然气10多亿立方英尺，仅对泰国出口天然气一项，缅甸每年就可以有20多亿美元的收益。

2010年初，泰国与缅甸签署了超过10亿美元的购买缅甸天然气的协议。11月2日，泰国Italian – Thai Development Public有限公司与缅甸交通部港务局签署了《建设土瓦深水港、工业区及通往泰国的公路、铁路项目框架协议》。此项目属缅甸第一个开始实施的经济特区项目。经济特区项目内容包括土瓦深水港、船坞、工业区、石化厂、炼油厂、钢铁厂、发电厂、土瓦—曼谷公路、铁路及沿线铺设油气管道。项目计划分三期进行，10年建成，合同总额达86亿美元。

虽然泰缅经济关系密切，但政治关系就不那么顺畅了。11月7日，缅甸举行20多年来的首次多党制全国大选。然而就在大选当天清晨，因不满大选，缅甸"民主克伦佛教军"5旅902营的300余人，在营长梭·雅特中校的指挥下突然袭击了缅甸东部克伦邦小镇渺瓦底的警局和邮局，并与随后赶来的缅甸政府军发生激烈交火。一些枪榴弹和迫击炮弹还越界落到泰国境内，至少造成缅泰两国边民16人死伤，至少有3万名难民进入泰国境内。泰缅边境局势骤然紧张，泰国军队加强了戒备，密切关注缅甸局势的发展。[①] 但是，后来事态很快平息。

（四）泰柬关系：逐渐缓和

泰国与柬埔寨是近邻，双方之间有着漫长的边界线。2008年7月柬埔寨申报柏威夏寺列入世界文化遗产成功后，柬泰之间对

---

① 〔泰〕《缅甸军队增兵边境地区，紧张气氛依然存在》，载泰国《民主报》（网络版），2010年12月6日，http：//www.matichon.co.th/news_detail.php?newsid=1291606262&grpid=03&catid=00。

柏威夏寺及其周围地区主权的争端严重升级，双方的军事对峙一度剑拔弩张甚至多次发生小规模造成人员伤亡的武装冲突，严重影响了两国关系的健康发展。年内，两国边界局势仍然一度比较紧张。4 月 17 日，两国边防军在有争议地区发生了两次交火事件，导致 1 名泰国士兵失踪，而柬埔寨也有多名士兵受伤。7 月份在巴西举行的世界遗产委员会会议上，柬埔寨将管理、保存与发展柏威夏神庙的确认计划提交该会议，引发泰国方面的强烈抗议，两国冲突再次升级。柬埔寨首相洪森向联合国大会与安理会递交信函，指出阿披实威胁要取消 2000 年签订的备忘录，并打算使用武力对付柬埔寨。泰国急忙声明，泰国军人并未侵占柬埔寨领土，但随时准备好保护国家领土，泰国愿意与邻国合作并分享共同利益。时好时坏的泰柬关系，影响因素不仅是边界领土争端，更是国内政治势力斗争的延续。

但是，由于两国领导人所坚持的和平理念，柬泰争端一直处于可控范围，在过去的一年大幅度降温：一是柬泰边境争议地区的紧张气氛明显缓和，双方领导人都一再表示不会恶化边境局势；二是上年泰国召回的驻柬大使也于 8 月下旬重新上岗，大使级外交关系已恢复正常；三是两国经济合作尤其是边境经济合作仍正常进行。

（五）泰老关系：经济合作进展快

年内，泰国与老挝经济合作的快速发展令世人关注。3 月 9 日，泰国内阁会议批准财政部给老挝放贷 6.55 亿泰铢的提案，以帮助老挝修缮首都万象的主要道路和维修清莱至中国昆明公路的老挝境内路段。5 月 14 日，泰国与老挝政府签署泰老合作建设第四座（清孔至会赛）友谊大桥备忘录。这是昆曼公路的一个桥梁工程。12 月 9 日，泰国总理阿披实访问老挝，与老挝国家主席朱马利共同主持腾河第二项综合水利开发工程合作项目动工仪式。阿披实还与老挝总理波松举行正式会谈，并出席了老挝第 11 号公路贷款协议签字仪式。12 月 7 日，泰国及老挝官员在第七届世界高速铁路大会上透露，泰国、老挝和中国已达成协议，将建一条连接中国、老挝、泰国的高速铁路，2011 年将开工建设，2015 年建成。

四、2011年发展展望

由于泰国政治社会情况复杂，矛盾很深，在短期内很难彻底实现和平与稳定，因此在新的一年，泰国政治社会的发展仍然充满了变数，能否走出“红黄怪圈”，保持稳定与安宁，仍然需拭目以待。

在经济方面，增长情况如何，要看全球经济因素的影响情况而定。泰国经济的外贸依存度较高，因此全球经济出现问题势必影响泰国经济增长。一般认为，2011年泰国经济增长预计可达3.5%~4.5%，通货膨胀率约为3.5%；如果政局稳定，投资形势预计会更好，接待外国游客人数仍可保持持续增长，但增幅或不大。

（作者单位：云南省社会科学院东南亚研究所）

马来西亚：执政党影响力增强，经济呈恢复性增长

赵姝岚

2010 年是纳吉布总理执政的第二个年头，虽然朝野纷争依旧，但总的来说政局基本稳定，执政党和在野党两大阵营维持相互制衡的局面，并没有造成大的社会动荡；在族群问题上虽有一些摩擦，但没有出现大的乱子，社会总体保持了稳定；经济上在政府的努力下逐步走出金融危机的阴影，大部分经济部门开始出现恢复性增长，尤其是外来投资增长较快；在对外关系上继续保持活跃态势，与东盟及区域外主要大国的合作稳定推进。

一、政治：政治生态有所改善，不确定因素仍然存在

年内，马来西亚的政治生态有所改善，政治社会保持了稳定。

国阵新主席纳吉布自 2009 年 4 月出任总理以来，通过实施“一个马来西亚”计划，着力于马来西亚经济政治改革，意欲重塑国阵形象。进入 2010 年以后，纳吉布的努力初见成效，其支持率从 2009 年 4 月的 44% 急剧攀升到本年 5 月的 72% 。①

与此同时，执政联盟国阵第二大成员马华公会闹得沸沸扬

① Economist Intelligence Unit，*Country Report*：*Malaysia Brunei*，September 2010 ，P. 5.

扬，持续了近18个月的党争，随着新任总会长的产生而终于尘埃落定。马华党争的最终平息，有利于执政联盟国阵提振士气，恢复形象。

与此形成鲜明对比的是，近两年来呈上升趋势的反对党联盟的核心人民公正党内斗加剧，力量急转直下。反对党日渐衰微，执政党则压住阵脚重整旗鼓后支持率显著上升，执政地位日益巩固。这无疑有利于维持政治社会的稳定和经济的发展。尽管如此，马来西亚政局的发展仍然存在着诸多不确定的因素。

（一）国阵核心巫统：机遇与挑战并存

年内，种种迹象表明，作为马来西亚执政联盟国民阵线核心的巫统，在遭受了2008年大选的严重挫折之后，已走上了复兴之路，但面临的问题仍然很多，可谓机遇与挑战并存。

纳吉布自2009年上台以来，为了得到马来西亚社会中所有族群的支持，提出了“一个马来西亚”的概念，并且开始付诸实施。纳吉布政府通过推行新经济模式（New Economic Model），[①] 力图使马来西亚经济走出金融危机的阴影，并取得了显著成效。2009年4月纳吉布刚上台时，其支持率只有44%，但是到2010年5月已经达到了72%。按马来西亚三大族群划分来看，马来人对纳吉布的支持率为77%，而华人和印度人的支持率均达到80%。[②] 到6月底，由于在州议会的补缺选举中不断获胜，国阵在2008年大选中散失的国会议席，半数又回到了国阵手里。

此外，根据马来西亚选举委员会统计，在30岁以下具有选举资格的年轻人中，大约430万人并未登记，而这些人是国阵的票仓。2008年的选举中，反对党民联票数比例上升，主要是因为作为国阵潜在支持者的这些年轻选民没有登记投票。

执政党的努力取得成效，政府支持率不断攀升，这让执政党很难不产生利用当前大好局势，将拟于2013年举行的大选提前至2011年举行，重新垄断国会控制权的想法。于是，国内外都纷纷猜测大选可能会提前到2011年举行，而国阵尤其是巫统一

---

① 所谓新经济模式是对平权政策进行修订以帮助所有族群的弱势群体，全面改革马来西亚基于种族的优先权与配额制度。

② Economist Intelligence Unit, *Country Report*: *Malaysia Brunei*, September 2010, P. 25.

些高层人士也多次有意无意地释放出可能提前举行大选的话语来吊人们的胃口。

但是，如果要提前举行大选，国阵仍然面临着许多不确定因素，并无取胜的绝对把握。国阵内部按族群划分的各个党派相互倾轧、政府治理腐败成效甚微、《国家安全法案》未见修订等等，这些不利因素极大地削弱了国阵好不容易才部分恢复的良好形象。至于民联方面，虽然目前处于不利地位，但不到最后其决不会言输，翻盘的可能性依然存在。

（二）执政联盟国阵：仍受内部纷争困扰

进入2010年以来，尽管作为执政联盟国民阵线核心的巫统呈现复兴迹象，但联盟其他政党内部的，以及联盟内部各政党之间的矛盾冲突仍然比较突出，对国阵仍然有着严重的不利影响。纷争有可能使执政党失去华人和印度人的大力支持（他们占据了选民的1/3）。[①] 这无疑对反对党很有利。

马华公会内部有两个主要的派系，一派以党主席翁诗杰为首；另一派以前任副主席蔡细历为首。2008年8月，蔡细历因陷入“性爱光碟事件”遭马华公会开除党籍，由此引发两派之间的政治斗争。2010年3月28日，马华公会重选可谓峰回路转，蔡细历彻底翻盘，夺取了总会长一职。4月7日，翁诗杰正式交棒给蔡细历，昭示马华公会正式步入“蔡细历时代”。但是，马华公会内部不断暴露的纷争，对其本身而言并不是好兆头，事实上，近年来其在马来西亚华人中影响正日渐衰微；在2009年与反对党的竞争中，马华党失去了40个国会席位中的25个就是一个明显的例证。

无独有偶，马来西亚印度人国大党（以下简称国大党）也是内讧依旧。现任党主席萨米·威鲁和前任主席拿督·苏巴马廉之间的斗争让该党支持者对国大党的前景担忧。在2008年的大选中，由于党内纷争，致使该党在大选中丢失了6个议席，威鲁也在大选中失去了他的国会席位。而在2010年9月的一次集会后，威鲁表示要对苏巴马廉的支持者采取严厉行动，此举引发了党内分裂。目前，威鲁与苏巴马廉之间的分裂更让选民对该党绝望。

① *Business Monitor International Ltd*, “Malaysia Business Forecasr Report”, P. 7.

党内有不少人担心，因为他的存在会导致该党失去年轻人的支持，所以绝大多数党员都要求其下台。即便党内最软弱的党员都开始反对他，但目前萨米·威鲁依旧保住了党魁的位置。

除了上述党内纷争以外，国阵内部的党际斗争也层出不穷。尽管国阵在2008年就提出了“一个马来西亚”的口号，但国阵自身都未能处理好这个问题，内部政治资源分配上就存在着严重的不平衡：作为国阵第一大党的巫统控制着国阵137个国会议席中的78个，约占总议席的57%；马华公会仅占国阵席位中12.4%的比例，远远低于华人占马来西亚人口的比重（即25%）；而国大党在国会中仅有3个席位，这种不成比例的席位分配，导致国阵内部三大党派的斗争依然严峻。而华人和印度人在国会的代表性不足，也使得纳吉布政府提出的“一个马来西亚”倡议受到了质疑，面临着失去部分华人和印度人支持的威胁。这对建立在族群联合基础上的反对党民联极为有利。

（三）反对党民联：内外交困难自拔

尽管2008年大选后以前副总理安瓦尔为后台的人民公正党为核心的反对党民联势力一度有所增强，但不久之后便又陷入了“内外交困”的境地。2010年，民联继续为严重的内部分裂和强大的外部压力所困扰，力量继续被削弱，支持率急剧下降。

年内，民联面临的问题很多，尤其是安瓦尔再度被起诉，官司难以脱身的冲击力最大。2月，民联领袖安瓦尔因鸡奸案再次被起诉。这个案件颇具争议，一直充满了不确定性。安瓦尔认为这是执政党联盟的一个政治阴谋，并认为这是政府第二次通过阴谋手段逼他退出政坛。① 如果国阵及其政府对安瓦尔的指控属实，那么这个案件将对民联造成的巨大杀伤是毋庸置疑的。这是因为，首先，民联在2008年3月大选中显示出来的强大挑战力有可能因为此案而被消解，安瓦尔的政治生命有可能就此完结；其次，根据民联的内部规定，一旦民联领导人被捕入狱，则必须选出新的领导人，但目前民联似乎没有合适的继任者。

年内，安瓦尔在接受案件审查的同时，仍在努力巩固反对党联盟。8月，安瓦尔宣布民联的三大党即人民公正党、马来西亚

① 对他的第一次鸡奸案指控发生在2000年，在2004年已被宣判无罪。

伊斯兰保守党和民主行动党的联合将进一步规范化。安瓦尔及其领导的民联表示，民联将通过和平方式而不是诉诸暴力，来解决内部的党派争议，增进民联内部的团结。此外，安瓦尔一再对媒体宣称民联的目标是“在所有阶层中加强联合”，试图展现民联的团结。但即便如此，民联所控制的一些地方频频爆出社会问题，从而影响了民联的政治声誉。

总之，年内，马来西亚的政治发展正在进入一个新的时期。执政的国阵和反对党民联都在不断的分化和重组中蓄积力量，以准备在下届大选中展现新的风貌。然而，在种族和宗教矛盾错综复杂的马来西亚，几乎所有重大的政治纷争都与族群问题有关，因此谁能妥善处理族群关系，谁才能维持国家的政治稳定，谁才能掌控国家大权。看来，在马来西亚，国阵与民联相互制衡、轮流坐庄的民主体制的建立和完善仍需要时日。

二、经济：改革初见成效

2010 年是马来西亚第九个 5 年发展计划（2006～2010）的最后一年，也是其摆脱金融危机实现经济全面复苏的关键时期。年初，马来西亚政府预测本年度的经济增长率为 4.5%，随后调高为6%；相关国际机构也普遍看好马来西亚的经济形势。[①] 总体上看，年内马来西亚政府进行了宏观经济政策的调控，特别是适时调整了货币政策，加之全球经济逐步复苏，国内外市场回暖，制造业和出口贸易发展势头良好，对外直接投资增加，服务业继续成为经济增长最快的部门，在这些产业的支撑下，马来西亚经济稳健复苏。

（一）宏观经济形势分析

根据马来西亚国家统计局发布的数据，年内马来西亚经济发展势头良好，一季度同比增速高达两位数，二季度也达到了8.9%，远远超过了年初政府以及一些国际机构的预测。其中，

① 例如，国际货币基金组织（IMF）、世界银行和亚洲开发银行的预测分别是4.7%、5.7%和 5.3%。*Business Monitor International Ltd*, “Malaysia Business Forecast Report”, P. 21.

二季度经济增长的基础比较扎实，几乎所有的消费行业都对GDP的增长有所贡献。[①] 与此同时，上半年的直接投资也急速增加，同比增长高达12.9%，相当于2009年下半年的两倍。[②] 另据马来西亚中央银行公布，三季度增速有较大减缓，同比增长了5.3%，仍属稳健增长态势。其中，制造业和服务业仍是增长的主要动力，分别增长7.5%和5.4%，建筑业及农业则分别增长2.8%和2.7%。这得益于内需的拉动，以及良好的就业条件、宽松的融资环境和稳定的原材料价格。年底，虽然经济增长可能进一步放缓，但由于纳吉布政府采取了刺激经济的财政和货币政策，加之强劲的国内消费以及固定资产投资等因素，预计四季度增长率仍可达到4.5%至5%，全年增长率则在7.2%左右。[③]

上半年，各主要经济部门发展势头良好，尤其是服务业和制造业成了经济增长的支柱，其中服务业的增长速度最快。由于政府为促进经济增长多元化而投入了更多的资源到服务业部门，因此服务业的产出在按要素成本计算的GDP中占到了57%的比例，二季度同比增长7.3%。其中，由于外部需求的增加刺激了运输和仓储业的发展，同比增长9.2%。金融服务受到强劲投资的激励也运营良好，同比增长8.4%。工业部门虽然依旧是经济的重要部分，但是在2010～2011年的GDP份额中位于服务业之后。制造业的产出，在按要素成本计算的GDP中占28%，二季度同比增长了15.9%。在制造业中最突出的领域是运输器材，同比增长23.2%。此外，电器制造业同比增长了23.2%，金属及金属制品业同比增长20.5%。反之，纺织和服装业则同比缩减了2.7%。建筑业将会成为最有前景的产业，特别是土木工程方面，对2010年中期规划的基础设施以及在第十个发展计划中的其他方面的建设亦有贡献。农业特别是棕榈油的生产，将成为重要的经济贡献来源，一季度同比增长了6.8%，但受到连续干旱的影响，棕榈油的产量二季度同比增长仅为2.4%。[④]

---

① Economist Intelligence Unit, *Country Report*: *Malaysia Brunei*, September 2010, P. 15.

② Economist Intelligence Unit, *Country Report*: *Malaysia Brunei*, September 2010, P. 8～9.

③ 马来西亚《南洋商报》，2010年11月27日。

④ Economist Intelligence Unit, *Country Report*: *Malaysia Brunei*, September 2010, P. 16.

（二）经济政策与改革措施

为了实现马来西亚在 2020 年成为高收入国家的愿景，纳吉布政府在年内制定了马来西亚政府的国家转型方案，即“新经济模式”，提出了新的经济政策和改革措施。其中 2010 年着重于调整货币政策、取消消费补贴和提高劳动力素质等方面。经济政策的调整和改革将对今后几年马来西亚经济的发展产生直接影响。

由于受全球金融危机的影响，马来西亚的外来直接投资从 2008 年开始下滑。为了吸引更多的外资以促进经济复苏，进入 2010 年以来，纳吉布领导的马来西亚政府开始进一步放宽货币政策，创造更宽松的投资环境。例如，自 3 月以来，马来西亚中央银行已连续三次调高了隔夜利率（overnight rate），以 75 为基点，推动汇率达到了 2.75%。[①] 外界期望在这个过程中隔夜利率有增量变化。与此同时，在汇率政策方面，马来西亚政府继续维持林吉特的稳定性。年内，林吉特与美元的汇率基本维持在 3.28 林吉特兑换 1 美元的水平，并力图使 2011 年的汇率上升到 3.26 林吉特兑换 1 美元。马来西亚央行此举的目的，不在于将林吉特保持在一个特定的水平，而是希望通过干预汇率来减少波动，从而避免汇率失调。[②]

本年度马来西亚经济政策调整的另一个重大举措是取消了对部分消费品的财政补贴。随着政府逐渐减少了对一系列食品的补贴，食用油等日用消费品的价格开始上涨。不过消费品的价格浮动一直被控制在 1.8%，2011 年预计将达到 2.8%，但总体保持在可控制的范围内。尽管通货膨胀的程度超出了马来西亚央行的预期，但外界普遍认为通胀率仍然在马来西亚政府能够控制的范围内，因此，2010~2011 年隔夜利率的增长不会超过 3.5%，与 2007 年相同，但会好于 2008 年。

如果说调整货币政策是在短期内促进经济发展的有效方式，那么调整工资、提高劳动者素质，则是马来西亚实现经济转型的长远规划一个重要组成部分。10 月份，马政府提出了最低工资方

---

① Economist Intelligence Unit, *Country Report: Malaysia Brunei*, September 2010, P. 7.

② Economist Intelligence Unit, *Country Report: Malaysia Brunei*, September 2010, P. 9~10.

案，在劳动力的技术和工资上作明确的调整，以便在2020年实现转变为高收入国家的目标。① 目前，马来西亚大概有3/4的劳动力是技术工，该国人力资源部对130万劳工展开调查研究后发现，现大约有1/3的劳工收入低于国家最低月工资水平720林吉特（约合220美元）。另外，非法劳工的存在成了制约马来西亚劳动力素质提高的一个主要因素，因此政府正在努力解决非法劳工问题，移民局开始加大打击雇佣非法劳工雇主的执法力度。据统计，仅上半年就有601个雇佣非法劳工的雇主被逮捕，有120个被指控违反了国家移民法案。同时，政府目前正在审议劳动法，这已成为提高和改善国家劳动力素质战略计划的一部分。政府已经承认，非法劳工的雇佣将使国家放缓增加工资的步伐，但目前马来西亚也确实需要这类劳动力，因而非法劳工在短期内难以杜绝。为此，政府还建立了一个针对非法移民的特别机构，这个机构正在讨论一个解决包括向临时劳工发放许可、让非法劳工在雇佣期间停留等在内的解决方案。

（三）各主要经济部门的发展

年内，马来西亚几个主要经济部门都有良好表现，但具体情况各不相同。

1. 服务业

正如马来西亚国际贸易暨工业部部长慕斯达法指出的，服务业已成为马来西亚经济增长的主要动力，占该国2008年GDP的55%。② 2009年前3季度中，服务业是唯一取得明显增长的领域。尽管全球经济增长放缓，但马来西亚服务业的表现依旧强劲。根据《马来西亚2010/11年国家发展报告》所公布的数据，2010年服务业增长率可望达到6.5%，占GDP的57.3%，其中发展速度最快的通信行业预计年增长率可达到7.3%，金融与保险服务业估计也可达到6.3%；酒店与餐馆业也将继续增长。而作为服务业主要推动力的观光业也再创佳绩，前8个月来马来西亚观光的国际游客达到1 618万人次，较上年同期增长了5.2%；预计全年接待外国游客可达到2 440万人次，可创造大量外汇收益。③

---

① Economist Intelligence Unit, *Country Commerce* 2010: *Malaysia*, 2010, P. 3.

② 马来西亚《星洲日报》，2010年1月18日。

③ 马来西亚《星洲日报》，2010年10月18日。

2. 制造业

2009 年，马来西亚制造业占其 GDP 的 27.6%，主要由内向型工业如化学、交通设备及与建材等相关产业带动；2010 年，预计制造业增长 10.8%，较之上年萎缩 9.4%。随着马来西亚第十个发展计划的提前实施，政府开始推动柔南伊丝干达经济特区等大型建设计划，可带动建材业实现大的发展。纺织业所面临的关键挑战是，纺织品出口面临着与其他亚洲国家更加激烈的竞争；BMI 预测马来西亚纺织业的产值在 2009 年缩减了 8.4%，2010 年将缩减 2.4%。

3. 对外贸易

年初，马来西亚对外贸易就开始出现明显复苏的迹象，上半年实际出口同比增长了 16.5%，进口则同比增长了 24.7%。[①] 2010/11 财年经常账目稳健地保持盈余，相当于年平均 GDP 的 14.2%。这是国外需求明显复苏的表现。比如，持续稳定增长的中国制造业对刺激马来西亚电子业和电子产品的发展就产生了积极作用。外部环境的改善，刺激马来西亚生产大量用于出口的产品。同时，生产出口产品所必须的中间产品的进口也随之增加，加之国内需求的增加，年内进口增幅将高于出口增幅。不过，这些复苏仍然只是从经济危机低谷中的复苏。因此，尽管上半年出口增长势头强劲，但实际的出口水平依旧比危机前最高值低很多。随着出口的增长，旅游业方面也会出现强劲增长，这将有助于服务业的账目在今后两年保持盈余，但是在收入账目上的赤字将扩大。

4. 外来直接投资

大量外来投资对马来西亚经济社会的发展作出了重要贡献，但由于受全球金融危机的影响，近年来马来西亚外资急剧减少。例如，2008 年吸收外资 73 亿美元，2009 年则只有 14 亿美元，减幅高达 81%。[②] 进入 2010 年以后，马来西亚的外来直接投资开始出现恢复性增长，仅一季度吸收的外资就已经达到 16 亿美元，超过了 2009 年的总额，这表明纳吉布政府推行的经济自由化措施初见成效。

---

① Simona Mocuta, *Malaysia Country Monitor*: *Malaysia*, "IHS Global Insight", September 2010, P. 62.

② Economist Intelligence Unit, *Country Commerce* 2010: *Malaysia*, 2010, P. 3.

三、对外关系：主打经济牌

年内，纳吉布政府在继续奉行独立自主、不结盟外交政策的同时，把外交工作的重心放在发展对外经济关系尤其是吸引外资方面，为此特别加强了与新加坡和中国的经济联系，取得了显著成果。此外，马来西亚还以东盟成员的身份，通过签署自由贸易协定，加强了与中国、澳大利亚、新西兰和印度的经济关系。与此同时，与印度尼西亚的关系则经受了考验。

（一）与东盟及其成员国关系

马来西亚作为东盟的创始国之一，在东盟内部一直发挥着重要作用。2010 年 2 月，马来西亚承办了第十六届东盟经济部长非正式会议，与东盟各国保持了频繁的高层往来。10 月底，纳吉布总理赴越南首都河内参加了东盟峰会系列会议。11 月底，老挝国家主席朱马里·赛雅颂及夫人乔赛斋·赛雅颂首次访问马来西亚。

此外，马来西亚与新加坡的关系也不断提升，两国不仅在困扰双方的土地问题上达成了协议，而且还在生态保护方面有了进一步的合作。6 月，在吉隆坡举行的双边会议上，纳吉布和李显龙两位总理共同宣布，9 月底可以达成一项协议，届时马来西亚国有铁路局将放弃在新加坡约 220 公顷的土地所有权。这片土地从新加坡的商业中心吉路站边缘穿越马来西亚的铜锣湾延伸到林地里。尽管协议的具体内容还未最后确定，但协议的签署是两国从 2000 年开始的谈判的一大进步。同时，还加快了两国在该地区的合作开发。另外，2010 年 1 月，新加坡在柔佛州州府新山设立了总领馆；在 5 月的会议上李显龙和纳吉布都同意增加跨境公交服务的频率，放开出租车服务，减少道路通行费。马来西亚也同意简化入境手续，为经常往返的旅客提供“快速通道”。这些举措为马新关系的深化发展奠定了坚实的基础。

值得关注的是，马来西亚与印尼的关系并不那么令人乐观。年内，由于两国就海域边界进行了 15 次谈判仍未最终解决问题，再加上接连发生突发事件，因此马印两国关系一直比较紧张。但由于两国领导人都能审时度势，即便有时剑拔弩张，形势也处于可控制的范围之内。9月初，马印两国终于同意举行外长会议，讨论两国海域边界问题。9月底，马印两国外长在联合国会谈达成协议，双方同意成立一个专门处理与两国边境有关问题的论坛。[①] 看来，印尼与马来西亚的纷争要和平解决，还需一个相当的过程。

（二）与中国关系

马来西亚与中国一直保持友好而密切的关系。2009年11月，中国国家主席胡锦涛访问马来西亚后，年内双方继续保持密切的高层往来。3月底，中共中央政治局委员、全国人大常委会副委员长王兆国应邀访马，会见了马上议院议长王苇明。此外，还有多位中国省部级官员访问了马来西亚，其中包括全国政协外事委员会主任赵启正、中国卫生部部长陈竺、国家旅游局局长邵琪伟、中国国家体育总局局长暨中国奥委会主席刘鹏、交通部副部长冯正霖、财政部副部长王军、农业部副部长高鸿宾等等。

近年来，中马双边经贸关系也继续保持了稳定发展的态势。2008年，中马双边贸易额达到了创纪录的535亿美元，2009年为519亿美元。据马方统计，2010年1月至8月，中马双边贸易额达到302.3亿美元；[②] 按中方的统计，由于中国—东盟自由贸易区全面启动的拉动，全年有可能突破600亿美元。截至2008年底，马来西亚累计在华投资项目4451个，累计实际投资额49.28亿美元；中国企业在马投资累计7.6亿美元，主要集中在金属、化工、产品制造、汽车装配、橡胶以及木材加工等领域。

（三）与美国关系

年内，马来西亚与美国的关系平稳发展，双方高层互访频繁。首先是纳吉布总理于5月和9月两次访问美国，并与美国总统奥巴马会谈。美国方面，奥巴马也在年内对马来西亚举行了为期3天的工作访问。11月初，美国国务卿希拉里·克林顿对马来西亚进行了为期3天的访问，希拉里盛赞马来西亚采取有效措施

① 新加坡《联合早报》，2010年10月1日。
② 马来西亚《南洋商报》，2010年10月25日。

增强国家经济的发展活力。[1] 在希拉里访问期间，两国还签署了医药和科技合作的谅解备忘录。

（四）与日本关系

2010年，马来西亚与日本继续保持了密切的高层交往。4月，纳吉布总理访问了日本，与日本首相鸠山由纪夫举行会谈。双方表示，要强化两国的合作伙伴关系。两国首脑发表共同声明，强调“要在新领域加强伙伴关系”。这些新领域包括和平与安全、增强竞争力和可持续发展、环境和能源以及人才培养和交流等等。

目前，日本是马来西亚第四大出口国，第二大进口国。对于日本而言，马来西亚是其第十二大出口国，第九大进口国。在2004~2008年间，日本一直是马来西亚的最大投资国。[2] 近年来，随着中国对马来西亚直接投资的增加，日本企业的直接投资开始减少。

四、2011年发展展望

如前所述，目前执政党和反对党两大阵营在激烈的竞争中仍然维持着相互制衡的局面，虽然在地方选举中执政党国阵逐渐夺回了一些地方和国会议席，影响呈增强之势，但国阵联盟内部各党派之间的矛盾，以及各党派内部的矛盾都对其产生着不利影响，对安瓦尔案件的审判也存在着不确定因素。年底，执政党联盟就因不允许安瓦尔自行辩护而遭到各界批评。反对党方面日子更不好过，不仅要应付安瓦尔的案件，还要解决政党联盟内部的倾轧。综合两方面来看，2011年能否举行大选？即便举行大选，国阵能否获胜？结果还很难预料。但可以肯定的是，两大政党联盟之间的竞争不至于引发大的政治社会动荡，马来西亚政局将能保持稳定。

---

① PETALING JAYA, *Clinton Ends Three – day Visit To Malaysia*, Bernama, Nov 3, 201.

② 日本外務省：最近のマレーシア情勢と日本？マレーシア関係，平成22年3月，http：//www. mofa. go. jp/mofaj/area/malaysia/kankei. html。

至于经济发展前景，BMI预测今后十年内马来西亚经济将以均年4.9%的幅度增长。尤其是年轻人口比重的增加，将有助于提高劳动者素质和扩大中产阶层，刺激个人消费，从而成为经济增长的主要动力。[①] 为实现经济发展目标，预计在2011年马来西亚政府将进一步落实第十个五年发展计划；为了实现在2020年成为高收入国家的宏愿，马来西亚政府在国家转型方案中提出通过六个关键领域来改善国民经济。此外，还在第十个发展计划中的2011~2015年的中期计划中提出，将促进旅游业、棕榈油种植业和个人健康等十二个关键经济领域的发展。这些促进经济全面发展的政策在本年内已初见成效。但是，由于对出口的依赖很大，2011年的经济增长可能会受到中国经济发展状况的影响，中国为了缓解前几年的过渡借贷造成的严重的通货膨胀，会放松财政开支，提高利率，这会影响马来西亚对中国的出口。此外，如果大选在2011或2012年提前举行，同时反对党民联在选举中获胜，在政权移交过程中可能造成严重的社会动荡，从而影响经济发展。因此，预计2011年马来西亚经济增长会较上年放缓。

对外关系方面，马来西亚将保持以往的外交政策，为了吸引更多的直接投资，将继续重视经济外交。发展与东盟、美国、中国、日本、新加坡等主要贸易伙伴的关系，仍将是马来西亚对外关系的重点。

（作者单位：云南省社会科学院东南亚研究所）

---

① *Business Monitor International Ltd*, “Malaysia Business Forecast Report”, 2010, P. 26.

新加坡：政局稳定社会安宁，经济前升后降总体良好

马腾飞

年内，尽管面临着各种挑战，但新加坡政治社会继续保持稳定。人民行动党政府带领新加坡人民经受住了国际金融危机影响的考验，巩固了人民行动党的统治地位。经济上，随着国际经济形势的好转，新加坡经济从2009年底走出低谷，2010年走上了全面复苏轨道，但前升后降的特点比较明显，表明其增长还不稳定。外交方面，新加坡政府继续扮演“小国办大事”的角色，活跃于地区及国际舞台，努力维护本国及地区利益。

一、政治形势：维持稳定有保障

年内，新加坡人民行动党政府继续以发展经济、改善民生为抓手，以经济发展促进政治社会稳定。尽管面临着各种挑战，但仍然克服了重重困难，保持了政治社会的稳定，

（一）总体评价：人民行动党政府仍然为广大民众所拥戴

由于面对严峻的经济形势，新加坡人民行动党政府表现出色，制定了积极有效的政策措施应对经济衰退，使新加坡经济在经历了三年最困难的时期之后于2009年底开始复苏，2010年获得了超出预期的增长，与此同时就业率大幅度上升，而失业率则

显著下降，人民生活水平明显改善，因此继续获得人民的普遍信任和拥戴，确保了人民行动党在政治上的统治地位，政治社会也就继续保持了稳定。

为了有效应对国际国内形势的变化，新加坡人民行动党非常重视政权建设，不断对政权机构进行调整完善，以便增强党的执政能力。2010 年 10 月底，李显龙总理对内阁进行了一次大规模改组。上次内阁改组发生在 2009 年 3 月。

此次改组中，副总理黄根成卸下内政部长的职务，而接任贾古玛教授的国家安全统筹部长职务并继续监管总理公署属下的人口和人才署，协调跨部门的人口和人才的政策。

由尚穆根接任内政部长，同时兼任律政部长。

贾古玛教授继续担任国务资政，并且负责统筹有关气候改变、监督跨部门的外交政策事务，包括涉及法律协商或国际仲裁。

新闻、通信及艺术部代部长吕德耀擢升为新闻、通信及艺术部长。

其他获得擢升的还有：

环境及水源部高级政务次长许连碹升任政务部长。

教育部兼内政部高级政务次长马善高升任为这两个部门的政务部长。

贸工部兼新闻、通信及艺术部政务次长陈振泉升任高级政务次长。

孟理齐由国家发展部政务次长升任高级政务次长。

上述职务的更动从 11 月 1 日开始生效。[①]

本次改组根据形势的发展进一步理顺了政府内部的关系，有助于提高政府的决策和执行能力。

（二）面临的主要挑战

在继续赢得广大民众拥戴的同时，新加坡政府也面临着一系列的挑战。

首先是移民问题。新加坡人口约 500 万，而且面临着日益严重的人口老龄化、低生育率等问题。为了维持经济的发展，新加

① 《新加坡内阁改组》，2010 年 10 月 28 日 00：06：00，http：//www.nanyangpost.com/news/singapore/5095.html。

坡政府一直鼓励生育，并采取积极的移民政策以吸引人才。此外，每年还从国外引进大量的劳动力，外劳成为支撑新加坡经济增长不可或缺的力量。2009 年，新加坡总人口为 498.76 万人；其中公民为 320.07 万，永久居民为 53.32 万人；居民人口（公民加永久居民）总计 373.39 万人，占总人口的 75% 左右；非居民为 130.5 万，占总人口的 25%。在 2005 ~ 2009 年间，永久居民的人数每年都在以至少 6% 的速度增长，非居民的增长速度也很快，在 2007 年为 15%，2008 年达到了 19%。近年来，反对党一直利用移民问题抨击人民行动党政府，而且过去 3 年间失业率不断上升也日益引起人民对政府移民政策的不满。出于政治考虑，新加坡政府出台了各种限制移民以及雇佣外国人的政策，包括提高移民门槛、增加雇佣外国人的公司的税费等等。截至 2010 年 7 月，新加坡总人口首次突破 500 万，达到 507.67 万人，其中居民人口（公民加永久居民）377.17 万人，占总人口的约 74%，非居民为 130.5 万，占总人口的 26%。永久居民的增长速度减缓到 1.5%，而非居民的增长速度也大幅减缓到 4.1%。[1] 但是，政府的限制措施同时也招致了本地公司，尤其是大量使用外国劳动力的建筑公司的不满，而且将降低新加坡对海外资本与人才的吸引力。所以，新加坡政府一方面提出要提高新加坡的生产率，一方面也表示国外劳动力对于新加坡来说是不可或缺的。这就使得新加坡政府处于一种两难的境地。

其次是新加坡人日益增长的政治参与热情。2009 年 5 月，李显龙总理公布了选举制度改革方案，并在 2010 年 4 月获得国会的初步认可。该方案把非选区议员人数从 6 名增加到 9 名，把官委议员制度固定为永久的政治制度，并且决定缩小集选区规模，将单议席选区的数目增至最少 12 个。目前，新加坡宪法规定非选区议员人数最多可有 6 名，国会选举法则规定国会在每一次大选之后，如有少于 3 名反对党议员当选，就必须委任得票率最高的落选反对党候选人为非选区议员，人数以 3 人为限。不过，总统在政府宣布解散国会之后，可下令委任最多 6 名落选的反对党候选人为非选区议员。而官委议员制实行至今虽已近 20 年，但是每一届国会都必须在开幕之后的 6 个月内通过动议表决，才能

---

① *Population Trends* 2010，"Singapore Department of Statistics"，P. 1 ~ 5.

委任官委议员。该政改方案意味着由反对党议员和官委议员所组成的“非执政党阵营”占国会议席的比重将从目前的12.8%增至近20%，从而将出现更加广泛的、代表不同利益的声音。但是由于非选区议员和官委议员仅仅拥有有限的投票权，人民行动党仍将牢牢控制着新加坡政坛。

再次是反对党对经营不善国企问题的关注，对政府形成压力。2010年5月，新加坡国有投资实体淡马锡以及政府投资公司（以下简称GIC）委任新加坡交易所前行政总裁谢福华出任淡马锡执行董事，8月1日起生效。谢福华的主要任务是协助总裁何晶把淡马锡控股发展成一家坚强巩固的机构，同时协助公司培养人才和拟定接班计划。淡马锡在全球金融危机爆发前错误的投资曾导致公众对李显龙及其政府的不满。淡马锡的执行董事兼执行总裁何晶为李显龙的夫人，而GIC的主席则是李显龙的父亲李光耀。2007年以来，淡马锡和GIC在美国的两大投资银行花旗和美林以及瑞士银行UBS进行了大量投资。但是三家银行一直处于破产边缘，2009年9月美林更是被美国银行收购，淡马锡在美林的持股转为1.89亿股美国银行股票，比例为3%，一季度卖出了其全部股份后，淡马锡的损失在23亿美元至46亿美元之间。2009年2月何晶辞任，反对党在国会中要求公开淡马锡账务状况，发现淡马锡账面亏损高达31%。这显然对李显龙政府形成了压力。3月份，淡马锡打破常规，宣布曾任必和必拓首席执行官的顾之博（Charles W. Goodyear）将接替何晶出任总裁一职。但7月份，淡马锡宣布由于投资理念的差异，顾之博将不会出任公司总裁，何晶将继续留任。作为国家投资机构，淡马锡以及政府对于由外国人来执掌公司显然存在诸多顾虑。然而，随着全球经济环境的好转，淡马锡的投资回报率也出现好转。年内发布的《淡马锡2010年度报告》显示，截至3月31日，淡马锡的投资组合市值达到1 860亿新元的历史新高，比上一年增加了560亿新元，本年度股东总回报率超过42%。淡马锡经营状况的改善，也消除了政府的压力。

二、经济形势：前升后降总体良好

2010年，新加坡经济走上了全面复苏轨道，但前升后降的特点比较明显，表明其增长还不太稳定。

（一）宏观经济形势：前升后降特点明显

从2009年三季度起，新加坡经济逐步好转，并在2010年全面复苏。一季度，GDP增长了15.5%，环比增长高达45.7%，预示着新加坡经济的真正复苏。与上年同期相比，一季度制造业增长了32.9%，对GDP增长的贡献达7.2%，金融业增长了18.1%，批发零售业也有17.7%的增长。此外，建筑业、运输仓储、旅馆餐饮、商业服务等行业也分别增长了13.7%、7.6%、6.7%、6.1%。一季度良好的经济形势得益于经济环境的好转。一季度总需求增长了17.7%，其中14.7%来自于外部需求的增长。国内需求由于消费以及投资的持续增长，也贡献了总需求增长的3.0%。内部需求中，总固定资本形成增长了13%，对住宅建设与设备以及软件的投资大幅增长，分别高达30%和34%，但是运输设备的投资增长下降了17%。消费支出增长了7.8%，其中公共与私人消费分别达到13%和5.7%，贡献了总需求增长中的1.4个百分点。

二季度延续了一季度的增长势头，GDP增长了18.4%。扣除季节调整因素，二季度GDP环比增长为24.0%。制造业、批发零售、金融服务等行业增长势头良好，贡献了GDP增长中的14.6个百分点。与上年同期相比，制造业增长了44.5%，对GDP增长的贡献高达10.5个百分点，金融行业增长了10.2%，而批发零售业增长了18.9%。此外，建筑业、运输仓储、旅馆餐饮、商业服务等行业也分别增长了11.5%、7.6%、10.4%、6.4%。二季度总需求增长了19.8%，其中外部需求受益于全球贸易的活跃，占到了总需求增长的17.3%。国内需求由于消费以及投资的持续增长，也贡献了总需求增长的1.0%。内部需求中，总固定资本形成由于对运输设备投资的大幅减少，下降了1.2%，而仓储设施也迎来了3个季度以来的正增长。

三季度经济增长明显放缓，但GDP增长仍然达到了10.6%，保持了两位数的增长。对增长贡献最大的仍然是制造、批发零售以及除金融与商业外的其他服务行业，与上年同期相比，上述行业分别增长了14.3%、14.4%和18.1%，金融服务业也增长了9.3%，这些行业对GDP的贡献占到了80%以上。在外部需求的带动下，三季度总需求增长了15.4%，外部需求增长为20%，而国内总需求增长仅达到0.6%，与二季度的9.9%相比降幅很深。三季度公共消费支出增长了7.5%，私人消费支出增长了5.2%，总消费支出增长了5.7%；总固定资本形成由于公共投资的强劲增长（18%），上升了5.6%；私人投资增长了3.7%，在经历了二季度的下降之后有所恢复。尽管如此，三季度公司库存急剧下降，导致国内需求对总需求的贡献仅为0.1个百分点。

（二）就业形势良好

强劲的经济发展带来了就业形势的好转。前3个季度的失业率分别为2.2%、2.2%以及2.1%，扣除季节因素，均比2009年同期降低了1个百分点左右。在2009年四季度新增37 500个岗位后，一季度新增34 000个岗位，其中31 200个岗位来自服务业，制造业也新增了3 400个岗位，但建筑业裁剪了800个工作岗位。扣除季节性因素，3月份失业率为2.2%，比2009年12月下降了0.1个百分点。二季度就业新增26 500个岗位，扣除季节性因素，7月份失业率为2.3%，与3月份相比上升了0.1个百分点。7月份，大约有87 800本地人口被裁员，扣除季节性因素，大约为68 100人。三季度新增24 100个岗位。总体而言，2010年前9个月，新增岗位达到了85 500个。

（三）生产率明显提高

与2009持续下降的情况不同，2010年前3季度生产率总体上都大幅提升，一季度提高了14%，其中制造业占39.8%、批发零售业占15.6%、金融服务业占11.8%；二季度提高了15%，主要来自制造业（47%）、批发零售业（16%），以及建筑业（7.1%），但商业服务以及信息通信业的生产率却分别下降了0.7%和3.3%。总体的单位劳动力成本在二季度出现连续5个月的下降之后，三季度与上年同期相比出现了3.3%的上涨。与上年同期相比，单位劳动力成本在一季度同比下降了8.7%，其中制造业更是下降了25%；二季度上升了1.4%，三季度下降了4.8%。与去年同期相比，制造业的单位劳动力成本由于制造业生产率的大幅下升，一季度下降了30%，二季度降低了26%，但三季度仅下降了1.8%。制造业的单位营运成本在一季度由于单位劳动力成本的大幅下降，减少了12%；二季度由于人力成本和服务成本的增加，下降了7.1%；三季度由于服务成本（4.5%）的上升而上涨了2.4%。这与2008年不断上升的趋势形成鲜明的对比，显现了在经济衰退时期政府各项刺激政策正在发生作用，有助于企业维持竞争力。[①]

（四）固定资产投资大幅度增加

在投资承诺方面，一季度美国是新加坡的两大投资来源国，主要集中于电子及服务业。总固定资产投资以及总商业支出在一季度分别为30亿新元和17亿新元，与上年同期相比有所下降，其中电子产品与服务业分别吸引了16亿新元和10亿新元的总固定资产投资承诺，电子业吸引了5.23亿新元的商业支出，随后是总部和专业服务（4.57亿新元）。来自美国的固定资产投资与商业支出承诺分别占到了总固定资产投资与商业支出承诺的52%和50%。如果这些投资承诺完全实现的话，将会创造至少4 100个熟练技术工作岗位，31亿新元的附加价值。[②] 总固定资产投资以及商业支出在二季度分别达到46亿新元和31亿新元，其中电子行业（主要是半导体部分）吸引了高达25亿新元的总固定资产投资承诺，其次是服务业（12亿新元）和运输工程制造业（5.8亿新元）。电子行业还吸引了最多的商业支出承诺，达到8.67亿新元，随后是总部与专业服务（8.43亿新元）和信息通信与媒体（5.47亿新元）。大部分的固定资产和商业支出投资承诺来自欧洲，其次是美国和新加坡国内。这些投资承诺如果全部实现的话，将会创造5 800个熟练技术工作岗位，45亿新元的附加价值。[③] 三季度，总固定资产投资达到26亿新元，与上年同期相比有所降低，而商业支出则达到21亿新元，与上年同期相比有所上升。2009年三季度对电子行业（主要是半导体部门）的投资承诺占到了总投资承诺的64%，但2010年三季度，服务行业吸引了8.15亿新元的投资承诺，占总投资承诺的31%，是所

① *Economic Survey of Singapore Third Quarter* 2010, "Singapore Ministry of Trade & Industry", November 2010, P. 3.

② *Economic Survey of Singapore First Quarter* 2010, "Singapore Ministry of Trade & Industry", May 2010, P. 4.

③ *Economic Survey of Singapore Second Quarter* 2010, "Singapore Ministry of Trade & Industry", August 2010.

有行业中比重最大的，其次是运输机械制造业以及电子行业，分别吸引了7亿新元（27%）和6.18亿新元（23%）的投资承诺。运营支出中，工程与环境服务吸引了7.05亿新元的承诺，为33%，随后分别是总部以及专业服务。三季度的固定资本投资以及总运营支出承诺主要来自亚太地区，其次是欧洲，美国的比重与去年相比大幅下降。如果这些投资承诺全部实现的话，将会创造至少5 800个熟练技术工作岗位，38亿新元的附加价值。

（五）消费者价格指数上升

与上年同期相比，2010年前3季度消费者价格指数分别上升了0.9%（季调环比为1.1%）、3.1%（季调环比为1.3%）和3.4%（季调环比为0.7%）。导致消费者价格指数上升的原因，主要包括由于汽车价格、汽油以及汽车保险价格上涨导致的交通运输成本的增加。居住成本一季度略微下降后，在后两个季度有所上升。食品价格也上升了1.6个百分点，涉及熟食、生海鲜、蔬菜及蔬菜制品、大米以及其他谷类食品。娱乐、教育及文具和医疗保健的成本也略有上涨，只有通信成本由于上网费以及手机价格的降低而下降了2.0%。

（六）对外贸易和国际收支状况改善

对外贸易在2009年虽然没有实现增长，但是萎缩幅度明显缩小。2010年，随着外部经济环境的好转，外贸迎来了持续、强劲的增长。一季度出口额达到1 098.98亿新元，年比增长率为28.2%（季调环比为9.2%）；国内出口为562.99亿新元，年比增长31.9%，季调环比增长8.6%，其中非石油国内出口为388.84亿新元，年比增长23.1%，季调环比增长8.3%；再出口为535.99亿新元，年比增长24.5%，季调环比增长9.8%。二季度出口额1 201.38亿新元，年比增长29.1%，季调环比增长5.0%；国内出口为627.26亿新元，年比增长33.4%，季调环比增长5.7%，其中非石油国内出口为428.13亿新元，年比增长27.6%，季调环比增长8.9%；再出口总计574.11亿新元，年比增长24.6%，季调环比增长4.1%。三季度出口总计1 250.79亿新元，年比增长20.1%，季调环比增长20.1%，其中国内出口为646.73亿新元，年比增长19.2%，季调环比下降3.1%；非石油国内出口为462.60亿新元，年比增长23.8%，季调环比增长0.6%；再出口总计604.07亿新元，年比增长21.0%，季调环比增长1.7%。进口在前3季度也出现大幅度增长，一季度为999.14亿新元，年比增长25.5%，季调环比增长8.8%；二季度为1 072.64亿新元，年比增长26.4%，季调环比增长4.4%；三季度为1 092.93亿新元，年比增长15.7%，季调环比增长为0。①

在国际收支方面，二季度余额为140亿新元，三季度由于资本金融项目尤其是银行投资净流出增加，而对新直接投资有所减少（减至63亿新元）。就经常项目而言，随着外部需求环境的改善，贸易收支盈余有所提高，出口扩张幅度大于进口扩张幅度，而且服务业收入有所增加，二、三季度连续获得增长。与此同时，劳务收支小幅下降。其中，劳务输出与输入的增长幅度大致相当；旅游收入以及其他商业服务的出口增长则由于金融服务收入的下降以及专利使用费用的增加而被大幅抵消。

由于增长强劲，新加坡政府逐步取消了经济刺激措施。考虑到通货膨胀风险的加大，新加坡央行收缩了过去一年相对宽松的货币政策，在4月宣布允许新加坡元适度、逐步地升值，并向上调整了汇率政策的目标区间，以保证可持续的增长以及维护中期价格的稳定。②

总体而言，由于全球经济环境的逐步改善，以及政府积极的经济刺激措施逐渐发挥作用，新加坡各个行业都有了不同程度的恢复，制造以及批发零售等行业甚至出现了强劲的增长。虽然美国还存在一些影响经济发展的风险以及欧盟一些成员国的主权债务问题会对外部需求产生一定的影响，三季度以后新加坡经济增速明显放慢，但从总体上看新加坡经济还是保持了发展的势头。

三、对外关系：以大国平衡维护自身利益

年内，新加坡在外交方面继续扮演“小国办大事”的角色，活跃于地区及国际舞台；积极促进东盟共同体建设，推动东盟与

① *Economic Survey of Singapore Third Quarter* 2009，“ Singapore Ministry of Trade & Industry”, November 2010, P. 1.

② *MAS Annual Report* 2009/2010,“Monetary Authority of Singapore”.

区域外大国的合作，推动东亚合作，努力发展与东盟各国的双边关系；巧妙推行“大国平衡战略”以维护本国及本地区利益。

（一）与马来西亚关系：剪不断，理还乱

新加坡同马来西亚的关系过去一直受困于历史原因、供水、白礁岛主权、修建新马大桥及新加坡军用飞机使用马来西亚领空等问题，颇多隔阂与摩擦。并且，双方政治领袖的言论有时也会成为摩擦源。尽管如此，两国的交往尤其是经贸往来仍然十分紧密。

2010 年前 9 个月，新加坡成为马来西亚最大的外资来源地，投资总额达到 11.3430 亿美元。5 月，纳吉布总理访问新加坡时新马双方发表联合声明，马来西亚承诺在 2011 年 7 月 1 日前将位于丹戎巴葛的火车终站迁移至兀兰，而新加坡也将协助马国把海关、移民和检疫站迁到那里。新马还将针对马来亚铁道公司在新加坡于丹戎巴葛、克兰芝、武吉知马及兀兰共拥有的六个地段分别进行估价，以最迟于 12 月 31 日交由淡马锡控股与马国国库控股联合成立的马来西亚新私人有限公司共同开发。[①] 此外，双方还达成了内容广泛的协议配套。这些项目均为长期投资，需要双方维持长期稳定的政治环境，项目的成功与否对双方的政治与经济环境均将产生深远的影响。

白礁岛问题也通过提交联合国国际法院裁决的方式得到解决。联合国国际法院于 2008 年 5 月 23 日裁决新马两国争执近 30 年的白礁主权归新加坡所有，附近的中岩礁主权归马国，南礁主权则判归拥有它所处海域主权的一方。两国随后成立了由新加坡外交部常任秘书何学渊和马国外交部秘书长依沙领导的联合技术委员会讨论并执行判决。[②]

供水问题一直是马来西亚用来同新加坡谈判的重要筹码之一，为了减少对马来西亚的依赖，新加坡一直致力于水源多元化发展，增加本地水源供应，发展新的蓄水池以及新生水。在新马首份供水合约 2011 年即将到期的情况下，新加坡宣布无需更新供水合约。[③] 这意味着供水问题已无法成为今后两国谈判的筹码，

---

① 新加坡《联合早报》，2010 年 5 月 25 日。
② 新加坡《联合早报》，2010 年 9 月 22 日。
③ 新加坡《联合早报》，2010 年 4 月 27 日。

与之相关的摩擦也会减少。

（二）与中国关系：站在历史的新起点

正如新加坡媒体所评论的，要以寥寥数语概括新加坡与中国之间源远流长、不断发展变化且密切的关系，或许是不可能的任务。新中之间既有政治与经贸联系、利益的合作，又包含政经关系以外的历史联结、感情纽带以及特殊高层互动的渊源，多层面的历史与现实因素，加上双方多年的努力，构成今天独特的双边关系。① 正是由于上述种种因素，近年来，中国与新加坡的关系一直保持了平稳快速发展的势头，刚刚过去的一年也不例外。正如国家副主席习近平年内访问新加坡期间发表演讲所说的，“中新关系站在新的历史起点上”。②

年内，中新之间继续保持了密切的高层互动。9 月初，值新加坡和中国建交 20 周年之际，李显龙总理从 6 日起对中国重庆、上海、长沙、武汉、苏州等 5 个城市进行访问。9 月 30 日，新加坡总统纳丹、总理李显龙和外长杨荣文分别致电胡锦涛主席、温家宝总理和杨洁篪外长，热烈祝贺中华人民共和国成立 61 周年，赞扬中国过去几十年在多个领域取得的非凡发展成就。10 月 3 日，胡锦涛主席与纳丹总统、温家宝总理与李显龙总理互致贺电，热烈庆祝两国建交 20 周年。

11 月中旬，中国国家副主席习近平应邀访问新加坡，将年内中新关系的发展推向高潮。期间，习近平副主席与李显龙总理举行了会谈，就推进两国重点领域合作以及共同关心的国际和地区问题交换意见，并共同出席了一系列双边协定的签字仪式。习近平还分别会晤了总统纳丹、内阁资政李光耀和国务资政吴作栋，并与新加坡各界人士广泛接触。

在经贸关系方面，新加坡继续成为中国的重要合作伙伴。双边贸易额已由建交时的 28.3 亿美元跃升至近 500 亿美元，互访人员由建交时的 9.5 万人次跃升至 180 万人次。新加坡在中国的留学生超过 3 000 人，中国在新加坡的各类留学人员超过 4 万人，中国还先后派出 3 万名干部到新加坡考察学习。中国目前是新加

① 新加坡《联合早报》，2010 年 10 月 1 日。

② 习近平：《中新关系站在新的历史起点上》，新华网，2010 年 11 月 15 日 15：06。

坡的第二大游客来源地，新加坡是中国第六大游客来源地。

据新加坡国际企业发展局统计，2010 年前 3 个季度，中新双边贸易总额已达到 512.2 亿美元，同比增长 31.1%，全年双边贸易额将再创新高，突破 600 亿美元。双边相互投资也迅速增长。截至 2010 年 6 月底，中国企业累计对新加坡非金融类直接投资额达 46.2 亿美元，中国企业的投资主要集中在石油、电力、航运和贸易等领域；而新加坡累计在华设立投资企业 1.8 万家，累计实际对华投资 440.5 亿美元。截至 2010 年 6 月底，中国企业在新加坡累计签订工程承包合同金额 153.1 亿美元，完成营业额 117.1 亿美元，工程承包主要集中在房建、地铁、港口和地产等领域。新加坡是中国第二大海外劳务市场。截至 2009 年底，中国累计向新加坡派出各类劳务人员 45.8 万人，主要集中在制造业、建筑业和海员等领域。

（三）与美国关系：仍然是新加坡外交重点

新加坡始终重视发展与美国的关系，目的在于引入实力强大的美国来平衡中国对东南亚越来越大的影响。有鉴于此，新加坡不但积极发展与美国的关系，而且也是东盟密切与美国关系的积极倡导者和推动者，正是由于新加坡等东盟国家的积极推动，近年来美国与东盟的关系日益密切，“重返东南亚”的步伐进一步加快。2010 年 9 月 24 日，美国还将东盟 10 国领导人召集到美国纽约，召开了“美国—东盟峰会”，面对面进行安抚。

四、2011 年发展展望

在新的一年，新加坡将迎来国会大选，届时人民行动党将面临更大的挑战，但可以预见的是这些挑战并不足以动摇人民行动党的地位。人民行动党在新加坡政治舞台上仍将保持绝对的领导地位。保证稳定的政治形势、调和族群矛盾、建设国民认同感、增强国际社会合作，以及打击恐怖主义仍将是新加坡政府重点关注的问题。在经济日益全球化的今天，新加坡面临着地区竞争、人口老龄化、制造业结构性调整等三大严峻挑战。这些挑战非人民行动党不足以应对。人民行动党继续执政，新加坡政治社会的稳定就有保证。

在经济方面，2011 年外部宏观经济环境的改善会对新加坡经济的发展形成有力的支撑，预计新加坡经济的增长会是一个逐步而缓慢的过程。考虑到周期性增长以及较好的货币政策，预计商业投资会有所增长。由于发达经济实体的住宅以及劳动力市场的疲软会对家庭需求造成抑制，新加坡对美国等发达国家的出口形势不容乐观。但是在亚洲，由于工资收入增长、政策性支撑以及良好的经济基础会对消费形成有力支撑，新加坡的出口也会从中受益。

考虑到全球经济仍然存在一些负面因素，尤其是美国经济的反复以及欧盟一些国家的主权债务问题，新加坡贸工局预计 2011 年的经济增长率会在 4.0% 到 6.0% 之间。

（作者单位：云南省社会科学院东南亚研究所）

印度尼西亚：政局总体稳定，经济强劲复苏

思 路

2010 年，是苏西洛总统第二任期的第二个年头。年内，虽然面临反对党因世纪银行丑闻案而频频发起的诘难、民众不满情绪滋长、一些地区种族宗教冲突加剧等政治社会问题的挑战，小麻烦不断，但国家政治社会基本保持了稳定。印尼在地区和国际事务中的地位日益提高。随着全球经济的回暖尤其是增长强劲的亚洲两个大国中国和印度的拉动，2010 年印尼经济总体表现良好，国民经济各部门都呈增长势头，全年经济增长率预计可达 6% 左右。但与此同时，能源短缺、经济结构落后、基础设施尤其是交通基础设施不足的问题仍然比较突出，频繁发生而且破坏力极强的自然灾害也对印尼经济的发展造成不利影响。

一、政治形势：小麻烦不断，大动荡没有

年内，在上年 4 月国会选举和 7 月总统直选后蝉联总统的苏西洛组成新政府继续实施其第二个总统任期。由于新政府刚刚组建，各种矛盾的产生和激化尚有一个过程，加之国内外环境的改善，经济强劲复苏，因此虽然小麻烦不断，但政局总体保持了稳定。

（一）苏西洛政府涉险过关，政局保持稳定

2010年，是苏西洛第二任期的第一年（第二个年头）。总体上看，苏西洛及其所领导的政府并没有辜负人民的期望，尽管有的地方社会矛盾、自然灾害频发，但印尼总体上保持了政治社会的稳定，经济复苏势头强劲，人民还是满意的。

当然，苏西洛政府也遇到了各种政治麻烦。新年伊始，在苏西洛执政100天前后，苏西洛政府遇到了一次大的挑战。

1月28日，在苏西洛执政满100天之际，在雅加达、泗水、望加锡和安汶等地，成千上万的印尼人走上街头，抗议苏西洛及其所领导的政府无能，对其表现感到失望。① 民调显示，苏西洛所领导的内阁上台近10个月，大部分受访者认为其“在振兴经济及改善民生等方面的努力效益不彰，现行多党执政的政治制度不佳，影响现内阁整体表现”。② 由于经济及法治情况恶化，政府处理瓦斯桶爆炸及物价上涨等民生问题动作迟缓，民众对苏西洛总统施政满意度大幅度降低。大部分受访者不赞成其蝉联下届总统。民众对苏西洛的满意度已从上年7月的85%降至2010年8月的66%；而对副总统布迪奥诺表现的满意度，则从上年11月的49%上升至2010年8月的53%。③

与此同时，世纪银行丑闻案也使苏西洛焦头烂额。当时已有媒体评论称，世纪银行丑闻可能使印尼执政联盟解体。当时，调查世纪银行丑闻的印尼国会特别委员会作出初步结论指出，中央银行、稳定金融体系委员会和贷款担保机构等，须对注资6.7万亿盾（约10亿新元）拯救世纪银行的决策负责。据此，三个反对党和戈尔卡党一些议员要求苏西洛总统出席作证，甚至提出罢免其总统职务。但由于特委会并未发现苏西洛直接介入注资决策的证据，反对党指控苏西洛的声浪也就沉寂下来。④ 虽然反对党

---

① 《尤多约诺执政100天 印尼各地展开反政府示威》，载新加坡《联合早报》，2010年1月29日。

② 《尤多约诺内阁上台十月 民调显示民生效益不彰》，载新加坡《联合早报》，2010年8月3日。

③ 《尤多约诺连任近一年 民众满意度大降》，载新加坡《联合早报》，2010年9月4日。

④ 《银行丑闻调查期间出现矛盾 印尼执政联盟可能解散》，载新加坡《联合早报》，2010年2月7日。

认定副总统布迪奥诺与有争议的世纪银行丑闻有牵连，对注资案负有责任，应该下台，但他坚持不会辞职。苏西洛政府处变不惊，最终还是摆脱了麻烦。副总统布迪奥诺也对维持政局稳定充满了信心，3月25日，他在印尼高峰会开幕式上指出："目前印尼政治经济情况非常稳定……印尼很民主，因为60%的国会议员是来自支持政府的政党。"①

为赢得民心，根据1999年的印尼关于国家官员需向肃贪委员会申报财产并公之于众的规定，3月5日，苏西洛总统和布迪奥诺副总统带头在全国肃贪委员会申报了个人财产，并且要求所有省长、地方总管和市长都这样做。结果显示，苏西洛总统的个人总资产不到110万美元，比副总统布迪奥诺和另外三名部长都少。他的资产包括价值24亿印尼盾的不动产，约5亿印尼盾的车辆和珠宝，价值8.51亿印尼盾的艺术收藏品，以及价值38亿印尼盾的其他物品。布迪奥诺截至去年9月底申报的财产，总额为280亿印尼盾和1.6万美元。②

（二）政党比拼：各种政治力量的消长

年内，印尼政治舞台上，各政党之间的比拼虽然不像大选前夕那么激烈，那么残酷，但暗中的有时甚至是公开的较劲则不可避免。执政党时时处处面临着在野党的挑战，各在野党也在聚集力量，随时准备东山再起。各政治派别之间随时都酝酿着力量的分化和重组。为此，年内一些政党召开了党的代表大会，各主要政党属意的候选人已开始浮上台面。譬如，第二大党戈尔卡党高层透露，党主席巴克里（Aburizal Bakrie）将争夺下届总统宝座，最大政党民主党将推出现任第一夫人阿妮（Ani Bambang Yudhoyono）代表该党参选总统，大印尼运动党创始人普拉博沃（Prabowo Subianto）退休陆军中将也表示准备竞选下届总统。③

年内，印尼政党政治发展中，以下几方面的情况值得关注：

第一，两大政党调整班子，蓄势待发。执政党印尼民主党和在野党斗争民主党两大政党都召开了全国代表大会，选举产生了

① 《副总统：政治经济稳定 印度尼西亚具利商投资环境》，载印度尼西亚《星洲日报》，2010年3月26日。

② 新加坡《联合早报》，2010年3月6日。

③ 余歌沧：《印尼戈尔卡党主席将竞选总统》，载新加坡《联合早报》，2010年12月23日。

新一届领导班子。

5月下旬，由苏西洛总统领导的国会第一大党印尼民主党选出新任党主席阿纳斯，苏西洛总统的儿子艾迪则据称将被委任为中委会秘书长，苏西洛本人则任辅导委员会主席。41岁的阿纳斯成为最年轻的党主席。他曾是前总统苏哈托时代的学联主席，是当年学生运动的主要领袖。年轻有为的阿纳斯成为党主席被普遍看好，他将给印尼民主党带来清新之风，有助于巩固党的执政地位。

4月8日，曾经作为执政党的斗争民主党也召开了全国代表大会，前总统梅加瓦蒂二度蝉联总主席职位，任期从2010年至2015年。梅加瓦蒂是第二次蝉联总主席，说明她在党内的地位依然牢固。会上，还讨论了党内干部的年轻化问题。会议一致认为，党的理事会应该引进年轻干部，必须改变党的形象，容纳精明能干、思想进步的年轻人，而并非老人党。①

第二，苏利雅巴洛另起炉灶，印尼戈尔卡党面临分裂。在执政党印尼民主党和反对党斗争民主党忙于调整班子加强力量的同时，印尼执政联盟成员、国会第二大党戈尔卡党则后院起火，面临内部分裂的危机。作为该党领袖之一的苏利雅巴洛另立山头，于6月底将其所创立的群团组织“民主国民协会”转化为一个新政党。据认为，这是作为媒体大亨的苏利雅巴洛对自己在上年10月底与巴格里争夺党主席失败的一个报复行动。这引起了戈尔卡党内部的紧张。戈尔卡党秘书长特利斯·玛尔函说，苏利雅巴洛既然要另起炉灶，就应该退出戈尔卡党。舆论认为，苏利雅巴洛另外组新党已造成戈尔卡党内部不安，苏利雅巴洛在党内有一定影响力，他一旦与戈尔卡党分道扬镳，将拉走该党一部分支持者。② 一旦戈尔卡党发生分裂，将使曾长期独揽大权的戈尔卡党的力量遭到严重削弱，印尼执政格局也将发生大的变动。

第三，一方面回教政党支持率继续滑落，另一方面民族主义政党支持率上升。10月中旬公布的民调显示，大选以来，回教政党支持率持续走低，目前在国会拥有议席的4个回教政党支持

---

① 《斗争民主党开会，梅加瓦蒂蝉联主席》，载印度尼西亚《星洲日报》，2010年4月9日。

② 《戈尔卡党面临分裂，苏利雅巴洛另起炉灶》，载印度尼西亚《星洲日报》，2010年6月25日。

率，普遍比上年大选得票率降低，公正福利党从7.9%降至5.3%，国民公义党从6.0%降至5.2%，建设统一党和民族复兴党各从5.3%和4.9%降至4.2%和3.4%。由此可见，相关政治法令修正后，有资格进入国会的回教政党，可能只有公正福利党和国民公义党。分析人士指出，一度雄心勃勃要成为三大党之一的公正福利党支持率不升反降，原因是该党国会议员涉嫌贪污，所打出的清廉牌不再有效，而且代表该党入阁的部长表现不佳。而另一方面，两个最大的民族主义政党即民主党和戈尔卡党支持率则直线上升，尤其是上届大选中沦为第二大党的戈尔卡党，赢得半数以上地方首长选举，有可能在下次大选中重掌第一大党地位。

第四，斗争民主党酝酿与印尼民主党结盟。年内，由前总统领导的、作为反对党的斗争民主党酝酿与由苏西洛领导的执政党民主党结盟，引起国内外的高度关注。3月底，针对斗争民主党中央领导层咨询委员会主席陶菲克·基马斯早前表示斗争民主党有意与政府结盟的表态，总主席梅加瓦蒂明确表示，她无意与苏西洛－布迪奥诺领导的政府结盟。她指出，如果所有政党与政府结盟而加入内阁，那么谁将成为政府的监督和平衡者呢。[①] 在4月初的斗争民主党第三届全国代表大会上，就是否与民主党结盟的问题，梅加瓦蒂虽然没有明确表态，但其讲话内容也明确显示，斗争民主党要坚持当反对党。然而，无风不起浪，陶菲克·基马斯声称斗争民主党有意与政府结盟，“是根据草根社群的意念”，“此举是为了使牛头党（斗争民主党）不会败在未来普选中”。而总统府专员、前斗争民主党理事赫鲁·勒洛诺也在3月21日肯定地表示，“有朝一日，斗争民主党将与民主党主持的政府结盟”。[②] 这反映出斗争民主党高层内部存在着重大意见分歧，是否会影响党内团结，需拭目以待。

---

① 《梅加瓦蒂表示无意与苏西洛结盟》，载印度尼西亚《星洲日报》，2010年3月26日。

② 印度尼西亚《星洲日报》，2010年3月22日。

二、社会形势的发展

印度尼西亚是一个多样性十分突出的国家。地理区域的多样性、民族宗教和文化的多样性、经济发展的不平衡等一些特点十分突出。因而，面临的社会问题非常复杂，维护国家统一和完整的任务十分艰巨。

近年来，随着政治体制的成功转型，以及政局的持续稳定，尤其是亚齐问题的和平解决，社会矛盾日益缓和，印尼社会日益稳定。但是，由于幅员辽阔、人口众多、多样性和发展不平衡性突出，印尼的社会稳定仍然面临许多问题。年内，印尼社会基本保持了稳定，影响社会稳定的因素主要有以下几个方面。

（一）尽管做出种种努力，但贫困面仍然很大

人口众多，发展极不平衡，扶贫任务十分艰巨，是印尼社会的一个基本特点。据印尼 2010 年人口普查结果，印尼总人口已达 2.3756 亿人，其中男性占 1.1951 亿人，女性 1.1805 亿人，近 10 年间人口年均增长率达到 1.49%。庞大的人口基数，再加上分配的不公，使得印尼减少贫困的任务十分艰巨。按照印尼政府定下的减少贫困人口的千年发展目标，是到 2015 年将贫困人数降低到 1990 年的半数，即 7.5%。尽管近 20 年来印尼经济发展较快，2009 年人均 GDP 已经达到 2 590 美元，贫困人口的比例也比 2009 年的 14.1% 略减，但贫困人口基数仍然较大。据印尼媒体透露，截至 2010 年 10 月底，印尼仍有 3 900 万贫民，占全国人口 13.7%，至少每年要减少 1%，到 2014 年贫困人数才能下降到 9%。

目前，印尼失业率高达 9% ~10%。贫困面大，失业率高，许多人食不果腹，长期在贫困线上挣扎，成为社会不稳定的一大因素。

（二）宗教、种族冲突频发，显示社会矛盾依然尖锐

宗教、种族冲突频发，是印尼社会的一种通病，近年来一直处于高发态势。据《雅加达邮报》2009 年刊登的一份报告显示，

2007 年印尼共发生 135 起宗教冲突事件，但 2008 年大幅增加至 265 起。1996 年至 2005 年期间，印尼全国共有约 180 座教堂遭到蓄意破坏、烧毁或被迫关闭。美国国务院于 2002 年发表的有关国际宗教自由的报告显示，仅在 2000/2001 财年期间，印尼就发生了 108 起教堂被人破坏的事件。

印尼《罗盘报》2005 年民调显示，约 70% 的受访者认为，宗教问题可能是导致国家瓦解的其中一个因素。民调显示，大约 51% 的穆斯林受访者不赞成基督教徒在他们的社区内兴建教堂。印尼舆论认为，宗教冲突频发，一个重要原因是政府在处理宗教冲突事件时，对付滋事分子手段不强硬（有姑息之嫌），未切实为人民宗教信仰自由的这项基本权利提供保障。①

年内，发生多起种族冲突事件令人关注。9 月份，东加里曼丹省打拉根岛发生的种族骚乱，直至 10 月初才缓解。岛上的两个主要种族即作为原住民的提洞族（Tidung）与作为外来移民的布吉族（Bugis）的领袖于 9 月 30 日最终达成和解协议。为了防止局势恶化，中央政府曾增派军警上岛协助维持社会治安。苏西洛总统也曾经介入调停。②

频繁发生宗教、种族冲突，已引起印尼高层的忧虑。10 月上旬，苏西洛总统曾经公开坦承，对国内社会冲突事件频发感到悲痛。苏西洛总统在内阁全会上说："在多个地区发生的冲突事件，令我们感到悲痛。仍有社会冲突，仍有干扰社会和睦事件，这些经常是由鸡毛蒜皮的小事而引发的。这显示必须维护社会和谐。"③

（三）自然灾害频发，人民深受苦难

印尼是自然灾害最多的国家之一，地震、海啸、台风、泥石流、森林大火，各种破坏力很强的自然灾害纷至沓来，人民深受苦难。2010 年，仍然是印尼自然灾害频繁发生的一年。

10 月 25 日，苏门答腊以西的明打威群岛发生里氏 7.7 级海

---

① 《2008 年宗教冲突事件，共 265 起同比增加近倍》，载新加坡《联合早报》，2010 年 8 月 22 日。

② 《印尼总统尤多约诺介入后，东加里曼丹种族暴乱已缓解》，载新加坡《联合早报》，2010 年 10 月 1 日。

③ 《对社会冲突事件，总统感到悲痛》，载印度尼西亚《星洲日报》，2010 年 10 月 5 日。

底地震，造成重大人员伤亡。至10月30日，地震引发海啸造成的死亡人数已经达到413人，另有近300人失踪，但生还希望渺茫。① 不到24小时后，中爪哇的默拉皮火山爆发，先后持续了数周，至11月10日，已造成191人死亡，10多万人流离失所。② 默拉比火山喷发的火山灰对印尼航空业造成严重影响，航空公司损失超过353亿盾的收入。

地震、海啸和火山喷发，给印尼造成巨大经济损失。印尼财政部长阿古斯表示，印尼政府为了赈灾和重建灾区，需筹集3.5万亿盾巨额资金，而印尼全国赈灾机构仅持有500亿盾的紧急救灾基金，远不足以应对大规模的自然灾害，印尼政府已向国会提出追加拨付1 500亿盾的要求。自然灾害频繁发生，使印尼人民深受苦难。

（四）贪污腐败仍然是印尼社会一大毒瘤

贪污腐败在印尼屡打不绝。根据经济与政治风险咨询机构（PERC）2010年3月的问卷调查结果，在亚太地区16个投资目的国家中，印尼再次被评为最贪污的国家。在最贪污国家最高10分的评分中，印度尼西亚得9分排第一，柬埔寨排第二，越南排第三。报告指出，印度尼西亚各级机关都有贪污行为。受贿者还常常将问题政治化，以设法阻挠苏西洛总统的肃贪宣传活动。③

年内，国会调查世纪银行注资案丑闻，印尼多数政党被指违法甚至贪污，反对党直指现任副总统布迪奥诺，一些议员要求苏西洛总统出席作证，甚至提出罢免其总统职务。④ 国际危机组织也指出，贪污腐败盛行，助长了印尼恐怖主义。

---

① *Indonesia tsunami deaths hit* 413, “The Straits Times”, Singapore, 30 October 2010.

② 《默拉皮火山爆发死者增至191人，航空交通大受影响》，载新加坡《联合早报》，2010年11月11日。

③ 《各级机关涉贪污活动，亚太贪污榜印度尼西亚居首》，载印度尼西亚《星洲日报》，2010年3月10日。

④ 《银行丑闻调查期间出现矛盾，印尼执政联盟可能解散》，载新加坡《联合早报》，2010年2月7日。

三、经济形势：表现良好

随着全球经济的回暖，尤其是增长强劲的两个亚洲大国中国和印度的拉动，2010 年印尼经济总体表现良好，国民经济各部门都呈增长势头，投资环境不断改善，外商投资大量涌入，印尼经济领域一派蒸蒸日上景象。但与此同时，能源短缺、工业结构落后、基础设施尤其是交通基础设施不足的问题仍然比较突出，频繁发生而且破坏力极强的自然灾害也对印尼经济的发展造成不利影响。

（一）经济形势概述

在上年度良好表现的基础上，2010 年印尼经济继续高奏凯歌，普遍认为其“经济已恢复持续增长”，年内经济增长率可达 6% 以上，[①] 已超过 2008 年至 2009 年全球金融危机后的最低水平。许多经济预测机构都看好印尼的经济表现。

4 月上旬，世界银行首次将对 2010 年印尼经济增长的预估，公开表示年内印尼经济增长幅度有信心达到 5.6% 以上，较之前预估的 5.4% 的增长率高出 2 个百分点。

4 月中旬，印尼政府和国会一致同意，将 2010 年国家收支预算案中的经济增长率由先前预估的 5.5% 调高为 5.8%。[②] 4 月底，国际货币基金组织（IMF）也对印尼经济作出了更为乐观的预测，预估年内印尼经济将实现 6% 的增长，主要理由是印尼年内的投资额超过上年。据此，印尼经济增长率将比东盟国家平均增长率 5.5% 更高。[③]

根据印尼统计部门资料显示，一季度经济增长率为 5.7%，二季度为 6.2%。从推动经济增长的因素看，家庭消费贡献了 57.1%，投资贡献约 31%，政府开支 9.4%，出口市场的贡献约占 2.4%，上半年经济增长率为 5.9%。据此，印尼经济统筹部

---

① 5 月份英国 EIU 的预测为 5.6%。见 Economist Intelligence Unit, *Country Report: Indonesia*, May 2010, P. 2.

② Economist Intelligence Unit, *Country Report: Indonesia*, May 2010, P. 2.

③ 《IMF 预测印度尼西亚经济，今年将获 6% 增长》，载印度尼西亚《星州日报》，2010 年 4 月 24 日。

认为，第三季度增长预计比第二季度更高，印尼下半年的经济增长率将超出6%，全年实现6%以上的增长是有希望的。

印尼中央银行的预测也显示，第三季度经济增幅将高于前两个季度，可达6.3%，这更加增强了人们对印尼年内经济增长率将突破6%的信心。

7月底，印尼财政部的预估也支持了上述观点。根据上半年经济增长率达到5.8%（高于上年同期的4.3%）的实际，印尼财政部认为，下半年印尼经济增长率可达6.9%，全年增速可达6.0%。①

国际经济预测机构以及一些印尼政府部门对印尼2010年经济形势的乐观看法，除投资强劲拉动的因素外，还有其他方面的有利因素：

第一，CPI涨幅不大，通胀压力明显较少。据印尼中央统计局11月1日公布的数据显示，印尼前3季度CPI平均上涨5.35%，属于印尼央行5%±1%的通胀目标范围内。受食品、燃料价格上涨影响，10月份CPI同比上涨5.67%，涨幅略低于9月份的5.8%，且环比涨幅仅为0.06%，表明通胀压力有所缓解。印尼政府年内的通胀预定指标为6%，但实际上有可能在6%以下。

第二，国家财产大幅度升值，经济实力进一步增强。据10月13日印尼财政部官员表示，经对政府部门和机构所属的2.3万个单位进行审核，印尼国家财产总价值达778.9万亿盾（当日印尼盾对美元汇率中间价为1美元兑换8927盾），比2004年底增加了400.4万亿盾。与此同时，印尼外汇储备也大幅增加。截至11月中旬，印尼外汇储量已达到929亿美元，仅在两个星期之内就增加了12亿美元。

经济良性增长，经济实力稳步提升，使得国际舆论对印尼的发展前景好评如潮。有国际舆论认为，拥有巨大市场规模及丰富自然资源的印度尼西亚，在东盟所扮演的角色益显重要……投资专家甚至将“金砖四国”（BRICS）加一个印度尼西亚的“I”，变成“BRIICS”，变成“金砖五国”；而高盛公司则早就将印尼列为“新钻11国”（N－11）的成员，最近汇丰集团又发明了一

① 印度尼西亚《星洲日报》，2010年7月29日。

个叫做“灵猫六国（CIVETS）”的闪亮新兴经济体名称，其中就包括印度尼西亚。舆论认为，印尼可以焠炼成另一块金砖有5大理由：第一，印尼是一个贸易依存度低的内需经济体，贸易依存度仅38%，出口依存度仅22%；第二，印尼的低通膨、低利率；第三，印尼有庞大而年轻的人口，在其2.4亿人口中，24岁以下的占44.3%，平均年龄仅27岁；第四，印尼有石油、天然气、煤炭、橡胶等丰富的天然资源；第五，积极的政府。①

一些印尼官员也对自己国家的发展成绩沾沾自喜。印尼国民建设规划部部长在9月底的一次会议上表示，从2009年起，印尼已不再是发展中国家，而是一个低中等收入国家。② 新任印尼工商会馆总席也表示，深信印尼将成为继中国和印度之后亚洲的第三大经济体。③

但在赞扬的同时，也有舆论认为印尼经济发展中的问题不可小视，譬如“国家收入未达最大限度，特别是税务收入并没有显示大幅增长，以致出现持续由外债弥补的预算赤字”。债务激增，成为长期负债负担。2009年前的4年，政府债务持续上升至31%，截至2010年10月，外债总额已经达到1 853亿美元。因此，印尼经济学家坦言，若税务收入不提高，则经济增长不足以自豪。

（二）经济政策的变化

纵观年内印尼的经济政策，关注民生的特点比较明显。4月中旬，苏西洛总统在召开部长和省长工作会议时表示，为了加速未来5年的经济建设，政府将全面评估现行政策，以使利民政策更臻完善。会议形成的政策性决议包括：在至2014年的5年内，年均经济增长率达到7%，失业率降至5%～6%；到2014年，贫困率降至8%～10%，国民人均收入达到4 500美元以上。为此，必须确保经济稳定，增加国内财源，确保粮食与供水安全，

① 施颜祥：《印度尼西亚经贸潜能大，可炼成另一块金砖》，载印度尼西亚《星洲日报》，2010年10月1日。

② 印度尼西亚《星洲日报》，2010年9月30日。

③ 苏利奥·班庞·苏利斯蒂奥：《印度尼西亚将成亚洲第三大经济体》，载印度尼西亚《星洲日报》，2010年9月27日。

加强能源供应，加强国民经济竞争力，加强环保经济。[①]

年内，印尼政府经济政策的调整，大的举措主要有以下几个方面：

一是调控物价，保障民生。为缓解通胀压力，印尼政府于11月份路线采取了一系列措施，其中主要包括向市场投放储备大米、增加补贴燃油的配额等。

二是引导外资投向下列重点领域：①能源、矿产；②电信、交通和物流；③农业和海洋资源；④巨大而有活力的国内市场；⑤创意产业。

三是决定将国家经济建设的重点向东部地区转移。10月中旬，印尼投资协调署（BKPM）表示，印尼过去5年的投资主要集中在西部地区，占全部投资总额的80%。未来印尼政府将向东部地区投入更多资金，以平衡地区经济增长。

四是继续加大基础设施建设的投入力度。于4月14日在雅加达举行的亚太部长级会议上，印尼推出了一批2010年基础设施建设招标项目，项目共100个，投资总额达468.1兆亿盾，涉及航空、铁路、公路、电力、海洋工程等等，仅拟建的高速公路就有35条。[②]

（三）部门经济发展情况

年内，印尼经济总体发展良好，但各部门表现不尽相同。

1. 农业：粮食作物、经济作物全面发展

印尼欲吸引投资打造世界粮仓。印尼自然条件优越，是世界大米主要生产国之一，曾经是亚洲大米主要出口国之一。2008年世界大米危机，印尼也受到很大影响。此后，印尼政府更加重视粮食生产，水稻种植面积和产量不断攀升。2010年2月中旬，印尼政府宣布要向巴西学习，鼓励国内外投资者租用农村大片土地，帮助印尼打造世界粮仓，从现在起到2030年把印尼变成全球最大的稻米、玉米、糖、咖啡、虾、肉类和棕油产地之一。为此，印尼拟加速在偏远地区如巴布亚和加里曼丹发展大规模的农

① 《加速未来5年经济建设，总统发布利民决策》，载印度尼西亚《星洲日报》，2010年4月20日。

② 《政府通过合作机制，促销468兆盾工程》，载印度尼西亚《星洲日报》，2010年4月10日。

业庄园。

为了早日实现这一目标，年内印尼政府还采取了许多措施来促进农业生产。譬如加大土地改革的力度，决定将爪哇岛和外岛的600万公顷生产性闲置耕地免费分发给无地少地农民耕种。此外，政府还在全国68个县（市）共成立了354个农业指导所，并于2月初举行了启动仪式，宣布正式启用。设立农业指导所，是农业部为实现四个指标即粮食自足、粮食多样化、提高出口和竞争能力以及提高农民福利而采取的措施之一。资料显示，成为农业指导员的公务员已有2 430人，加上按日计酬的农业指导补助人员1 940人，他们担负着全国5 547个村的农业技术指导任务。

据印尼国家统计局数据，2010年印尼粮食又是一个丰收年，稻谷产量将达到6 598万吨（折合大米有望达到3 800万吨至3 900万吨），比上年增加2.46%，即158万吨。稻谷增产是由于种植面积增加了230 454公顷。[①] 由于大米产量增加，政府预测年内大米过剩将达到550万吨。尽管国内大米供给可能过剩，但据印尼粮储局10月8日称，年内印尼仍将进口大米30万吨，主要是为了加强国家的粮食储备。此外，还需进口玉米130万吨，主要是用做畜禽类饲料，因为印尼许多地区农民将玉米地改种甘蔗而致使玉米产量减少。

印尼已成为世界最大油棕生产国。近年来，印尼棕榈油产量猛增。2008年，印尼油棕种植总面积为700万公顷，产量1 920万吨，成为世界最大的油棕生产国。此后3年，印尼一直保持了油棕第一生产大国的地位。2010年，印尼棕榈种植面积达730万公顷，产量达到2 200万吨，约占世界总产量的47%，仍居世界首位，其中，出口量可达1 600万吨。居第二位的是马来西亚，约占39%。

印尼已成为世界第三大咖啡生产国。年内，印尼咖啡、可可获大丰收，咖啡产量将达到960万袋，比上年增加45万袋，从而稳坐世界第三大咖啡生产国的交椅。

印尼成为世界海藻最大生产国。年内，印尼海藻产量达到214.5万吨，超过菲律宾成为世界上海藻产量最大的国家，并且

① 印尼稻谷总产量2008年为6 030万吨，2009年增加到6 430万吨，2010年可达6 598万吨，载印尼《投资者日报》，2010年11月2日。

有望在2014年达到1 000万吨。为了实现这个计划，印尼政府已划分了14个海藻生产区，包括巴默卡山、哥仑达罗、东宋巴、邦克、盾布、西宋巴哇、塞朗、吉里汶、北米纳哈沙、巴利基莫东、波勒瓦利、曼达尔、巴乌巴乌及拉查安巴。

印尼珍珠占据26%的世界市场。印尼现有71家珍珠养殖企业，主要分布在巴厘、西奴、东奴、楠榜、马鲁姑、巴布亚、苏拉威西和哈玛黑拉地区。现在，产自印尼以“皇后珍珠”著称的南海珍珠类在世界珍珠市场现已占有26%的份额。印尼海洋和渔业部部长指出，就养殖地区、人工、支撑设备和技术而言，印尼有潜力占据世界珍珠市场50%的份额。印尼希望通过举办展销会等促销手段，提高印尼珍珠的形象和价格，促进珍珠养殖业和其他相关部门的发展。目前印尼珍珠养殖业面临的主要困难是，本国投资稀少，而银行业又不愿为国内珍珠养殖业提供贷款，大约90%的珍珠养殖业仍由澳大利亚和日本等外国投资商控制。

2. 工矿业：有喜有忧

年内，印尼工矿业的发展有喜有忧，总体形势是：工业增长继续爬升，仅制造业等领域下降。上半年，除制造业、林业、油气等领域下降外，其他工业同比都实现高速增长，以至全年工业增长率将可达到4.65%。不过，因为电费涨价，将抑制大中型工业增长0.67%。[①] 制造业面临的主要问题是，受国际金融危机后国际市场变化的影响、电费涨价、工人增加工资、技术装备落后等等。但是，第三季度制造业环比第二季度增长2%，对于提振制造业的信心又是一个利好消息。

关于钢铁工业的发展，印尼钢铁工业协会认为面临三大障碍：首先是国内钢铁产量与消费仍然低落，其次是能源供应不足，再次是钢铁贸易问题，即国内市场放得太开，钢铁进口无法控制、杂乱的税率系统、总税单的滥用等等。

关于纺织与成衣业，印尼纺织业协会于11月中旬称，由于国际市场棉花价格飙升，有可能威胁印尼纺织业的持续发展。目前，棉花价格上涨已达到150年来的最高纪录。若无足够的资本，则企业将无法进行正常生产。印尼中央统计局记载，2010年1月至9月，印尼棉花进口额已经达到15.6亿美元，同比增加

① 印度尼西亚《星洲日报》，2010年7月27日。

4.9 亿美元。据印尼《国际日报》报道：中国—东盟自易区协定年初开始落实以来，印尼纺织与成衣业不仅没有受到冲击，而且大大受益。根据印尼纺织业协会 9 月中旬与中国纺织协会签署的合作意向书，约 100 家中国纺织与成衣企业准备把生产基地迁移至印尼，总投资额 2 万亿盾，预计可创造 40 万个就业机会。

关于制鞋业，据印尼《商报》7 月底报道：根据预测，年内，印尼将替代越南成为全球第二大鞋业生产基地，目前印尼排列在中国和越南之后居第三位。由于投资环境的改善和廉价的劳动力等优势，一些著名鞋业正把工厂从越南和中国迁至印尼，从而推动了印尼制鞋业的发展。目前，印尼每年可生产 300 多万双著名品牌运动鞋，拖鞋出口额达 21 亿美元，成为全球最大的拖鞋出口国。

3. 能源业：进入大发展时期

年内，印尼能源工业好戏连连，已进入大发展时期。

在油气勘探和生产领域，11 月初，油气总署宣布，印尼政府将在年底进行的 2010 年第二轮招标活动中对 24 个油气区块开采权进行招标，其中 19 个区块采用定期招标，其余 5 个区块为直接招标。在原油生产方面，截至 8 月 26 日，原日均产量达 957 949 桶，占 2010 年预定指标 965 080 桶的 99.3%，有望提前完成年度生产任务。①

在电力生产领域，9 月上旬印尼国电公司公布了《2010～2019 年电力供应建设计划》，规定至 2019 年底要增加 5 548.4 万千瓦电力装机容量，其中 3 195.8 万千瓦工程将由国营电力公司承担，剩下的 2 352.5 万千瓦工程则交由私营企业负责。私企承建的电站包括：火力发电站 1 627.6 万千瓦、地热发电站 541.5 万千瓦、蒸汽发电站有 55 万千瓦、瓦斯发电站 10 万千瓦、柴油发电站 2.2 万千瓦、水力发电站 96.2 万千瓦、微水电站 20.1 万千瓦。国电公司承建的电站包括：火力发电站 1 642.1 万千瓦、地热发电站 57.5 万千瓦、蒸汽发电站 644.7 万千瓦、瓦斯发电站 38.25 万千瓦、柴油发电站 30.3 万千瓦、微水发电站 6.6 万千瓦、水力发电站 432.1 万千瓦。该计划所需资金总计约 971 亿美元，其中电力生产方面的资金 706.33 亿美元，运输网方面

① 印度尼西亚《星洲日报》，2010 年 9 月 3 日。

151.95亿美元，客户供应系统112.74亿美元。据此，印尼电力将进入一个新的发展时期。根据计划，地热发电将成为印尼电力开发的一个热点。据称，印尼拥有世界上40%的地热能源，但目前仅开发了其中的4.2%，排在美国和菲律宾之后。印尼政府已决定加大地热电力的开发力度，使地热潜能增加至2.8万兆瓦，相当于120亿桶石油。印尼新发现地热矿区，分布在西巴布亚马诺瓜利·克峇尔（25兆瓦）、中马鲁古特荷鲁（75兆瓦）、万达巴鲁（75兆瓦）、波很峇杜（50兆瓦）、西马露姑克拉巴都亚（25兆瓦）、西苏拉威西波勒哇里曼达尔里里（75兆瓦）、波威里曼达尔·马比里（50兆瓦）及波勒哇里曼达尔·阿鲁（25兆瓦）。①

在煤炭生产领域，据印尼煤炭工业协会6月初估计，年内印尼煤炭产量将比上年增加6.67%，产量将从3亿吨增加至3.2亿吨，净增2000万吨。但10月底的统计显示，前3季度煤炭产量为2亿吨，占全年指标2.75亿吨的75%，因此全年煤炭产量只能达到2.9亿吨左右。②

4. 交通：作为重要基础设施仍然落后

尽管近年来政府下大力气发展交通，交通条件有了很大改善，但总体上仍然比较落后，严重制约了人流、物流的发展。8月初，印尼铁道运输公司称，上半年该公司运载货物926万吨，仅为全年目标（2391万吨）的38.7%。交通部长则抱怨，印尼很多机场都不符合条件，甚至在26个国际机场中，仅有5个机场状况较好。为此，总统苏西洛总统已在国会表示，2011年起将投巨资修复118座机场，兴建14座新机场；此外还将新建几条铁路，其中包括全长85.06公里的复线铁路和126.12公里的普通铁路。③

在高速公路建设方面，印尼力争后来居上，努力改变高速公路建设落后的状况。6月初，印尼高速公路建设机构透露，印尼政府计划在2010年至2014年期间完成28个路段的高速公路建设，预估将耗资80万亿盾，政府最多仅能提供25%的资金，其

① 《印度尼西亚地热潜能增至2万8000兆瓦》，载印度尼西亚《星洲日报》，2010年3月12日。

② 印度尼西亚《星洲日报》，2010年10月25日。

③ 印度尼西亚《星洲日报》，2010年8月18日。

余大部分的资金需由私营企业支持。

（四）对外经济关系：不断深化和扩大

由于国际国内环境的不断改善，近年来印尼在发展对外经济关系尤其是在对外贸易、引进和利用外资方面都呈现出良好的态势。尤其是年内中国与印尼经贸关系的迅猛发展，彻底打消了年初许多印尼人对中国—东盟自由贸易区全面实施的顾虑。事实证明，中国—东盟自贸区的建立，给印尼带来了实实在在的利益。

1. 对外贸易：实现大幅度增长

由于全球经济回暖，尤其是中国—东盟自由贸易区计划全面实施的拉动，年内印尼对外贸易出现了大幅度的增长。印尼中央统计局11月1日公布的数据显示，前3季度，印尼进出口总额达到2 080.8亿美元，同比增长40.2%；其中出口1 108.1亿美元，同比增长38.27%；进口972.7亿美元，同比增长42.44%；实现贸易顺差135.4亿美元。从进出口商品结构看，出口仍以能矿、动植物油脂、天然橡胶和纸浆等初级产品为主，进口仍以机械、家电、钢铁、化工等制成品为主。从出口目的地看，日本、美国、中国、新加坡和马来西亚为非油气产品前五大出口市场，其中对中国非油气出口93.1亿美元，占印尼全部非油气出口的10.1%；从进口来源地看，中国、日本、新加坡、美国和泰国为非油气产品前五大进口来源国，其中自中国非油气进口142.1亿美元，占印尼全部非油气进口的18.3%。有评论称，照此形势，预计本年度印尼贸易顺差将达到300亿美元，比2009年增长52.4%。[①]

由于本国钢铁工业发展迅猛，为保证国内钢铁工业的原料供应，8月底印尼工业部表示，根据《矿物和煤炭法令》的规定，印尼将从2014年起停止铁矿砂出口。据称，印尼钢铁工业年产量达600万吨以上，对铁砂的需求每年达1 000~1 500万吨，但现有的铁砂储备只能满足30%的需求。印尼工业部官员也表示，超过600万吨铁砂出口到了国外尤其是中国，出口价格非常低，每吨仅17美元，这实际补贴了中国的钢铁工业。

2. 引进和利用外资：势头良好

由于投资环境改善，印尼正成为外商投资的热点。根据英国

---

① 《印度尼西亚商报》，2010年11月3日。

贸易与投资机构最新调查结果显示，印尼是全球投资者的最大市场之一，2010 年可列入全球第二大投资目的地（越南排第一），超过号称“金砖四国”的巴西、俄罗斯、印度及中国，2009 年印尼排名第六，2008 年排名第五。[①] 世界银行进行的 2009/2010 年商务调查结果显示，在 183 个受调查国家和地区中，印尼的排名已从 2009 年的第 129 位，上升至今第 122 位。印尼的评级日益提高，引得外商投资纷至沓来。资料显示，2010 年上半年，进入印尼的外国直接投资，新加坡占 38.9%（居榜首），其次是欧洲占 19.8%，马来西亚占 11.5%，日本占 10.3%，中国占 2.6%，美国占 2.5%。外资最集中的领域是制造业、运输与电信领域、大商业与零售业、花岗岩与矿业等。[②] 近年，印度资本也在大举进军印尼，年内有报道称，印度投资商纳耳科公司（Nalco）已经决定投资 40 亿美元在印尼苏南省丹绒 - 阿比阿比（Tanjung Api - api）地区兴建铝加工厂，预计年产能达 50 万吨，拟于 2013 年投产。

（五）旅游业：实现恢复性增长

年内，印尼旅游业一扫近两年来受国际金融危机影响的清冷局面，恢复性增长的态势更加明显。前 3 季度，印尼全国共接待外国游客 519 万人次，同比增长 12.3%。值得注意的是，越来越多的中国人选择赴印尼旅游，中国已经成为印尼旅游业的第五大客源国。

年内，印尼旅游胜地巴厘岛继续成为印尼最吸引外国游客的地方。头 8 个月，造访巴厘岛的国外游客达到 1 678 170 人次，比上年同期的 1 538 048 人次增长了 9.11%，其中澳大利亚游客 399 988 人次，比上年同期的 271 643 人次增长了 47.25%。[③]

---

① 《位列第二超过金砖四国，印度尼西亚成全球投资目标》，载印度尼西亚《星洲日报》，2010 年 9 月 20 日。

② 《新加坡居印尼外资榜首》，载印度尼西亚《星洲日报》，2010 年 10 月 8 日。

③ 《今年头八个月巴厘澳洲游客增 47%》，载印度尼西亚《星洲日报》，2010 年 10 月 9 日。

四、对外关系：有晴有阴

年内，印尼继续保持了活跃的外交态势，国家领导人活跃于地区和国际舞台，积极参与推动东盟、东亚和亚太地区的区域合作，印尼的国际地位不断提高。总体上看，印尼对外关系稳定发展，与美国、中国、澳大利亚、印度等世界大国和地区大国的关系不断巩固和发展，与周边国家的关系总体上保持了稳定。虽然与马来西亚的关系一度比较紧张，但印（尼）马两国政府和领导人都采取了非常理性的态度，通过两国的努力缓解了危机。

（一）与中国关系：更上层楼

近年来，印尼与中国的关系可谓步步登高，越来越好。年内，双方继续保持了密切的高层互访和接触，除苏西洛总统与胡锦涛主席、温家宝总理共同出席亚太经合组织领导人非正式会议，东盟与中、日、韩领导人（“10+3”、“10+1”）会议，东亚峰会，经常进行接触外，苏西洛总统和吴邦国委员长还实现了专门互访，印尼副总统布迪奥诺也对中国进行了友好访问。

10月中旬，布迪奥诺副总统应邀访问中国期间，与中国国家副主席习近平举行了会谈，双方就双边关系以及相关地区和国际问题交换了看法，达成了许多共识。会谈结束后，双方共同出席了《中国工商银行与印尼进出口银行关于支持中华人民共和国和印度尼西亚共和国间贸易投资金融服务合作谅解备忘录》签字仪式。

吴邦国委员长应邀于10月6日至10日访问印尼期间，拜会了印尼多位国家领导人，并与苏西洛总统进行了会谈。两位领导人还见证了中国在印尼新投资66亿美元的项目签字仪式，大力推动印尼基础设施建设等诸多项目的发展。①

密切的高层关系，为中印（尼）两国政府和人民之间友好关系和经贸交往的发展奠定了重要基础。年内，随着中国与印尼贸易和投资的大幅度增长，年初印尼许多人士对中国—东盟自由贸易区全面启动可能给印尼经济造成冲击的忧虑一扫而光，印尼各

① 信息来源：《国际日报》，2010年11月10日15：46：57。

界对中国—东盟自由贸易区的支持上升到一个新的水平，中印（尼）经贸关系天空亮丽，不断跃上新的台阶。

10月底，中国—印度尼西亚商务论坛在上海举行，苏西洛总统应邀专程出席并于25日在论坛上发表重要演讲，对印（尼）中友谊和快速发展的双边经贸关系给予了高度评价。他期望印尼与中国的双边贸易最晚到2015年增长到500亿美元。会上，印尼与中国的企业签署了27项合作协议，合作领域涉及钢铁、基础设施、农业、高新科技、创意产业以及知识产权保护。[1] 2010年前几个月，中印（尼）双边贸易额持续增长60%左右，截至9月底已突破300亿美元，到年底有望接近400亿美元，两国领导人已确定了双边贸易额2014年达到500亿美元的目标。

（二）与美国关系：奥巴马爽约两次终访印尼

年内，随着美国“重返东南亚”步伐的进一步加快，印（尼）美之间进一步热乎起来，政治、经济、军事关系等方面都有新的动作。

年内，酝酿已久的美国总统奥巴马的印尼之行从预订的3月底推迟到了11月上旬，奥巴马爽约两次终于实现访问印尼的计划。有媒体评论说，此次访问印尼，除了加强安全和经贸合作，奥巴马希望在这个世界最大穆斯林国家向穆斯林世界示好。但是正如媒体所评论的，印尼接近美国是有限度的。9月份，苏西洛总统“因国内事务缠身”而缺席美国与东盟在纽约举行的一个会议，就是一个例子。

在军事关系方面，7月19日至31日，印尼和美国空军以“2010年铁柚木”为主题，在万隆Husein Sastranegara空军机场进行了联合演习，其目的是为了培训从8 000米高空使用降落伞的技术能力。

在双边贸易方面，目前美国是印尼排名前列的贸易伙伴，2009年双边贸易额达到210亿美元。2010年11月，奥巴马总统访问印尼，传达了美国与印尼多方面加强合作的决心，两国一致同意在不久的将来将两国的贸易额提高到350亿美元。

在投资方面，美国企业家对印尼投资的兴趣大增，美国目前

---

① 苏西洛：《印度尼西亚和中国正在新的时代和领域延续郑和开创的合作》，2010年10月26日00：47：50。来源：新华网。

已成为印尼的第三大投资国，主要投资于油气、矿业、产业、基础设施和医疗卫生等领域。2010年上半年，美国对印尼的实际投资额达到8亿美元，仅次于新加坡和毛里求斯。

年内，印尼与美国的科技合作也有新进展。3月底，印尼与美国在雅加达签署了《印美科技合作协议》，双方共确立了23项合作项目，其中包括科技、农业与生物技术、保健与生物医学、医学与疫苗研究、食品安全、海洋研究、能源、电信与信息科技、航天、纳米技术、原料学、度量衡学、气象学、环保、林业、生物多样化等方面。[①]

（三）与马来西亚关系：剪不断，理还乱

年内，印尼与马来西亚的关系仍然沿袭了上年的格局，由于在有争议的海域发生扣人事件，而扣人事件还未平息之际又发生马来西亚逮捕印尼渔民事件，以及印（尼）马就海域边界进行了15次谈判仍未最终解决问题，因此印尼与马来西亚的关系一直比较紧张，可谓冷战热战不断，有时剑拔弩张，有时又和风细语。由于两国领导人都能审时度势，即便有时剑拔弩张，两国关系也处于可控制的范围之内。

过去的整个一年之中，印尼与马来西亚的关系总体上都比较紧张。在两国一些民众中，都互相视对方为主要威胁。2月和3月由印度尼西亚大学社会政治学院对250名大学生进行的一项调查中，有120名或占48%的人认为马来西亚是印度尼西亚安全最主要的威胁。[②] 直至9月，印尼民众中的反马情绪仍然十分高涨。9月2日，印尼又发生多起民间团体反马示威。面对国人日益高涨的反马情绪，苏西洛总统公开发表演讲，呼吁人民不要采用暴力的方式，去对待当前印尼与马来西亚两国的外交纠纷，要永远把保持国与国之间的和平作为国家的政策。[③] 9月初，印（尼）马两国终于同意定于6日至8日在沙巴州首府举行外长会议，讨论两国海域边界问题。9月底，印（尼）马两国外长在联合国会谈达成协议，双方同意成立一个专门处理与两国边境有关问题的

① 印度尼西亚《星洲日报》，2010年4月1日。

② 《印大调查揭示马国是印尼安全最主要威胁》，载印度尼西亚《星洲日报》，2010年4月28日。

③ 新加坡《联合早报》，2010年9月2日。

论坛。[①] 看来，印尼与马来西亚的纷争要和平解决，还需一个相当的过程。

五、2011 年发展展望

关于在未来新的一年印尼政治的发展，总体判断是，鉴于苏西洛政府在民众中的支持率仍然较高，苏西洛总统是第二任期，执政时间较长，经验较为丰富，反对党正处于分化组合、重新调整和聚集力量阶段，因而在新的一年里，苏西洛政府面临的挑战不会很大。在国家的政治稳定中，政府的稳定是基础，政府稳定就标志着执政党地位的稳定。保持一个稳定的政府，才能制定和实施有效的发展政策，经济发展才有希望，社会稳定也才有希望。

关于经济形势的发展，总体判断是，鉴于国际经济环境仍将进一步改善，尤其中国和印度等亚洲新兴国家市场仍将继续保持高速增长的拉动作用，鉴于印尼本年度良好的经济发展势头所产生的惯性作用，再加上有国内稳定的政治社会做保障，在新的一年，印尼经济取得略高于本年度的增长率即 6.4% 是有把握的。[②] 但是，英国 EIU 的预测为 5.8% 。[③]

关于对外关系的发展，总体判断是，随着其综合实力的不断增强，印尼在地区和国际事务中的地位和作用将进一步提高。在新的一年里，印尼在对外关系中最值得关注的，一是印尼已于 10 月底的东盟峰会上正式接任下届东盟轮值主席国。苏西洛总统表示，印尼在 2011 年成为东盟主席国后，将致力于东盟内部团结巩固、和谐一致，也将为国际社会作出更多的贡献。二是印尼将出任 2011 年东盟经济理事会议的东道主。届时，会议不仅将在雅加达和巴厘岛召开，也将在印尼其他大城市召开。印尼将为东盟的合作发展作出贡献。

（作者单位：云南省社会科学院东南亚研究所）

① 新加坡《联合早报》，2010 年 10 月 1 日。

② 10 月下旬，印尼政府与国会预算机构达成了一致，确定 2011 年经济增长目标为 6.4% 。《明年增长指标订 6.4%》，载印度尼西亚《星洲日报》，2010 年 10 月 27 日。

③ Economist Intelligence Unit, *Country Report*: *Indonesia*, May 2010, P. 2.

菲律宾：政府平稳更替，经济强劲复苏

梁　川

年内，阿基诺三世（Benigno Aquino III，亦称小阿基诺，下同）凭借其父母的光环在血雨腥风的大选举中获胜，宣誓就任菲律宾第十五届总统，菲律宾政局进入相对稳定阶段。作为菲律宾政坛的一匹黑马，阿基诺三世走马上任后，以打击腐败为首任，继续与穆斯林反叛武装谈判，推进国内和平进程。在经济方面，随着国际经济环境的改善，尤其是新政府推出了以改善公共基础设施、缩减公共财政赤字等为主要内容的刺激经济增长的政策后，国内经济呈现强势复苏态势。在外交方面，小阿基诺政府确立了经济合作、灾难管理、政治与安全，以及人权等四个外交重点，继续加强与中国的关系，坚持与东盟的团结和合作，重视与奥巴马总统领导的美国发展关系，致力于维护该地区和平。

一、政治：大选如期举行，政局进入相对稳定阶段

2010 年是菲律宾的大选年。占有天时、地利、人和的阿基诺三世如愿以偿，在大选中一举夺魁，取代在位已达 9 年的阿罗约，成为菲律宾新总统，开启了菲律宾一个新的时代。小阿基诺接任总统，其所面临的挑战显而易见：政治的、经济的、社会的，各种问题相互交织，严重考验着这匹政坛黑马。但是，7 月

初的民调显示，有近九成即88%的菲律宾人“非常信任”新总统，而只有4%的人对他“不大信任”。[①] 对新总统阿基诺三世而言，人民的信任是一个利好消息。上台半年来，菲律宾政局保持了稳定；在社会环境方面，除严重损害了菲律宾形象的香港人质危机事件外，没有发生更大、更严重的事件，社会形势仍然处于可控范围之内。

（一）大选顺利举行，阿基诺三世成为政坛黑马

根据安排，菲律宾年内将举行大选，同时选出新一届总统和国会议员。菲律宾参议院共有24名议员，任期6年，每3年改选一半；众议院有250名议员，任期3年。2010年将改选12名参议员和全部众议员。大选是菲律宾人民政治生活中的头等大事。在菲律宾特定的选举政治环境下，围绕着6年一次的大选，从上年开始，各种政治势力都相继走到台前，明争暗斗逐渐白热化，弥漫着腥风血雨。根据事前预测，在多名总统候选人中，前总统科拉松·阿基诺夫人的儿子、自由党领袖阿基诺三世民意支持率遥遥领先。

3月26日，菲地方选举45天竞选活动启动，49 996个候选人争夺17 842个地方职位；约5 000万选民则拟在5月10日投票，选出正副总统和12名参议员。[②] 本次总统选举扑朔迷离，选举委员会批准10个候选人参加总统竞选，8个候选人参加副总统竞选。经过90天竞选宣传，5月10日顺利举行了国会和正副总统选举投票。在截至5月12日已计算的78.55%的选票中，阿基诺三世获得40.2%的选票，排名第二的前总统埃斯特拉达得25.5%的选票。阿基诺的8个对手中有5个已经承认败选。[③] 6月9日，菲国会正式宣布正副总统选举结果，现年50岁的阿基诺以承诺打击贪腐和解决贫穷问题赢得选民支持，以42%的得票率胜出。而落选总统候选人埃斯特拉达的副总统搭档比奈则成功当选副总统。比奈明确表示会遵照总统的指示办事，不会搞破坏。[④]

6月30日，阿基诺三世宣誓就任总统，同时公布了部分内阁

① 《民调：历来最高总统信任率，近九成人民信任阿基诺》，载新加坡《联合早报》，2010年7月13日。

② 新加坡《联合早报》，2010年3月27日。

③ 新加坡《联合早报》，2010年5月12日。

④ 《正式当选菲律宾总统》，载新加坡《联合早报》，2010年6月10日。

成员名单，开始了为期6年的执政。

就阿基诺三世选胜，有媒体评论说：菲律宾人都希望他能为国家带来一番新景象，但……菲律宾的问题太过根深蒂固，就连“超人”也可能没有办法解决……迎接他的是国内日益恶化的赤贫问题、无孔不入的贪污腐败行径、持久的骚乱、被掏空的国库及摇摇欲坠的基础设施建设等。①

在严重的挑战面前，新总统以强势的委任和务实的政府选择为新一届政府提供了良好的开端。新总统对内阁成员的任命释放出了一个正面的信号，即总体上保持国家政策的连续性。因此，新一届内阁中虽然增加了一些新面孔，但多数仍然是老面孔，总统的政策主张得到全体内阁成员的一致拥护。为了显示打击腐败的决心，小阿基诺总统将人权委员会主席任命为司法部部长，主持调查与前总统阿罗约有牵连的腐败案件及2009年11月马京达瑙省的政治屠杀案件。内阁成员中有新任财务大臣普瑞斯玛，他是经验丰富的政治家，曾任阿罗约总统的财务与贸易大臣。他的综合财政改革一揽子计划以具有里程碑意义的增值税重组政策为特点，致力于打击逃税和走私，减轻公共财政的压力并缩小财政赤字。金·亨纳雷斯（Kim Henares）则被任命为国税局委员。此外，新任经济计划秘书长和贸易与产业部秘书长也是经验丰富的经济学家。②

通过一系列深思熟虑的安排，小阿基诺总统基本理顺了各种主要关系，巩固了在众议院的地位。议会中的多个政党与小阿基诺领导的自由党结成联盟，使自由党联盟在下院的议席增加到80个，从而取得了在国会下院中的微弱多数。③

但是，参议院的情况则要复杂得多，矛盾更为尖锐，斗争也更为激烈，小阿基诺总统要获得大多数参议员的支持更为困难。目前，在24名参议员中，只有4名属于阿基诺总统的自由党；而且，参议员相对独立，出台任何政策都需要付出巨大努力才能获取支持。

① 《后天就任菲律宾总统，阿基诺面对重重困难》，载新加坡《联合早报》，2010年6月28日。

② 全球透视网：《菲律宾新总统承诺打击腐败、贫穷和叛乱》，http：//www.ihs-globalinsight.com/SDA/SDADetail18897.htm。

③ 在5月10日国会选举中，小阿基诺领导的自由党在287个议席中赢得45席。参见 Economist Intelligence Unit，*Country Report*：*Philippines*，October 2010，P.17.

另外，小阿基诺总统要坐稳江山，还必须小心处理与军队的关系。小阿基诺一上台就放言要彻底查处前总统阿罗约的腐败问题，并且已经就此作了相应的安排。但是，如果军队与阿罗约的腐败案牵连而被指控，那么其对小阿基诺总统的不满将会以发动政变形式表达出来。菲律宾是一个有着军事政变传统的国家，前阿罗约政府就曾饱尝军事政变之苦。当然，在小阿基诺总统治理下，发生军事政变的风险不应被夸大，只要其把对前总统的涉贪调查限制在个别高级军官的范围内，那么他是能够避免来自军队的严重反对的。①

（二）小阿基诺新政：以打击腐败和治理贫困为首任

小阿基诺政府将打击腐败和治理贫困作为首要任务，从而赢得了多数民众的支持。腐败在菲律宾积弊已久，与政治庇荫制度紧密相连，为广大民众所深恶痛绝。菲律宾一贯采用美式民主制度，但实践证明，这种美式民主照搬到菲律宾这样的民族国家，运行并不像在美国那么成功。在菲律宾，在立法、司法和行政三权分立的格局中政治权力分化严重。在以庇荫为基础的政治制度下，通过政治任命、政府合同，或其他形式的国家厚礼，总统借此获取支持并削弱反对派的势力；在总统任期的初期，总统的权力达到顶峰，权力主要集中在总统办公室。然而，小阿基诺在竞选时承诺要打破旧的政治风格，这就意味着其不会过度依赖庇荫关系治理国家。小阿基诺总统将政府治理、打击腐败和治理贫困作为新政府的优先政策，在很大程度上反映了广大民众的心声。

为了兑现承诺，小阿基诺政府新近成立了针对前任总统阿罗约的“真实调查委员会”，9 月 13 日已正式开展工作。调查委员会将对 2004 年总统选举中政府与军队中的高级军官合谋操纵选举、政府要员与外商签订高达 3. 29 亿美元的国家宽带网络项目从中获取回扣，以及在总统选举中挪用 1 600 万美元的化肥资金等案件展开调查。在真实调查委员会调查结果的基础上，将对前任总统、现任国会众议员阿罗约提起诉讼。但是，调查过程将是漫长的，调查报告预计到 2012 年才能完成。不过，要调查前总统阿罗约涉嫌腐败，还有很多障碍。无论在众议院还是参议院，

---

① Economist Intelligence Unit，*Country Report*：*Philippines*，October 2010，P. 17.

她仍然有很多支持者。现任高级法院的大法官也是阿罗约的盟友，她在总统任期的最后一个月委任了这位大法官。可以说，小阿基诺总统要在国会通过任何法律，必须和前总统阿罗约的支持者搞好合作。

总之，小阿基诺总统面临无数挑战，但反对贪污腐败是其竞选总统的主要旗帜。因此，随着时间的推移，如果反贪迟迟不见成效，那么其执政地位无疑将受到影响。

（三）继续推进与穆斯林反叛武装的和平进程

2009年底，菲政府与穆斯林反抗组织的和平谈判取得了一定进展，停止了16个月的相互接触重新开启。2009年12月，菲政府恢复了与摩罗伊斯兰解放阵线（MILF）的实质性和谈。谈判在马来西亚首都吉隆坡举行。马来西亚政府作为中间人协调谈判，采取了第三方监督的谈判方法，组成了由政府和非政府组织，以及国际联系小组（ICG）来监督协议的执行，特别是监督执行2003年达成的停火协议。

年内，在小阿基诺政府恢复谈判前，国际监督小组在维持双方停火中发挥了重要作用。2～3月在吉隆坡举行的会谈取得了一定成果。6月底菲律宾新政府上台前，和谈双方仍然未能最后达成协议，但协议的基本框架已经形成。摩罗伊斯兰解放阵线拒绝了政府提出的"改进的穆斯林棉兰老自治区"的建议（ARMM），地域上包括四个省和一个镇。摩罗伊斯兰解放阵线一直拒绝接受政府的建议，认为它不能充分体现穆斯林自治的意义。目前双方正在起草的和平协议建议书，将包括2008年谈判破裂时遗留下来的穆斯林祖传领地的划定问题。

虽然摩罗伊斯兰解放阵线拒绝参与大选，但对小阿基诺的获胜作了正面的回应，为新政府与摩罗伊斯兰解放阵线开始新一轮的和谈打开了绿灯。但是，如果小阿基诺总统坚持2008年谈判协议的条款，特别是以前提出的将穆斯林传统领地划为新的自治机构管辖的建议，那么小阿基诺政府又将面临棉兰老岛基督教政治家的强烈反对，他们中的许多人在5月份的选举中已与阿基诺总统结为联盟。[①] 看来，在棉兰老岛问题上，菲律宾新政府仍然

① Economist Intelligence Unit, *Country Report*: *Philippines*, April 2010, P. 13～24.

面临着两难的境地。

二、经济：呈现强势增长，但仍然面临波动

年内，菲律宾经济呈强劲复苏势头。12月中旬，由经合组织（OECD）进行的调查显示，在反映经济波动及经济活动总体前景的指标上，菲律宾名列前茅，其综合指标得分103.3，高于第二名泰国和第三名印尼。截至12月16日，菲律宾外汇储备已经达到610亿美元，首次超过外债规模。前10个月，菲律宾外劳汇款已达到154.5亿美元，比上年同期增长7.9%；消费者信心指数进一步提升，从三季度的-14%提升到四季度的-8.5%。鉴于以上情况，国际经济预测机构普遍看好菲律宾经济形势，根据10月份英国EIU预测，年内菲律宾经济增长率可达到6.2%，①而12月中旬联合国亚太经社理事会的预测则为6.3%，但2011年将放缓至4.6%。②

菲律宾经济强势恢复，除外贸出口和服务业的拉动外，新政府逐渐缩减政府财政赤字并开启政府与私营部门合作发展基础设施建设等刺激经济的政策也发挥了重要作用。

（一）经济环境好转，经济强势复苏

经过多年的努力，菲律宾经济正在加速从以农业为基础的传统经济向以服务业和制造业为主的现代经济过渡。目前，菲律宾全国劳动力人口为3810万，农业部门所用劳动力占32%，所贡献的GDP占13.8%；工业部门雇佣劳动力占13.7%，所贡献的GDP占30%；服务业雇佣劳动力占46.5%，所贡献的GDP占56.2%。根据菲律宾国家经济与发展委员会公布的全国统计协调委员会的数据，进入2010年以后，菲律宾经济呈现强劲增长态势。第三季度，菲律宾经济增长率同比达到6.5%，上半年经修正后的增长率达到8.0%，经济表现比亚洲邻国要好。

经济强劲增长，主要得益于出口和服务业的持续增长。由于

---

① Economist Intelligence Unit, *Country Report*: *Philippines*, October 2010, P. 2.

② 《联合国机构预计菲律宾明年经济增长4.6%》，载菲律宾《商业镜报》，2010年12月17日。

国内外市场需求旺盛，特别是由于亚洲区域经济活动的扩张，为菲律宾出口增长提供了强劲的动力。年内，菲律宾国内就业环境不断改善、大量外劳汇款流入，以及人民收入的增加，促进了私人消费的增长（同期私人消费增加了4.2%）。与贸易相关的服务业如运输、保险、旅游等行业也有较好表现。IT产业及相关服务的扩大，推动了国内非要素服务和私人服务部门的出口。农业克服了自然灾害的影响，玉米、甘蔗、椰子都有好的收成，畜牧业发展势头良好。

在建筑业领域，尽管公共建筑开支收缩了24%，但私人建筑部门持续强劲增长，4~6月建筑投资比同期增长了22.5%。公共建筑部门的投资热，主要是受2009年底热带风暴灾难后政府实施恢复与重建项目的刺激。

在制造业领域，第一季度耐用设备制造投资同比增长了25%，4~6月以34.1%的速度飙升；第三季度耐用设备投资的增长仍然达到16.4%。投资的持续增长，促进了制造业生产能力的提高。

在对外贸易方面，外汇结余对GDP增长作出了贡献。由于一季度货物与服务出口增长较快，外汇余额增速从一季度的22.4%增加到27.4%。7月份，出口收入同比增长了35.9%，出口收入增加的主力是电子产品，占出口总收入的60%左右。7月份，电子产品出口收入同比增长了49.4%；1~7月累计增加了45.9%，出口收入达到170亿美元。其他主要出口产品包括机械、交通设备、成衣，以及矿产品。1~7月，矿产品出口收入同比增长了16.8%，特别是铜的出口增加明显。

当前账户的盈余得益于菲律宾外劳汇款的增加。7月份，海外汇款同比增加了8.2%；1~7月海外汇款总额达到107亿美元，同比增加了7.1%。海外汇款的持续增长反映了国际市场对菲律宾劳务输出需求的增长，以及银行和非银行汇兑中心服务网络的加强。

（二）开启公私合作关系，促进公共基础设施建设

7月26日，小阿基诺总统在国会作国家现状报告，宣布开启公私合作关系，这被认为是解决国家基础设施建设资金严重不足的一个有效途径。9月份，小阿基诺政府公布了开启公私合作关

系的初期目标：到2016年中期计划实施81个项目，总投资7 400亿比索（折合160亿美元）；2011年将要进行公开招标的项目总投资为1 247亿比索，包括吕宋岛投资额315亿比索的2个公路项目，在大马尼拉扩建轻轨1号线和2号线，以及在薄荷等地修建3个新机场等。2012年，将在政府计划外招标修建43个水电项目，预计总投资为3 485亿比索。此外，还有预算达2 635亿比索的28个项目，其中包括灌溉设施、学校基础设施、卫生设施、固体垃圾处理和其他支持社会发展的项目。

促进公私合作的机制建设也在紧锣密鼓进行之中。为此，政府已将贸易与工业部管辖的BOT中心重组为公私合作中心，由国家经济发展署监管。该机构负责监管促进公私合作的基础设施项目的进展，为实施项目的地方政府和国家机关提供支持和咨询服务，并要求在6个月内为公私合作项目准备项目建议书。新政府正计划建立一个新的机构为政府与私营部门的合作项目提供财政中介服务，负责发售债券、融资、参股和发行股票等事务。

小阿基诺政府的主要目标之一，就是通过鼓励外资投资农业产业、中小企业和劳动密集型产业，促进菲律宾经济的发展。为此，政府为国内外投资者在年度投资优先计划中提供了大量激励措施；在产品出口的优先工业和制造业部门，外国投资者可以拥有100%的所有权，而大多数情况下限制在40%以下，禁止在零售贸易、大众媒体和农村银行业领域投资。此外，还取消了外汇限制；规定外国公司享受国内公司同等的税收待遇。

据菲律宾《星报》11月30日报道，菲贸工部表示，政府将发行“菲律宾基础设施发展基金”债券，为部分公私合作项目融资。隶属贸工部的国家发展公司（NDC）称，其正在研究发行债券的金额与时间。另据菲律宾《商业世界报》11月30日报道，菲财政部、贸工部和国家经济发展署已经组成三人小组，以便协调本国招商引资的优惠政策并拟向国会提交新的法案，就吸引投资政策作出明确规定。三部门商定的主要原则包括：尽量减少可给予税收优惠政策的政府机构；明确规定各种优惠政策的有效期；优惠政策主要给予外资，减少对本地产业的优惠；优惠政策应给予确有需要的企业。

（三）积极实施宏观经济政策，努力缩减公共财政赤字

菲律宾公共财政赤字已持续了12年，其公共债务与国内生

产总值之比在东南亚国家中是最高的，2009 年已达到 57%。小阿基诺政府已放弃了在任期内实现预算平衡的目标，认为如果要提高公共服务预算，那么赤字将是不可避免的，如果能逐渐减少赤字就不错了。为此，政府确定了到 2013 年将赤字减少到 2% 的目标，而 2010 年的财政预算赤字约为 3.9%。[①]

在阿罗约执政的最后几个月，财政开支陡增，5 月份政府的选举开支、新一轮基础设施建设项目的启动，以及对贫困家庭的现金补助，是导致财政开支增长的主要原因。小阿基诺政府上台后，7~8 月赤字为 3.3%，同比大幅度下降，原因是多方面的，譬如由于比索对美元升值利息支付下降，政府有意识地减少了开支，推迟了对国有企业和相关机构的补贴和基础设施项目的审批。截至 6 月底，是 2010 财政年的上半年，其财政开支总的增加了 12.8%。

在财政收入方面，7~8 月强势增长达到 8.5%，接近 1~6 月的平均水平。由于基数效益影响，2009 年同期财政收入下降。与 2009 年 7 月的赤字 346 亿比索比较，2010 年 7 月赤字较小，为 327 亿比索。

金融政策方面，菲律宾国家中央银行采取了保持主要利率不变的政策。2009 年 7 月以来，隔夜借款利率保持在 4%，隔夜贷款利率为 6%。虽然 2010 年上半年价格上涨压力上升快于国内生产总值增长的速度，但中央银行表示没有改变金融政策的理由。2010 年消费价格通涨保持在目标范围内，1~8 月份的平均消费价格指数为 4.2%。

三、外交：突出经济外交，提升国际影响力

小阿基诺总统的外交政策，具有强调经济外交的突出特点。为应对国内外的挑战，改善贸易和投资环境，菲新政府重视与东盟及其对话伙伴保持合作并寻求支持。小阿基诺政府确立了经济合作、灾难管理、政治与安全以及人权等四个外交重点，继续加强与中国的关系，坚持与东盟的团结和合作，重视与奥巴马总统

① Economist Intelligence Unit, *Country Report*: *Philippines*, October 2010, P. 25.

领导的美国发展关系，致力于维护该地区和平。

（一）与东盟关系：坚持东盟团结，扩大区域影响

阿基诺三世政府坚持东盟内部的团结合作，扩大菲律宾在东盟的影响，在南海问题上主张与邻国保持统一步伐。菲律宾与东盟合作的主要领域是：①充分发挥自由贸易区的作用，与东盟对话伙伴国开展货物贸易，创造就业机会，增加外汇收入。②改善人权状况，积极参与东盟政府间人权委员会（AICHR）2010～2015 年工作计划的实施。③在东盟灾害管理委员会框架下，继续努力防灾减灾，共同通过并启动了 2010～2015 年工作计划。④共同促进东盟国家间的互联互通，特别是通过发展海洋高速航线来提高岛屿间交通通畅，通过加强信息和交流技术设施来促进东盟各国之间的联系。⑤通过《东盟友好合作条约》的实施来加强东南亚的政治与安全合作。

（二）与中国关系：转折中的磨合

年内，由于菲律宾举行新一轮大选后总统易人，组成了新一届政府，中菲关系的发展进入了调整和磨合阶段。另外，由于贝尼尼奥·阿基诺三世于 6 月 30 日接任总统不久后，便发生了“8·23”劫持人质事件，21 名中国香港游客在马尼拉市中心遭一名持枪绑匪劫持。对峙大约 11 小时后，菲警方发起强攻，击毙绑匪。这次事件导致香港游客 8 人遇难、7 人受伤。国际舆论和中国方面都对菲警察解救人质的不成功做法表示质疑，并对菲方在调查处理中的一些做法表示异议。上述情况对中菲关系造成了一定影响，但是，中菲之间高层的互联互通仍然继续保持。

阿基诺三世正式接任总统之前，阿罗约总统于 6 月初出席了上海世博会，亲自发表演讲，为菲律宾国家馆作促销宣传。

6 月 7 日，中国驻菲律宾大使馆举行招待会，隆重庆祝中菲建交 35 周年，强调要加强中菲友好合作。菲律宾外长罗慕洛、前总统拉莫斯等政要应邀出席了招待会。中国驻菲大使刘建超、菲外长罗慕洛分别在招待会上致辞。7 月 1 日，刚刚就职的菲总统阿基诺三世在马尼拉会见了中国国家主席胡锦涛的特使、全国人大常委会副委员长严隽琪。严隽琪转达了胡锦涛主席对阿基诺总统的诚挚祝贺和良好祝愿，表示同菲律宾发展长期稳定的睦邻

友好合作关系是中国政府坚定不移的方针，中方愿与菲新一届政府共同努力，积极推进双方各领域友好交流与合作。

“8·23”人质事件发生后，中菲关系受到一定影响。小阿基诺政府接受媒体批评，加强了对人质事件调查处理的力度，终于完成了《“8·23”人质事件报告》，并于9月20日送交中国驻菲律宾大使馆官员。此举旨在尽快给中方一个满意的处理结果，以便“修复与中国关系”。[①]

在经贸关系方面，中菲之间继续保持了稳定发展的态势。2009年，中菲双边贸易额达到205亿美元。在中国—东盟自由贸易区全面启动的推动下，2010年中菲贸易大幅度增长，1～10月双边贸易额已经达到226.6亿美元，同比增加40.2%。其中，中方出口94亿美元，同比上升40%；中方进口132.5亿美元，同比增加40.4%；中方贸易逆差为38.5亿美元。在双向投资方面，截至2009年底，中国对菲律宾累计非金融类投资4.82亿美元，菲律宾累计对华投资26.4亿美元。[②]

（三）与美国关系：仍然是菲外交的重中之重

与美国的关系历来为菲律宾外交政策的重点。菲美的密切关系，除历史和政治原因外，经济和军事原因也很重要。美国是菲律宾最大的贸易伙伴，双方军事关系也非常密切，美国一直支持并直接帮助菲律宾政府在棉兰老岛打击分裂分子和阿布沙耶夫恐怖分子。菲律宾作为目前美国与东盟对话关系的协调国，在美国与东盟合作之间发挥着重要作用。年内，由菲外交部长罗慕洛和美国国务卿希拉里共同主持了一场美国与东盟的对话会议，主要回顾了东盟与美国合作的成就，并为年底在美国举行的东盟—美国领导人第二次峰会作准备。

美国是菲律宾的主要贸易伙伴之一，2009年美菲双边贸易额达到120亿美元，进出口保持基本平衡，菲律宾少量顺差。菲美经济互补性较强，菲律宾在服务、电子产品、服装、热带农产品出口方面占有优势。美国是菲律宾的主要出口市场之一，农、

---

① 《菲律宾称将修复与中国关系》（http：//www.sina.com.cn），2010年9月21日03：28，国际在线。

② 《2010年11月进出口商品主要国别（地区）总值表》，中华人民共和国海关总署网页，http：//www.customs.gov.cn/default.aspx？tabid=400。

渔、林产品出口额在2009年达到9.57亿美元，2010年前6个月对美出口额达到8.33亿美元，同比增加了45%。菲律宾是美国的第三十四大进口伙伴，第三十大出口伙伴，与美国的贸易为菲律宾的出口收入贡献率占18.4%，进口支出占15.3%。美国是菲律宾最大的投资来源国，占菲律宾外国直接投资额的1/4；美国在菲律宾的企业有600多家，投资领域包括工业、信息技术、金融服务、电子产品、发动机、消费品、药品、农业、快递、书籍出版、教育服务、零售、经销业务、能源、通信等。①

自1946年以来，美国为菲律宾提供了70亿美元的经济援助，成为菲律宾最大的发展援助国家。通过美国国际发展机构（USAID），仅在2009财政年，美国就为菲律宾提供了约1.03亿美元的援助，其中60%投入到棉兰老岛地区。美国国防部提供了1 900万美元，用于改善棉兰老岛地区的基础设施建设。发展援助的优先领域包括提高政府管理能力，改善人权状况，促进经济增长，改善人口健康、教育、能源和环境等。

四、2011年政治经济发展展望

小阿基诺总统选胜、菲新政府的上台及在众议院地位的巩固，使得菲律宾政治社会的发展进入了一个相对稳定的时期。

但是，小阿基诺总统要坐稳江山并在任期内有所建树，面临的困难也是显而易见的。就阿基诺三世选胜，曾经有媒体评论说：菲律宾人都希望他能为国家带来一番新景象，但……菲律宾的问题太过根深蒂固，就连“超人”也可能没有办法解决……迎接他的是国内日益恶化的赤贫问题、无孔不入的贪污腐败行径、持久的骚乱、被掏空的国库及摇摇欲坠的基础设施建设等。② 因此，尽管在新的一年，菲律宾政局总体上可以保持稳定，但不确定的因素仍然很多，菲新政府仍然面临着诸多考验。

在经济方面，受全球经济复苏失去动力的影响，2011年菲律

① *American's Business Engagement in the Philippines*, at http: //manila. usembassy. gov/usgovt_ annrpts. html.

② 《后天就任菲律宾总统，阿基诺面对重重困难》，载新加坡《联合早报》，2010年6月28日。

宾的经济增长将有所减缓，估计年经济增长速度在5%左右。财政赤字将保持在相对较宽的水平，约为国内生产总值的2.5%。随着国际商品价格上涨，消费价格指数将达到约4.8%。由于贸易逆差扩大，当前账户余额将逐渐下降，达到3.4%，财政赤字的压力仍然较大。

外交方面，菲新政府将继续促进东盟的团结，突出经济外交，积极推进与中国的战略伙伴关系，支持美国重返亚洲。

（作者单位：云南省社会科学院东南亚研究所）

文莱：政治在民主化的期待中前行，经济止跌回升

和劲松

总的来看，2010年，文莱政局继续保持了稳定，这得益于多年来文莱采取了适合自身发展的道路，但权利的过分集中又抑制了民主化的进程和多元化经济的发展。受国际金融危机影响的文莱经济在经受住了前两年的滑坡后，年内日趋好转，止跌回升特点明显。在对外关系方面，文莱在努力推动东盟发展的同时，与一些区域外国家也加强了合作。

一、政治：在民主化的期待中缓慢前行

年内，文莱政治社会继续保持了稳定，民主化的进程透过威权政治的藩篱顽强而缓慢地前进。

（一）巩固伊斯兰教作为核心价值观

2010年，文莱政府依然坚定不移地执行既定方针政策，努力维护政局稳定，更加坚定地维护伊斯兰教作为文莱苏丹国核心价值观的地位，针对青年人开展了一系列伊斯兰教教义的学习活动，努力培养青年人的伊斯兰教人生观；在各级政府和团体中设立相关机构，由马来伊斯兰执行院负责宣传、监督和规范人们的言行，保证人人信奉“纯洁的伊斯兰”，筑牢信念防线，确保自

身言行永不背离“和谐包容”的伊斯兰教教义。在7月份的生日宴会上，苏丹哈桑纳尔·博尔基亚发表御词，要求加强伊斯兰金融管理的权威性，扩大文莱伊斯兰保险业务，进一步拓宽服务领域，完善伊斯兰金融体系，以经济实力固化国家的“马来—伊斯兰—君主”价值核心。该政策从2011年1月开始生效。① 一方面，伊斯兰教作为核心价值观，作为“大一统”的政治理念和基础，保证了文莱政局的稳定和政策的连续性，保证了社会的安宁。另一方面也表现出文莱政治统治过程中僵硬、缺乏生气的局面，政府部门公务人员大多不愿或不敢承担风险，创新精神受到压抑，工作效率明显低下，中低层官员的官僚作风已成为制约发展的阻力；同时，权力的过分集中也使文莱以私有化为特点的多元化经济难以推行。因此，文莱的民主化改革进程被西方的媒体戏称为“蜗牛爬行”或“冰川移动”，② 认为文莱在近期内不会展开实质性的民主改革，皇室也不会轻易放弃对既有权力的掌控。

（二）下放权力，重启内阁会议

1984年文莱独立至今，只召开过4次内阁会议，文莱内阁形同虚设。西方媒体批评文莱政治改革缓慢是因为文莱民众没有感受到国家油气资源面临枯竭的压力，对推动经济多元化没有紧迫感，在与其他社会或政治目标出现冲突时，政府缺乏努力的动力与方向。在这样的情况下，2010年5月，文莱政府宣布重新启动内阁工作，任命一名女性作为议员，任期到2015年。③ 与以往不同的是，文莱政府一改以往语焉不详的改革计划，此次内阁重启明确了内阁活动的时间、内容、范围等，使内阁活动更具有目标性、确定性和可信度。

（三）立法委会的作用：仍然十分有限

尽管文莱当局多次表示要进行民主化改革，也曾经模糊地表

---

① Economist Intelligence Unit, *Country Report*: *Malaysia and Brunei*, March 2010, P. 50.

② Economist Intelligence Unit, *Country Report*: *Malaysia and Brunei*, March 2010, P. 50.

③ Economist Intelligence Unit, *Country Report*: *Malaysia and Brunei*, September 2010, P. 51.

示在2004年后三分之一的立法会委员将由直选产生，让更多的社会阶层有机会参与政治活动，推动私营经济和多种行业发展，但至今立法会改革仍然未有实质性的变化，只是在2009年任命了5名新成员和一名女性高等法院总监察长。2010年3月，立法委员会如期召开，并成为国家制度化建设的内容。参加会议的人选由政府指定成员和乡村议事会的代表组成。会上，委员提出了不少建设性的意见，如专门划定一个区域允许国外游客饮用含酒精的饮料，以吸引更多的游客等，但该提议最终被否决。总的来说，在国内政党活动基本被禁止的情况下，立法会发挥更大作用的可能性不大。

（四）民主改革：仍然比较艰难

文莱政府坚持认为目前全面推动民主化改革的时机尚未成熟，但也承认民主的理念和方式可以化解尖锐的社会矛盾，可以避免出现如极端的伊斯兰组织运动等。2009年12月，文莱苏丹参加在印尼巴厘岛举办的民主论坛时请求民众理解政府为避免全球化给文莱社会带来的负面影响的努力，指出真正的民主改革应从基层乡村、从有关民生的社会事业如医疗、教育等做起，通过提供良好的医疗和经济服务使民众和政府、团体和个人有机联结在一起，共同努力解决民生问题，实现社会和谐，使文莱逐步走向民主化道路。①

（五）加大反贪力度，建设廉洁政府

为了保证经济安全和社会公平，年内文莱政府在全国开展了反腐倡廉行动，严厉打击公共工程招标等经济领域犯罪活动，规定任何承包商向公务员提供金钱或财物都被视为行贿行为；任何公务员，不论级别高低，不论是直接或间接接受承包商或供应商的贿赂都是触犯法律的行为。据12月2日的《婆罗洲公报》报道，文莱前发展部长依斯玛尔博士因涉受贿被正式判处7年监禁。依斯玛尔被指控在任期内曾收受总值高达1 100万文元（约800万美元）的现金、物品和土地贿赂。文莱反贪局负责人表示，正在与国内教育部门合作，将反贪教育普及到中小学校中。

① Economist Intelligence Unit, *Country Report*: *Malaysia and Brunei*, March 2010, P. 47.

文莱的反贪行动受到国际舆论的肯定。根据国际透明度组织公布的2010年全球廉洁度排名，文莱在东盟地区的排名仅次于新加坡，全球列第38位。

总体而言，文莱政府在保持政局稳定的前提下，有限地推动民主化进程以便努力平衡各方的利益诉求，化解来自国内外的矛盾，维护国内的和平与稳定，体现了文莱政府较强的执政能力。

二、经济：止跌回升，形势趋好

年内，文莱经济在经受住了前两年的滑坡后，形势日趋好转，止跌回升特点比较明显。

（一）经济形势概述

年内，国际经济环境日趋好转，文莱及时调整发展思路，采取“稳妥宏观经济政策和经济多元化战略”，取得了一系列明显成效，文莱经济在国际油气价格回升和政府投资的拉动下开始复苏。国内外都看好文莱的经济形势。据亚洲开发银行预测，2010年文莱经济有望实现2%的增长；而文莱政府预计增长率将在0.7%至2.3%之间，通货膨胀率保持在2.4%左右。2011年GDP将回升至3.6%左右。

年内文莱经济实现止跌回升，主要有三个方面的原因：一是国际上的高油价推动了文莱油气的产量和出口量；二是从5月底起，耗资1 500万文元的双溪岭工业园甲醇厂建成投产，日生产能力2 500吨，月出口10 000多吨；三是连结马来西亚、新加坡的长达13.8公里的海底输送管和一个轮船装货与停泊站的建设刺激了相关经济领域的发展。[①] 此外，还有一个因素，即虽然美元持续贬值在一定程度上影响了石油收入，迫使政府调整财政预算，但文莱市场80%以上的食品需求依赖进口，弱势美元使文莱进口成本下降，有利于国内市场。因此总体来看，美元持续贬值对文莱经济影响不大（美元兑文元的汇率已从年初的1:1.6逐步降至约1:1.3）。

---

① Economist Intelligence Unit, *Country Report*: *Malaysia and Brunei*, June 2010, P.49~55.

因此，11 月 15 日，文莱经济计划发展局代局长阿卜杜·阿明在出席文莱—马来西亚第十二次高官对话会议时称，尽管过去两年连续出现负增长，但在油气产业、投资及私人消费增长的拉动下，2010 年文莱经济预计将增长 2%～3%。他表示，根据政府制定的《2035 发展宏愿》，文莱在今后 25 年里要保持 6% 的经济增长速度，以便实现人均 GDP 和国民幸福指数均跻身世界前 10 位的远景目标；为此，将加大政府投资力度，大力推动农业、渔业、旅游业、金融业等基础领域发展，并在石油和天然气下游产业领域继续吸引外国投资。

（二）继续实施多元化经济政策

为推动多元化经济，减少国家对石油与天然气工业的依赖和国民经济健康稳定发展。2009 年以来，文莱政府一方面宣布设立经济持续增长基金，用石油收入盈余部分支持推进经济多元化发展计划。另一方面，大力发展油气下游产业、伊斯兰金融及清真产业、物流与通信科技产业，推动基础设施建设，加速一批住房、公路、港口、桥梁、水坝等重点项目进度；同时，加大对农业领域的投入，提出把粮食自给率由原来的 3% 提高到 2010 年的 20%、2015 年的 60%，还先后采取房地产投资分层地契法，下调公司税、放宽中小企业信贷条件及额度、奖励出口等政策措施，刺激经济持续稳定发展。2010 年 3 月召开的第六届国家立法会同意在 2010/11 财政年内旅游基础设施投资增加到 15 亿文元（110 万美元）。据世界经济论坛 9 月份公布的 2009/10 财年全球竞争力报告显示，文莱宏观经济稳定性首次跃居全球首位。

年内，文莱经济建设成效明显，除有效执行了以往的政策外，还有以下新举措：

1. 大量招收外国劳工发展私营经济

近年来，原由文莱政府管理的电信、邮政、水电、交通等公共服务部门逐步向私人经济主导的方向发展，劳动力需求旺盛，出现了短缺现象。文莱国内的毕业生普遍青睐高收入和丰厚补贴的政府部门职位，制造业领域人才缺乏。除高工资水平和低生产率问题外，由于国内主要用人单位仅限于政府部门和油气产业两家，文莱劳动力市场出现结构性扭曲，需要大量低成本劳力。据亚行报告，2009 年文莱人口为 40.62 万，到 2031 年也才能达到

57.7 万，劳动力人口 38.9 万（67.4%）；劳动力不足将影响文莱经济的发展。[①] 为了推动私营经济发展，年内文莱公布了大量招收外国劳工的政策，由文莱内务部劳工局负责劳务输入。目前，文莱已经招收了来自印尼、菲律宾、尼泊尔等国家的外劳近 10 万人，占整个就业人口的约 1/3。

截至 2010 年 3 月，在文莱私营领域就业的外国劳工共计 87 867 人，其中，印尼、菲律宾及马来西亚三国劳工最多，分别为 32 216 人、16 575 人和 14 795 人。

2. 金融服务向私营企业倾斜

2010 年，文莱继续实施 2005 年制定的个人贷款限制和限制金融机构措施，将个人贷款业务缩减至整体业务的 30%，贷款重点转向投资服务。根据经济发展计划局 2009 年统计，政府通过金融界发放给中小企业的贷款总额累计超过 4 000 万。考虑到中小企业对国家经济发展举足轻重，2010 年 3 月 15 日，文莱财政部再次削减公司税 1.5%；自 2011 年起，公司税将从 23.5% 下调至 22%。同时，允许国外金融机构来文莱开展金融业务。文莱香港汇丰银行成为文莱国内首个推出以人民币作为贸易往来结算货币服务的银行。

政府还将调整税制，为新成立企业和利润低于 25 万文元的小企业提供更多税收优惠；独资和合伙经营者免所得税，有限公司需交纳公司所得税。为鼓励投资，政府规定在一定条件下公司可以申请减免税收，并且为中小企业提供投资、借贷便利、法律保障及人力培训。另外，为了加强金融监管，文莱苏丹哈桑纳尔于 7 月 15 日宣布，文莱金融管理局将于 2011 年 1 月 1 日正式成立，主要负责管理国家金融事务，制定货币政策并监管国内金融机构。

3. 颁布新的信用卡管理办法

2010 年 1 月，文莱政府颁布了新的信用卡管理办法，防止个人不良信用增加，在银行里有存款或有抵押的客户才允许办理信用卡。同时，政府也规定不允许用“拆东墙补西墙”的方法来偿还银行贷款；信用卡可使用金额由个人的收入状况评定，银行每

① Economist Intelligence Unit, *Country Report: Malaysia and Brunei*, June 2010, P. 52.

月收取至少5%的管理费，2010年6月份以后提高到8%。[①]

（三）发展农业以提高粮食自给率

2009年起，文莱加大了对农、林、渔业的投入，包括扩大粮食和蔬菜种植面积，增加牛、羊、鸡、鱼、虾的养殖及蛋、奶的生产，提高粮食的自给率，减少进口量。文莱工业与初级资源部于2010年11月1日在BRIDEX展馆会议中心举办了2010年农民及渔民日庆祝活动，主题为“粮食自产，国家安全”。据统计，目前文莱全国共有农民5 086人，渔民3 865人，二者占全国人口的2.4%。

文莱政府鼓励农业发展的政策主要包括：加快引进和推广新技术，提高农业产量；鼓励农业领域与外国企业开展合资合作；政府在土地、基础设施及病虫害控制等领域加大投入。为鼓励本土人民种植农果产品，文莱农业局将土地以每公顷25文元的价格出租给农民，并为农药、肥料、种苗和水利灌溉提供50%的补贴，希望2013年全国农耕地可达到6 162公顷，水果产量可增加到24 649吨，实现水果产量自给自足的目标。根据第五个发展规划中的“水稻价格扶持计划”，文莱政府继续采用补贴价收购国产水稻；对商业化蔬菜种植农户提供设备支持；由农业发展服务部门为企业提供技术服务，包括兽医服务、食品卫生及安全服务等。根据文莱农业局公布资料，文莱政府已新圈定5 900公顷土地用于扩大水稻种植，计划到2015年将本国水稻自给率从目前的约3%大幅提升到60%。

据5月9日文莱《联合日报》报道，文莱水产养殖业的潜在价值为每年7 100万文元，主要的养殖方式为海上浮网箱海鱼养殖、淡水鱼养殖，包括观赏鱼养殖及食用鱼养殖，渔业水产养殖生产占全国GDP的0.5%。近年文莱政府大力鼓励水产养殖，除供应本地市场，也向外国出口。为加速各项水产养殖发展计划，政府将沿海几个地点规划成水产养殖区，提供基本建设如道路、工业电流、电机、饮用水供应及土地申请。

据统计，文莱家禽饲养业已占其农业的58%，鸡蛋达到100%自给目标，但截至2009年底，文莱的大米自给率仅为6%

---

① Economist Intelligence Unit, *Country Report*: *Malaysia and Brunei*, March 2010, P. 50.

左右，要达到 2010 年确定的 20% 的自给率目标还有很大距离。

（四）改善交通状况，增加发展后劲

年内，文莱继续加强基础设施建设，在改善交通状况方面颇有起色。3 月 8 日，经文莱苏丹批准，36 年前建成的文莱国际机场改造工程于年内启动，全部工程将在两三年内完成。目前，文莱国际机场年迎送 200 万旅客，处理 5 万吨货物。除文莱皇家航空公司外，还有 5 家外国航空公司在此运营。文莱政府计划将机场改造成为区域内顶级机场。根据 6 月 26 日公布的斯里巴加湾市未来发展规划，拟考虑轻轨建设；设计中的轻轨将连接市中心与国际机场，总长约 10 公里，设 24 个站点。此外，文莱政府已经就修建连接首都至淡布隆区的跨海大桥项目展开可行性研究。跨海大桥将为往返各双车道，总长 22 公里，其中海上长度 12 公里，另有 10 公里将穿过红树林区。上述项目的实施，将大大增强文莱经济发展的后劲。

（五）改善民生，以民为本

文莱是一个高收入和高福利国家，政府非常重视改善民生。年内，文莱政府继续把解决就业、改善民生作为政府要务，通过商品房建设改善住房条件、给予生活用品补贴、加强医疗卫生等公用事业，开展全民教育，等等。其中，最大的一个变化就是提高了退休人员的养老金。

政府宣布，从 1 月 1 日起大幅提高养老金的额度。文莱养老金积累中心要求在职人员每月缴纳个人收入的至少 3.5% 的作为个人账户积累资金，雇主为每个员工缴纳其收入的 3.5%。通过养老金的积累，政府保证退休人员每月可以领取 400 文元（退休年龄已从 55 岁提高到 60 岁）。①

此外，文莱政府还采取有效措施改善国民的住房条件。8 月份，文莱发展部长阿卜杜拉表示，根据国家住房发展计划，在 2007～2012 年间政府将新建 1.2 万套住房，其中由经济计划发展局执行的第一期 2 000 套住房建设项目将在两年内完工，第二期 4 000 套住房建设项目计划 4 年内完成；整个项目完成后，市民

① Economist Intelligence Unit, *Country Report*: *Malaysia and Brunei*, March 2010, P. 51.

的住房条件将有很大改善。

三、外交：东盟是首要

2010 年文莱的外交活动主要围绕摆脱金融危机、粮食安全、国家稳定、可持续发展等问题来展开。目前，文莱的外交重点仍然在东南亚、亚洲，以及伊斯兰教世界。

（一）与东盟关系：文莱外交的重中之重

发展与东盟的关系是文莱外交的重中之重。作为东盟成员国，文莱在东盟事务中发挥着重要作用。文莱领导人积极承办和出席东盟的各种会议，与东盟各国共商发展大计，推进东盟共同体建设。

年内，文莱苏丹哈桑纳尔·博尔基亚先后于 4 月和 10 月两次赴越南出席第十六次东盟峰会、第十七次东盟峰会和第五次东亚峰会系列会议。

在出席第十七届东盟峰会期间，文莱苏丹哈桑纳尔·博尔基亚与越南总理阮晋勇举行了会谈。越方提议双方签署投资保护协议，以及渔业和农业合作备忘录，并表示越南有意向文莱出口大米。据报道，文莱目前在越南有近百个投资项目，投资总额 47 亿美元，在 89 个对越投资国中列第12 位。

文莱努力倡导区域国家的经济文化交流，着重地区间的贸易和投资合作，通过贸易合作实现各国间的交流，避免制造事端，对热点事件和敏感问题采取“有事好商量”的温和政策。

近年来，文莱还特别重视与东盟国家开展传统和非传统安全领域的合作，注意防范全球化引发的人口和毒品贩卖、海盗、非法武器交易等非传统安全威胁，加强了文莱皇家警察部队与马来西亚皇家警察部队和印尼国家警察部队的合作，有效保护边境安全，打击跨国犯罪。

（二）与中国关系：保持密切的交往

年内，中国与文莱的关系继续平稳发展，双方保持了密切的交往。

新年伊始，中国国务委员戴秉国就作为中国政府和人民的友好使者，于1月底对文莱进行了友好访问。1月25日，文莱苏丹哈桑纳尔·博尔基亚在斯里巴加湾市会见戴秉国一行。哈桑纳尔请戴秉国转达他对胡锦涛主席和温家宝总理的良好祝愿。他说，文莱和中国的友好交往源远流长，建交近20年来，两国关系发展顺利，双方各领域交流与合作富有成果，“我很高兴与中国领导人建立了深厚的友谊”。戴秉国向哈桑纳尔转达了胡锦涛主席和温家宝总理的亲切问候。访文期间，戴秉国还会见了文莱外交和贸易第二大臣林玉成，同他就双边关系和共同关心的地区和国际问题交换了意见。

5月8日，上海世博会文莱国家馆日活动在世博中心隆重举行。中国外交部副部长宋涛，文莱外交与贸易部部长穆罕默德亲王和王妃、驻华大使张慈祥以及两国各界人士共500余人出席活动。

5月27日，中国新任驻文莱大使闵永年到任，在努鲁尔·伊曼王宫向文莱苏丹哈桑纳尔·博尔基亚递交国书，并礼节性拜会了苏丹。

5月29日，闵永年大使拜会了文莱外交与贸易部第二部长林玉成。

6月7日，闵永年大使拜会了文莱王储比拉。

6月8日，闵永年大使举行到任招待会。文莱外交与贸易部常秘肖福瑞等军政要员、社会名流和外国使节以及华人华侨、中资企业、留学生代表约300人出席。

7月9日，闵永年大使陆续拜会了文莱国家立法会议长卡玛鲁丁，教育部长阿布·巴卡尔，内政部长巴达鲁丁，文化、青年和体育部长哈扎伊尔，卫生部长阿德南，发展部长苏约伊，财政部副部长巴赫林。

在经贸关系方面，根据中国商务部数据，2009年中文贸易额创建交以来新高，达4.23亿美元，同比增长93.5%。2010年前4个月，中文双边贸易额已达3.65亿美元，同比增长517.4%。这些数据使人们更加相信，两国领导人确立的10亿美元双边贸易额的目标，在不久的将来就可以实现。在双向投资方面，根据中国商务部统计，截至2010年3月，文莱对华直接投资项目1 540个，合同外资额52.32亿美元，实际利用外资额18.02亿美元。

（三）与西方国家关系：与东盟保持一致

在与西方国家的关系方面，文莱始终与东盟组织保持一致，其基本立场主要包括以下几个方面：一是正式发展与美国的关系，支持制定《东盟—美国对话关系2011～2015年行动计划》，以便推进双方贸易、能源和环保合作及人员交流，在亚太地区创造更多经济增长机遇。二是坚持自由贸易精神，反对贸易保护主义；推动建立多边贸易体系和改善全球经济环境；争取小国享有平等的发言权。三是寻求卫生医疗、能源、教育、旅游等领域的合作。

文莱领导人积极参与地区及国际事务，在重大国际讲坛上发表自己的主张，与西方大国共同讨论地区和国际问题。年内，文莱苏丹哈桑纳尔·博尔基亚出席了10月4日至9日在文莱举行的泛太平洋战略经济伙伴关系协定第三轮洽谈会，10月底在越南河内举行的东亚峰会系列会议，11月13日在日本举行的亚太经合组织领导人非正式会议。

四、2011年发展展望

在新的一年，文莱将继续努力维护政治社会稳定，通过发展经济增强国家实力；在关注民生，发展经济的同时，有限地推动民主化建设。

经济方面，文莱将继续推进经济多元化发展，努力消除金融危机带来的影响；文莱政府预测，2011年文莱的GDP增速将进一步提升至3.6%左右。

对外关系方面，文莱仍将积极参与推动本地区的合作，但更加重视多边平衡外交，努力协调东盟各成员国之间的关系，深化与东盟国家的合作。

（作者单位：云南省社会科学院东南亚研究所）

东帝汶：风雨兼程又一年

张党琼

在刚刚过去的一年，东帝汶的政治社会总体上保持了稳定，但依然比较脆弱；经济方面，虽然发展比较平稳，逐渐显示出一些活力，但由于基础差，底子薄，困难仍然比较大。因此，一年来东帝汶形势的发展可以用“风雨兼程”四个字来概括。

一、政治局势：维稳任务依然艰巨

年内，东帝汶政府继续推进“和平与国家团结道路”对话进程，与各政治派别，尤其是与东帝汶独立革命阵线保持了良好的对话状态，在一些重大问题上达成了一致。但是东帝汶政局的持续稳定仍面临严峻的挑战。2月26日，联合国安理会一致通过决议，决定将联合国东帝汶综合特派团任期延长一年。[1] 究其原因，东帝汶局势的稳定依然脆弱，还需要联合国综合特派团继续协助其维持。东帝汶在和平与稳定、民主与法治、民族和解等方面还没有达到一个比较理想的状态。

（一）政治社会稳定：依然脆弱

年内，东帝汶虽然基本保持了政治社会的稳定，但国内的和平与稳定仍然比较脆弱，将面临各种挑战。

---

① www.xjrb.com，《安理会将联合国东帝汶特派团任期延长一年》，2010年2月27日。

1. 内部分歧严重，多名政府要员相继被罢免职务

9月8日，东帝汶负责政府管理的第二副总理卡拉斯卡朗向总理古斯芒提出辞职，原因是卡拉斯卡朗和古斯芒在处理政府预算方面发生了纠纷。卡拉斯卡朗在管理政府过程中发现一笔被用于全民公投一揽子计划的300万美元资金下落不明，因此强烈谴责古斯芒所领导的政府腐败，但东帝汶总检察长弗朗西斯科·卡瓦略经过调查后表示，这笔资金并没有失踪，只是在开具发票环节出现了些问题，而且在复核后已经解决。此事发生后，古斯芒表示，卡拉斯卡朗经常指责政府腐败但却无法提出任何证据，非常“愚蠢”，他已对卡拉斯卡朗失去信任。① 于是，卡拉斯卡朗向古斯芒提出辞职。卡拉斯卡朗是社会民主党的代表，而古斯芒是全国重建大会党的代表，他们二人的分歧暴露了这两个党派之间分歧的严重性。

此后不久的9月27日，古斯芒总理又正式致函议会，罢免了第一副总理古特雷斯和外长科斯塔的职务，② 原因是两人涉嫌腐败，被检方起诉。围绕这一罢免案，东帝汶国内出现了两种观点：国会议长拉萨马认为，古斯芒有权决定罢免古特雷斯及科斯塔的职务，国立大学的一名学者也认为此举是对检举的积极回应，是合乎宪法的；③ 而总统奥尔塔则认为检方对古特雷斯和科斯塔的指控是不合法的、毫无依据的，他对这个指控感到惊讶。④ 尽管这样，古斯芒仍然致函议会，要求取消这两人的司法豁免权，严格追究其腐败责任。

此外，财政部长艾米丽亚·皮雷斯也陷入麻烦之中，其在2006年6月东帝汶动乱期间发给朋友的电子邮件中声称，东帝汶应该并入澳大利亚。这封邮件被东帝汶媒体予以刊登，引起国内各政治派别的强烈反应，并要求议会对此进行调查。旅游工商业部长阿尔维斯也遭到了议会的质疑，要求其辞职。议长拉萨马认为，阿尔维斯在执行政府补贴进口大米政策上不力，导致市场上补贴大米价格过高，严重影响了民众生活。他要求议会经济与反

---

① 新华网，《东帝汶副总理辞职，抱怨总理骂自己“愚蠢”》，2010年9月8日。

② Timor Post, *PM Cusmao sends official letter to Parliament to remove Guterres and da Costa's political impunity*, 27 September 2010.

③ Radio Televisaun Timor – Leste, *Gusmao's decision to remove political impunity is positive: Academic*, 8 October 2010.

④ Timor Post, *Guterres and Da Costa's case illegal: Horta*, 11 October 2010.

腐败委员会对此进行调查。

年内，东帝汶执政的各党派之间分歧严重，多名政府要员被罢免职务或陷入麻烦，严重影响了政府的工作，对国内政局的稳定造成威胁。

2. 来自独立革命阵线的挑战

独立革命阵线是东帝汶的第一大党，在2001年及2007年两次选举中获得选票数居第一位，但都没能获得单独组阁的资格。东帝汶独立至今，独立革命阵线一直是一支不容忽视的力量，党员人数超过15万，占总人口的15%以上。古斯芒领导的全国重建大会党要使自己的主张及决议得以顺利通过，不得不考虑到独立革命阵线的立场。年内，在与澳大利亚合作开发“大阳升”油气田的输油管道路径选择上，独立革命阵线支持东政府坚持输油管道通往东帝汶的立场。但是在其他很多问题上，独立革命阵线却发出不同的声音。尤其是在大选即将来临之际，东帝汶政府面对“人气王”独立革命阵线的压力显而易见。

（二）面对压力，政府积极作为促稳定

尽管东帝汶局势依然脆弱，但政府在治理腐败、维护社会稳定等方面做了大量工作，并且继续保持和各政治派别的沟通对话，争取在重大问题上取得一致立场。东帝汶决定在2012年结束国际协助东维和的状态，而由本国力量自主维护和平。东帝汶政府坚信届时国家安全形势已恢复正常。

1. 严厉惩治腐败，以示反腐决心

9月，古斯芒总理致函议会，要求取消副总理古特雷斯和外长科斯塔两人的司法豁免权，严格追究两人的腐败责任。总理的这一决定得到多数议员的支持，反映出东帝汶政府严格治理腐败问题的决心。①

2. 严惩罪犯，以正司法

3月3日，东帝汶地方法院判处2008年2月11日预谋杀害总统和总理的参与者9~16年不等徒刑。在那次事件中，叛军首领雷纳多策划并带领9名叛军袭击了奥尔塔住所，造成奥尔塔腹部重伤，后经抢救康复。叛军还袭击了东帝汶总理古斯芒的车

---

① 中国驻东帝汶使馆经商处网站，《9月东帝汶时政简讯》，2010年10月10日，http://easttimor.mofcom.gov.cn/aarticle/jmxw/201010/20101007186369.html。

队，但古斯芒幸运地逃过一劫。经过两年多的审判，最终将罪犯绳之以法，严厉追究他们的刑事责任，以便维护东帝汶司法的公正，彰显司法的威慑力。①

3. 努力减少贫困人口

根据9月9日东帝汶政府发布的消息，东帝汶的贫困人口比例已从2007年的49.9%降至2009年的41%，下降近9个百分点。② 不仅贫困人口减少，健康指数也有了大幅度的提升。据媒体报道，东帝汶最新人口健康调查数据显示，当地医疗水平已有很大改善。与2003年调查数据比，婴儿死亡率由60‰降至44‰，5岁以下婴儿死亡率由83‰降至64‰。更大的变化是，愿意减少生育的育龄妇女（15~49岁）已由35%增加至72%，目前育龄妇女平均生育数已由7.7个孩子降至5.7个。③ 这表明，东帝汶政府的减贫工作已经取得很大成效。

4. 关注公民权利

年内，东帝汶政府继续努力推进改善民生、改善人权状况的工作，取得了积极进展。

首先，向人民发放身份证。东帝汶司法部经过多年的准备，于6月14日开始在全国范围内向国民发放身份证。东帝汶人民从此有了身份证明，作为东帝汶国民的权力得到尊重和保证。在日常生活中，百姓可凭此证明身份，老人可凭此领取养老金等。这一举措受到东帝汶举国上下的欢迎，总统奥尔塔也对司法部发放身份证一事表示祝贺。

其次，追加预算，帮助困难人群改善生活。7月5日，东帝汶政府在原先审议通过的6.6亿美元预算的基础上追加1.78亿美元，主要用于社会养老金、老战士抚恤金发放、社会救助事业等。

再次，开展人口与住宅普查，了解民情，重视民生。5月14日，总统奥尔塔宣布开展2010年东帝汶人口与住宅普查，此次普查旨在了解东帝汶人口与居住状况，为制定国家发展战略规划奠定基础。

---

① 新华网，《东帝汶法院审判谋杀总统和总理叛军人员》，2010年3月4日。

② 中国驻东帝汶使馆经商处网站，《9月东帝汶时政简讯》，2010年10月10日，http://easttimor.mofcom.gov.cn/aarticle/jmxw/201010/20101007186369.html。

③ 中华人民共和国驻东帝汶使馆经济商务参赞处，《东帝汶7月时政简讯》，2010年8月11日。

备受关注的东帝汶与澳大利亚油气资源开发合作争议案也体现了东帝汶政府把本国人民利益放在第一位的执政理念。早前，东帝汶政府与澳大利亚的伍德塞德公司（WOODSIDE）签订共同开发“大阳升”油气田的协议，后来在开发方式上双方出现分歧。东帝汶坚持，输油管道应该通往东帝汶，以推动本国陆地石油工业建设，给人民带来实惠；而澳大利亚的伍德塞德公司则坚持将“大阳升”油气田的天然气输送到达尔文或是海上浮动平台，以规避石油管道建设的高成本、高风险、高难度等问题。在这个涉及国家和人民利益的原则问题上，东帝汶政府毫不妥协。6月1日，古斯芒总理表示，政府在开发“大阳升”油气田问题上立场坚定，鉴于无法在管道建设问题上与澳大利亚伍德塞德石油公司达成共识，政府计划终止双方的开发合同，该立场也赢得了东帝汶社会各界人士的支持，包括国内最大的反对党独立革命阵线也对政府此举表示赞赏。

二、经济发展更有活力且注重可持续性

年内，东帝汶政府对本国经济的发展和提高人民生活水平充满信心。4月10日，在海南召开的博鳌亚洲论坛2010年年会开幕式上，副总理古特雷斯表示，东帝汶是东南亚最年轻和最穷困的国家之一，却有丰富的矿产资源、天然气和石油，我们有计划，有决心能够在2020年成为中等收入国家。① 为了实现这一目标，东帝汶政府采取了更积极、更有活力的措施来发展经济。

（一）经济发展新突破

2010年，东帝汶经济实现了稳定发展，在以下几个方面实现了新突破：

1. 农产品实现出口创汇

年内，东帝汶与印尼签署经贸协议，其中包括东帝汶将向印尼出口咖啡、榛子、生姜和青豆等农产品，这将是东帝汶首次向印尼出口农产品。众所周知，东帝汶农业基础设施非常薄弱，基

① 中国新闻网：《古特雷斯：东帝汶有决心在2020年成中等收入国家》，2010年4月10日。

本上处于“靠天吃饭”的自然农业状态。国内很多农产品都严重依赖进口，印尼就是其农产品的主要进口国。为了改变这一状态，东帝汶政府把农业作为优先投入领域。在2010年东帝汶农业领域发展伙伴会议上，东帝汶农业部长宣布，将投入6 087万美元以保障农业和粮食安全。

2. 电信行业引入竞争机制

据东帝汶媒体报道，7月13日，财政部长皮雷斯女士表示，政府部长联席会已通过决议，批准开放东帝汶电信市场，支持引进新的电信公司形成市场竞争，促进电信行业发展。尽管个别议员对此提出异议，认为东帝汶政府授予东帝汶电信公司15年的专营权尚未到期，引进新的电信公司会构成合同违约，但还是未能阻止该决议的通过。政府力排众议打破电信行业的垄断机制是其经济改革中的一大举措，其成果将会对其他行业的改革起到示范作用。

3. 推进惠及人民的重大项目建设

1月，东帝汶迄今为止最大的工程——电厂项目举行开工仪式，旨在解决东帝汶电力不足给国民经济和人民生活带来的不利影响。7月26日，古斯芒总理在宣传其国家中长期发展规划时表示，政府计划建设3个更大的机场和港口，其中包括劳腾机场和包考军用机场。基础设施的薄弱是亟待发展的东帝汶的软肋，改善基础设施就意味着改善投资环境，改善人民的生活质量，进而促进经济的快速发展。东帝汶政府已经通过决议，将近两年的投资重点放在基础设施尤其是关系国计民生的重大项目上。

（二）经济发展注重可持续性

东帝汶的经济发展主要依靠石油等天然资源的开发。经过几年的发展，东帝汶政府逐渐意识到合理开发、实现可持续发展的重要性。除了石油、天然气资源外，东帝汶境内蕴藏有金、银、大理石、岩盐等21种自然资源。东帝汶总理呼吁，在开发自然资源的同时，要注重保护生态环境，并拟建立环保许可制度以控制项目建设对环境可能造成的污染。东帝汶第一副总理古特雷斯在参加亚洲博鳌论坛2010年年会时也表示，环境是东帝汶的生命线。东帝汶75%的人口依赖温饱型的农业，“靠天吃饭”的现象突出，因此保护环境，避免自然灾害的侵袭，就是对生命的重视。

（三）经济发展中存在的问题

当前和今后一个时期，东帝汶经济的发展面临的主要问题，一是经济发展严重依赖政府的补贴政策。据报道，东帝汶 2009 年的经济增长速度高达 12%，但事实上其经济发展并没有多大起色。也就是说，东帝汶经济的高速增长并不是生产率发展的结果，而是政府将石油基金及国外援助资金大量补贴到各生产行业的结果。二是就业压力大。东帝汶 2010 年人口普查统计数据显示，目前其人口总数为 114.90 万。其中，15 岁以下人口为 51.52 万，占人口总数的 44.8%；15~59 岁的人口为 57.68 万，占总人口的一半还强；60 岁以上人口为 5.69 万，仅占人口总数的 5.0%。该数据显示东帝汶人口年龄结构相当年轻，一半左右人口处在需要工作的年龄段，而其经济的发展远不能容纳这些丰裕的劳动力，就业形势比较严峻。

三、外交：更为积极主动

积极参与国际事务，积极申请加入东盟，力图尽早融入东南亚，是年内东帝汶外交政策的一个基本点。3 月 5 日至 20 日，东帝汶总统拉莫斯·奥尔塔对英国、爱尔兰、瑞士和日本进行了正式访问。在瑞士，奥尔塔与前联合国秘书长安南进行了会晤，并在第十三届世界人权大会上演讲。7 月 23 日，东帝汶外长科斯塔参加在越南首都河内举行的第十七届东盟地区论坛外长会时表示，2011 年，东帝汶将向东盟正式递交入盟申请，争取于 2012 年成为东盟的第十一个成员国。

（一）与中国关系：全方位合作不断深化

年内，东帝汶继续推进与中国的全方位合作。4 月 9 日，东帝汶副总理古特雷斯赴中国海南参加博鳌亚洲论坛 2010 年年会，习近平副主席会见了古特雷斯；7 月 13 日，东帝汶总统奥尔塔率政府代表团赴中国上海参观世博会并出席东帝汶国家馆日活动，他高度赞赏中国主办大型盛会的能力。中国对东帝汶的重建事业给予最大支持，在成功援建东帝汶外交部、总统府和100套军人住宅项目后，东帝汶国防部和国防军司令部办公楼项目也于8月24日举行了奠基仪式。

中国与东帝汶的合作是全方位、多领域的，在医疗卫生、教育等方面都开展了合作。中国自2004年起向东帝汶派遣医疗队，每期两年，2010年派出了第四期医疗队。中国医疗队对于提高东帝汶的医疗卫生水平，缓解医疗人员及设施不足的状况有很大帮助。除了延续之前的医疗队派遣项目外，中国与东帝汶在教育领域的合作也有新突破。在“中国—葡语国家经贸合作论坛”框架下，中国和东帝汶达成协议，由中国援助其建设占地约4 400平方米、建筑面积约1 190平方米的小学校园。9月6日，中国驻东帝汶大使傅元聪应邀出席东帝汶教育部举行的中国援东小学校园项目开工仪式。

医疗及学校资源不足是东帝汶发展过程中的两大突出问题，中国尽自己的最大努力帮助东帝汶改善医疗水平，援建教学设施，加快东帝汶重建过程的步伐。

2月8日，东帝汶总统拉莫斯·奥尔塔在接受《人民日报》记者专访时指出，发展对华关系是东帝汶最重要的双边关系之一。东帝汶与中国的关系是全方位的，除了政治、经济方面的合作外，还在地区和平与稳定、应对气候变化等领域加强了与中国的合作。在关系中国核心利益的重大问题上，东帝汶政府始终站在中国政府一边。奥尔塔总统强调，东帝汶自独立之日起，就坚持一个中国的政策，坚持台湾和西藏都是中国领土不可分割的一部分。①

（二）与东盟关系：急盼入盟

东帝汶目前是东南亚地区唯一一个非东盟成员国，对加入东盟非常积极。7月23日，东帝汶外长科斯塔在参加于越南首都河内举行的第十七届东盟地区论坛外长会时表示，2011年东帝汶将向东盟正式递交入盟申请，争取于2012年成为东盟第十一个成员国。12月1日，东帝汶总统奥尔塔在新加坡的一次讲话时称，东帝汶非常希望成为东盟成员国。他还表示，2011年将由印尼担

① 《对华关系是东帝汶最重要双边关系之一》，载《人民日报》，2010年2月9日，第3版。

任东盟轮值主席，第十八届东盟峰会将于11月在印尼首都雅加达召开，如果届时东帝汶能够加入东盟将非常有象征意义。[①]东盟所有成员国都表示非常欢迎东帝汶加入东盟。按照相关规定，东帝汶加入东盟的一个条件是必须在东盟所有成员国都设立大使馆，东帝汶正在积极与相关国家协调，争取早日成为东盟的一员。

谈到东帝汶与东盟的关系，首当其冲的是与印尼的关系。东帝汶与印尼由于历史原因保留了千丝万缕的联系。不论是领土争议还是东帝汶独立时印尼军人制造的流血事件都严峻地考验着双方的互信，但两国领导人摒弃历史积怨，以相互包容和理解化敌为友。对于制造1999年东帝汶骚乱的印尼军人，奥尔塔总统于10月再次表示，东帝汶不会成立国际法庭审判他们。至于两国在欧库西地区的领土争端问题，东帝汶国民议会议长拉萨马表示，东帝汶不会放弃与印尼和平谈判解决领土争议的努力，两国政府尤其是两国外长通过和谈寻求解决途径非常重要。12月9日，在巴厘召开第三次民主论坛，古斯芒总理应邀出席该论坛。印尼总统尤多约诺在开幕式上表示支持东帝汶加入东盟，印尼作为2011年的东盟轮值主席国将尽最大努力说服其他东盟成员国接受东帝汶加入。[②]

（三）与澳大利亚关系：争议不断

东帝汶与澳大利亚隔帝汶海相望，相互毗邻。年内，东帝汶与澳大利亚在两个问题上产生争议，均未能最终达成一致意见。

一是关于“大阳升”（Greater Sunrise）油气田输油管道铺设问题的争议。关于“大阳升”油气田的归属问题两国曾在东刚独立后不久有过争议。东帝汶主张价值150亿美元的“大阳升”油气田全部属于东帝汶，而澳方则认为“大阳升”油气田的80%在澳大利亚的领海之内，理应归澳大利亚；剩余的20%处于共同拥有的海域，应该分享。年内，东帝汶政府与澳大利亚伍德塞德（WOODSIDE）公司签订合作开采“大阳升”油气田的协议，在

① Deustche Presse Agentur, *East Timor keen to join Asean during Indonesian Presidency*, 1 December 2010.

② Timor Post, *Indonesian President SBY guarantee Timor – Leste to join with ASEAN*, 10 December 2010.

油气输送方式上，东帝汶政府坚持输油管必须通往东帝汶，以推动本国陆地石油工业建设，带动沿线地区的经济发展；而澳大利亚伍德塞德公司则坚持将“大阳升”油气田的天然气输送到达尔文或是海上浮动平台，从而大幅度降低成本、风险和难度。如果在这个问题上双方都不妥协，东帝汶政府将终止合同，势必会对两国关系造成负面影响。

二是关于建立“难民庇护中心”的争议。7月7日，澳大利亚总理吉拉德在悉尼的罗维研究所发表演讲时表示，澳将寻求在东帝汶建立一个地区难民办理中心。针对该项提议，东帝汶议会随后通过一份决议，拒绝了澳大利亚的提议，认为这种做法无异于让澳大利亚政府将手伸到东帝汶国防和安全领域。东帝汶政府在这个问题上则持相对开放的态度，希望与澳政府在经过广泛而深入的讨论后再作决定。至于最终东帝汶政府是否会同意澳方的提议，东帝汶第一副总理古特雷斯表示“很可能”不会同意。

四、2011 年发展展望

在新的一年，东帝汶在政治上将继续推进“和平与国家团结”进程，继续把维护和平与稳定作为主旋律，为 2012 年大选作准备。奥尔塔总统多次呼吁议会及国内各政治派别作好准备，确保 2012 年大选和平举行。因此，2011 年东帝汶政府将把主要精力集中在备战大选上，与国内各政治派别维持良好的对话关系、保持大局的稳定、作好权力交接的准备，将是东帝汶政治领域的头等大事。

经济上，东帝汶政府将继续推动重点基础设施建设，把保障民生作为工作重点。4 月份，古斯芒总理在宣布国家 20 年战略发展计划时指出，今明两年东帝汶将重点发展包括道路、电力、卫生这些对国家的发展以及提高人民的生活水平具有重要意义的基础设施。为迎接大选，东政府将更加注重民生工程以赢得民心，因此，保障民生型经济的发展将是重点。

除依靠本国实力发展经济外，东帝汶政府还将大力吸引外国投资来促进本国的经济建设。9 月，东政府对南部近海 D、G、F、I、J 等五个剩余油气区块进行了公开招标，以便吸引外国资本进入，帮助其创造更多的石油收益。虽然东帝汶政府计划在2020 年成为中等收入国家面临诸多挑战，但政府和人民都对这个新兴国家的未来充满信心。

外交上，东帝汶以申请加入东盟为契机，积极扩大交往范围，在巩固与东盟及中国、澳大利亚、葡萄牙等传统友好国家关系的基础上，努力将外交关系网辐射到更广的区域。未来的东帝汶在外交领域将更加引人注目。

（作者单位：云南省社会科学院东南亚研究所）

下　　篇

中国（云南省）与东南亚关系发展报告

继往开来，求同存异，务实合作

——2010年中国—东盟关系发展与展望

王士录

2010年，中国与东盟的关系继续沿袭了近15年来步步登高、不断巩固和发展的态势；在“相互尊重，睦邻友好；求同存异，和谐相处”的十六字方针指导下，中国与东盟的关系更加理性和务实地发展。年内，中国与东盟组织、中国与东盟各成员国的政治、经济关系都有新的发展。中国政府一再重申，坚定不移地支持东盟的一体化进程，双方继续保持了密切的高层交往和沟通，经常共同磋商国际和地区重大问题。在经济合作方面，积极落实中国—东盟各项合作计划，中国—东盟自由贸易区建成一年来顺利发展。在年底举行的中国—东盟领导人会议上，温家宝总理和东盟各国领导人一致认为，中国同东盟的关系是最务实、最丰富、最全面、最具活力和最有成效的战略关系，一致同意继续以和平发展为主题，以友好合作为主线，更加重视经济可持续发展，更加重视全方位的互联互通，更加重视社会和人文交流，更加重视东亚一体化建设，进一步造福各自国家人民，为亚洲的和平、稳定、发展与繁荣作出积极贡献。①

① 《外交部回应中国与邻国关系紧张质疑》，http：//www.sina.com.cn，2010年11月4日17：57，外交部网站。

一、中国与东盟组织的关系

2010 年，中国与东盟组织层面的关系继续稳定发展。期间，中国领导人参加了每年一度的东盟与中、日、韩之间的“10＋3”峰会、东盟与中国的“10＋1”峰会、东亚峰会。中国政府派出人员参加了由东盟主导的一系列部长级会议，其中主要包括东盟与对话伙伴国外长会议、东盟地区论坛会议、东盟经济部长扩大会议、东盟国防部长扩大会议；中国国家主席胡锦涛还与东盟国家领导人一同出席了亚太经合组织领导人非正式会议。中国领导人在各种重要的地区和国际场合多次声明将一如既往积极支持东盟的一体化进程，真诚地促进互利共赢的中国—东盟自由贸易区建设。频繁的高层交往，增进了中国与东盟之间的相互理解和信任，使双方之间的合作在求同存异的基础上更加务实发展。

（一）中国参与东盟合作的重大活动和立场

年内，中国与东盟的关系继往开来。在年底召开的第十三次中国—东盟领导人会议上，温家宝总理和东盟各国领导人充分肯定《落实中国—东盟面向和平与繁荣的战略伙伴关系联合宣言行动计划》（2005～2010），至于中国与某些邻国在一些问题上存在的分歧或争端，中方一贯主张以事实为基础，根据国际关系基本准则，通过对话磋商予以妥善处理和解决。

无论在双边交往中，还是在区域多边会议上，东盟国家都表达了这样的信息：中国综合国力和影响力的快速上升，为促进亚洲和平繁荣、推动世界经济增长、推进国际金融体系改革作出了重要贡献，东盟国家同中国的新型伙伴关系经受住了时间和国际风云变幻考验，加强同中国的睦邻友好与合作是东盟坚定不移的政策，这对促进东盟及东盟各国的发展以及地区和平、稳定、繁荣具有特殊的重要意义。

1. 温家宝总理出席东亚峰会系列会议情况

10 月 28 日至 30 日，温家宝总理应邀出席在越南河内举行的第十三次中国与东盟（“10＋1”）领导人会议、第十三次东盟与中日韩（“10＋3”）领导人会议、第五届东亚峰会和中日韩领导人会议。会议结束之际，陪同出访的外交部部长杨洁篪向随行记者介绍了温家宝总理此行的情况和成果。

杨洁篪说，当前，东亚地区形势和格局正经历深刻、复杂的变化，机遇和挑战并存。增进政治互信、加强互利合作、推进区域一体化和可持续发展是本地区各个国家的共同愿望，也是本次东亚领导人系列会议的主要内容。温总理此行的目的就是巩固睦邻友好、深化区域合作、促进共同发展。在短短 48 小时内，温总理展开密集外交活动，接连出席 20 多场重要活动，发表多个重要讲话，提出数十项主张和倡议，并同与会的其他国家领导人广泛接触，深入交流，真诚、客观地阐释中国“与邻为善、以邻为伴”的周边外交方针和互利共赢、共同发展、和平发展的政策主张，受到各方高度赞赏，进一步加强了中国与周边国家的睦邻友好合作关系，促进了东亚合作。温总理此行的成果，可以概括为以下三个方面：

一是巩固了同东盟的传统友好，深化了各领域的互利合作。

杨洁篪指出，中国与东盟宣布建立面向和平与繁荣的战略伙伴关系以来，政治互信不断增进，各领域务实合作日益加强。2011 年是中国与东盟建立对话伙伴关系 20 周年，双方关系进入新的发展阶段。温总理在会议讲话中全面回顾、高度评价了过去 5 年来中国与东盟合作取得的丰硕成果，系统总结了中国与东盟关系不断向前发展的成功经验，重申中国愿同东盟国家永做好邻居、好朋友、好伙伴；明确指出了双方进一步合作的方向和目标，即以和平发展为主题，以友好合作为主线，推动中国与东盟合作继续走在东亚合作的前列。

在 10 月 29 日举行的第十三次中国与东盟领导人会议的讲话中，温总理还就共同落实好第二个五年行动计划提出以下六点建议：第一，推动中国与东盟经贸关系实现持续、健康、快速发展，力争双边贸易额到 2015 年达到 5 000 亿美元。中国愿意在 5 年内同每个东盟成员国共建一个经贸合作区。第二，用好中方提供的贷款以及“中国—东盟投资合作基金”，提升中国与东盟的互联互通水平。第三，有序推进金融、资本市场的开放和融合，中国将向亚洲区域合作专项资金增资 1 700 万美元，用于推动区域合作。第四，做大、做强本地区农业经济合作，中国愿与东盟国家共建跨境动植物疫病防控监测站、农作物良种试验站、农业技术示范中心，继续为东盟国家培训农业人才，向东盟国家派遣农业专家，帮助东盟国家提高农业发展水平。第五，加大对可持续发展的投入，共同应对气候变化、贫困、自然灾害等挑战。第六，进一步加深人民之间的相互了解和友谊，加强文化、教育等领域的交流合作，把2011年定为中国—东盟友好交流年。温总理还就南海问题阐明中方立场，强调南海问题是有关声索国之间的双边争议，应由当事方通过对话协商予以妥善解决，并指出有关各方应共同努力，落实好《南海各方行为宣言》。

东盟国家领导人积极评价中国与东盟积极、坚定的伙伴关系，认为中国在维护地区和平、加强地区合作、促进地区发展方面发挥着重要作用。东盟方面完全支持中方在本次会议上提出的倡议和建议，愿与中方一道继续深化双方关系，加强南海各方友好合作，为促进东亚地区的和平、合作、发展作出新的贡献。

会议通过并发表了落实中国与东盟面向和平与繁荣的战略伙伴关系联合宣言的第二个五年行动计划以及《中国和东盟领导人关于可持续发展的联合声明》。温总理还与东盟领导人共同出席了中国—东盟虚拟中心网站开通仪式。

二是加强了东亚团结合作，促进了地区和平与发展。

中国是最早倡导和支持东亚合作的国家之一，是东亚合作的推动者和受益者。温总理指出，东亚一体化进程必须尊重和照顾各方实际情况和重大关切，特别是要尊重东盟主导地位，发挥现有机制的作用，相互协调，相互促进。这有利于增进各方互信，扩大和深化合作。

在“10+3”会议讲话中，温总理回顾了该机制的发展历程和丰硕成果，强调对“10+3”东亚合作主渠道地位的坚定支持，提出要积极推进东亚自贸区建设，深化财金合作，推进粮食安全等领域合作，加强在重大国际问题上沟通协调。温总理指出，加强“10+3”合作是实现东亚振兴的必由之路，“10+3”国家要肩负起历史使命，向这一远大目标不断迈进。

在东亚峰会上，温总理总结了峰会为扩大区域合作积累的经验，强调要坚持东亚峰会的既定宗旨、性质和原则，坚持“领导人引领”的战略论坛定位，尊重东盟的主导作用，就促进全球经济增长、应对气候变化等重大问题和本地区具体问题加强各国宏观政策协调，共同促进本地区的和平、稳定和发展。温总理还对俄罗斯、美国加入东亚峰会表示欢迎，希望两国发挥建设性作用。

与会各国领导人积极呼应温总理的倡议和主张，普遍赞赏中国为推动东亚合作作出的重要贡献，表示愿进一步深化同中国友好合作，推进东亚一体化进程，实现共同繁荣，共创东亚区域合作的美好未来。

三是增进了同东盟有关国家的互信，推动了双边关系发展。

会议期间，温总理进行了一系列双边会见，与有关东盟国家领导人达成了许多重要共识。

在会见越共中央总书记农德孟、总理阮晋勇时，两国领导人一致认为，友好合作是当前中越关系的主流，强调两国关系的健康稳定发展对两国和本地区至关重要，双方应保持高层接触，加强各级别往来，增强政治互信，推进务实合作，维护和促进共同利益，进一步推进中越全面战略合作伙伴关系向前发展。

温总理还会见了柬埔寨首相洪森、老挝总理波松、新加坡总理李显龙等东盟国家领导人，就加强双边交往与互利合作，共同推动区域合作，加强在地区和国际事务中的沟通协调达成广泛共识。①

2. 出席第十七届东盟地区论坛外长会议情况

7月23日，为期一天的第十七届东盟地区论坛外长会议在越南首都河内举行，来自27个国家和组织的代表就扩大深化东盟框架内的合作、实现朝鲜半岛及地区长久和平与稳定等深入交换了意见。中国外交部长杨洁篪出席论坛外长会议并发表了讲话。

杨洁篪表示，近年来，处理地区难点热点、维护和平稳定的实践提供了诸多启示：第一，在复杂敏感形势下，坚持以大局为重，始终把维护地区和平稳定作为出发点。第二，实践新型安全观，求合作而非对抗，尊重和照顾彼此核心利益和安全关切。第三，相互尊重，增进战略互信，改善和发展长期健康稳定的国家关系。第四，以和为贵，冷静克制，以和平方式解决国家间争端。第五，通过多边合作促进共同利益和共同安全，继续发挥上海合作组织、东盟地区论坛、六方会谈等机制的独特作用。

① 《睦邻友好、合作共赢、共同发展——杨洁篪谈温家宝总理出席东亚领导人系列会议》，2010年10月30日22：53：28。来源：新华网，http：//news. xinhuanet. com/politics/2010－10/30/c_ 12719934. htm。

杨洁篪就朝鲜半岛局势、南亚形势以及南海问题阐述了中方的看法和立场主张。①

3. 出席东盟国防部长扩大会议情况

10月12日，首届东盟国防部长扩大会议在越南河内举行，来自东盟10国和澳大利亚、中国、印度、日本、新西兰、俄罗斯、韩国、美国的国防部长出席了会议。东盟防长扩大会又称“东盟‘10+8’防长会”。东盟防长扩大会机制是由东盟防长会议倡议而创建的，其宗旨是增强东盟与亚太地区有关国家间的互信与合作，共同应对跨国非传统安全挑战。

会议主题为“为了地区和平、稳定和发展的战略合作”。中国国务委员兼国防部长梁光烈上将率团出席了会议。会前，中美防长、中日防长均在河内进行了会晤，使得本地区在前段时间由南海问题、钓鱼岛问题引发的紧张气氛有所缓和。

梁光烈在发言中重申了中国的立场和主张：中国走和平发展道路是长远的战略抉择，始终将维护共同安全，谋求共同发展、实现共同利益作为与亚太各国发展关系的战略取向。中国发展国防力量不是为了挑战谁、威胁谁，而是为了维护自身安全，促进世界和地区的和平稳定。而对于东盟防长扩大会议机制的建立，梁光烈表示欢迎，并称该机制为加强东盟与对话伙伴国在安全和防务领域的合作提供了新平台。中国对地区安全合作持积极开放的态度，也支持东盟在这一新机制中发挥主导作用。②

会议闭幕后发表的联合声明说，东盟防长扩大会议作为地区安全架构中的重要组成部分，不仅有助于东盟防长会议与8个对话伙伴国合作应对共同安全挑战，还将推动2015年东盟政治安全共同体的建成。会议同意建立东盟防务高官扩大会议机制，以落实东盟防长扩大会议达成的协议，并决定第二届东盟防长扩大会议将于2013年在文莱举行。联合声明还强调，东盟与8个对话伙伴国将在维护海上安全、灾害搜救、军医合作、反恐和人道主义援助等五个领域优先加强合作。③

---

① 《人民日报》，2010年7月25日第3版。

② 来源，国际在线专稿；http：//www.cnr.cn/allnews/201010/t20101013_507164847.html，2010年10月13日，08：00。

③ 首届东盟防长扩大会议发布《河内联合声明》，载《越南共产党电子报》，2010年10月14日12：19。

（二）中国与东盟的政治安全合作

近年来，中国与东盟在防务领域的交流与合作不断深化，形式丰富多样。在双边领域，中国不仅与一些东盟国家建立了防务磋商机制，还和一些国家军队举行了联演联训。在多边框架下，中国在东盟地区论坛倡导下召开了安全政策会，举办了“10+3”武装部队救灾研讨会、“10+3”武装部队非传统安全论坛等。

年内一段时间，中国周边热点问题比较突出。面对南海地区形势总体稳定，但也存在一些干扰因素的现实，中国政府认为，维护南海和平稳定，不将南海争议扩大化、复杂化、国际化，避免在本地区制造矛盾和紧张，符合中国和本地区国家的共同利益。中国政府主张由直接当事方通过双边谈判和平解决南海争议，在争议解决之前，可以“搁置争议，共同开发”。南海争议的当事国之间就和平解决争议达成过一系列重要共识，它们之间对话协商的渠道也是畅通的，完全有智慧、有能力依靠自身的力量解决自己的问题。一些南海争议国也认为，域外势力不应介入南海争议。

中国政府的上述主张，是通过中国外交部发言人答记者问、中国政府领导人与东盟国家领导人互访时的会谈，以及中国领导人在东盟主导的一系列重要的地区性会议的讲话中表达出来的。中国政府的上述主张，赢得了东盟国家的理解和赞同，拿南海问题对中国“说事”的苗头逐渐平息。事实证明，“东盟国家不愿与中国对着干”。①

在地区安全合作问题上，东盟地区论坛、东盟防长扩大会等平台起着十分重要的作用。中国政府自从成为东盟对话伙伴以来，中国外长每年都如期参加东盟地区论坛以阐述自己的立场，并且与参会各方交换意见以便取得共识。2010 年的第十七届东盟地区论坛外长会议于 7 月 23 日在越南首都河内举行，主要议题是朝鲜半岛局势、南亚形势以及南海问题等。中国外长杨洁篪出席论坛并发表了讲话，就上述问题阐述了中方的立场。

（三）中国与东盟的社会人文交流合作

中国与东盟的合作是全方位、宽领域、纵深化的，主要合作

---

① 新华网，2010 年 10 月 29 日 08：01。

领域除政治、经济、安全合作外，社会人文交流与合作也是一个重要方面。

中国与东盟国家地理上相邻近，历史文化渊源深厚，与一些国家更是文脉相通。文化相近，为中国与东盟国家开展社会人文交流与合作提供了“天时、地利、人和”的良好基础。中国倡导开放兼容的文明观，主张在充分尊重各国的文化传统、社会制度、发展道路的基础上，大力推动同亚洲不同文化背景和政治制度国家间的社会人文交流，以不断增进中国与东盟国家人民之间的了解、友谊和互信，巩固中国与东盟国家友好关系的社会基础。

近年来，中国与东盟国家的人文交流空前活跃，合作领域不断拓宽，内容愈加丰富，规模持续扩大，人员往来日益密切。

中国政府还积极为东盟国家培训各类人才，近几年来仅在亚洲区域合作专项资金、中国—东盟合作基金和部分援外资金的资助下就已累计为东盟 10 个国家培训了 14 000 多名专门人才，涵盖经贸、电信、农业、金融等 10 多个领域。中国将一如既往地同东盟国家加强在文化、旅游、教育、青年等领域的交流与合作，进一步加深双方人民之间的相互了解和友谊，夯实睦邻友好大局的人文基础。①

中国与东盟的合作，不但强调相互尊重、睦邻友好，求同存异、和谐相处，而且强调“继往开来”，强调可持续发展。为了实现中国与东盟友好合作关系的可持续发展，在 2010 年 10 月 29 日于越南首都河内举行的第十三次中国—东盟领导会议签署并发表了《中国和东盟领导人关于可持续发展的联合声明》（以下简称《声明》），强调将进一步重申双方促进本地区和国际社会和平、安全、繁荣及可持续发展的共同愿望和责任，强调维持经济增长和促进贸易投资联系、社会发展、减贫和环境保护的重要性。《声明》宣布从 13 个方面推动中国与东盟合作的可持续发展。②《声明》的签署和发表，为中国与东盟关系的持续、稳定发展作出了规划，指明了方向。

---

①《外交部部长助理谈中国亚洲外交》，http://news.sina.com.cn/c/2010-11-04/160021414395.shtml。

②《中国和东盟领导人关于可持续发展的联合声明》，新华网，2010 年 10 月 29 日 18：19。

二、中国—东盟自由贸易区的建设与运行：初显成效

2010年是中国—东盟自由贸易区全面建成的“元年”。根据《中国—东盟全面经济合作框架协议》的时间框架，中国—东盟自由贸易区已经于2010年1月1日全面启动，一个由中国和东盟10国组成、接近6万亿美元GDP、4.5万亿美元贸易额的区域开始步入零关税时代。自贸区启动后，中国对东盟的平均关税将从之前的9.8%降至0.1%，而东盟6个老成员国文莱、印度尼西亚、马来西亚、菲律宾、新加坡、泰国对中国的平均关税将从12.8%降低到0.6%，4个新成员国越南、老挝、柬埔寨和缅甸将于2015年实现90%的商品零关税的目标。

为保证中国—东盟自由贸易区的平稳、顺利启动，1月7~8日在中国广西南宁举行了中国—东盟自由贸易区论坛。本次论坛由中国商务部、东盟10国经贸主管部门、菲律宾财政部、东盟秘书处和广西壮族自治区人民政府共同主办。来自中国和东盟国家的领导人、政府官员、企业及学术界代表共400多人出席了论坛。论坛以“互利共赢，再创辉煌”为主题，围绕贸易提振产业活力、投资共创经济繁荣、打造区域经济合作新亮点等三项议题进行了广泛交流，取得了积极成果。会后发表了“主席声明”，就以下几点提出了看法：扩大中国—东盟贸易合作，提振区域产业活力；突出加强中国—东盟投资合作，共创区域经济繁荣；全面推进中国—东盟交通合作，共同增强区域连通性；扎实推进中国—东盟次区域合作，打造中国—东盟合作新亮点等。会议为促进中国—东盟自贸区稳定启动起了积极作用。

一年来的实践证明，中国—东盟自由贸易区建设是成功的，已经初显成效。据中国商务部统计，2010年，中国与东盟双边贸易额实现大幅度增长，达到2 927.8亿美元，同比增长37.5%。其中，中国自东盟进口1 545.6亿美元，增长44.8%；对东盟出口1 382.2亿美元，增长30.1%。[①] 中国已经成为东盟的第三大贸易伙伴，东盟则是中国的第四大贸易伙伴。中国国务院总理温

① http://www.sina.com.cn，2011年1月21日16：38，商务部网站。

家宝10月29日在河内出席第十三次中国—东盟领导人会议并发表讲话时提出，为推动中国与东盟经贸关系实现持续、健康、快速发展，力争双边贸易额到2015年达到5 000亿美元；中国愿意在今后5年内同每个东盟成员国共建一个经贸合作区。这一决定将进一步巩固中国—东盟自贸区建设的成果。

投资方面，截至2009年底，中国对东盟直接投资存量达96亿美元，其中一半以上是2008年以来实现的，投资领域已经从传统的矿业、建筑业拓展到能源、制造业、商务服务业。2009年，中国对东盟国家直接投资较上年大幅度增长了125%。2010年1月1日，中国—东盟自由贸易区全面启动以后，中国对东盟的投资出现了新的热潮，中国商家利用自贸区建设的种种便利规定，正大举进入东南亚。上半年，中国对东盟非金融类直接投资已达12.21亿美元，同比增长125.7%。截至4月，中国对东盟投资累计近100亿美元。东盟国家已成为中国在海外直接投资的主要目的地之一。

在基础设施建设及互联互通方面，中国政府积极支持"东盟互联互通总体规划"，致力于同东亚国家一起，共同推动本地区公路、铁路、航道、港口等建设，加强对大湄公河次区域经济合作（GMS）和东盟湄公河流域开发合作（AMBDC）等机制的参与和合作。年内，中老铁路、中泰铁路，以及中缅铁路建设的合作都取得了新的突破。

财金合作方面，在各方共同努力下，东盟—中日韩（"10+3"）财金合作不断取得实质性进展。中国方面不仅维护了东亚金融稳定，而且实现了清迈倡议的多边化，建成了1 200亿美元的区域外汇储备库和7亿美元的区域信用担保和投资基金。中方同马来西亚、印尼、韩国签订了总额3 600亿人民币的双边货币互换协议。目前，中国同其他东亚国家在共同努力，增强清迈倡议的有效性，加强宏观经济政策交流与协调，推进亚洲债券市场建设，共同探讨促进本地区债券跨境交易和结算，加强债券市场发展能力建设，并就深化东亚财金合作开展前瞻性和战略性研究。

在旅游合作方面，东盟10国均已成为中国公民旅游目的地国家。中国首站赴东盟旅游的人数从2003年的191万增长至2009年的450万。

总之，中国与东盟的经贸合作在广度和深度上都有所发展，合作已由最初的单一货物贸易形式，扩展到农业、信息通信、人力资源开发、相互投资、湄公河开发、交通、能源、文化、旅游、公共卫生和环境保护等11个重点领域。

一年来，中国—东盟自由贸易区平稳启动、正常运转并初步显现出巨大的经济效益，使得原先对自贸区的负面影响估计过高、抱有强烈忧虑之心的一些东盟国家尤其是印尼的商人乃至政府官员如释重负，转而大加赞赏，认为原先对中国—东盟自由贸易区可能对印尼经济的冲击的担忧是多余的。在事实面前，就连印尼贸易部长冯慧兰也于11月初表示，虽然东盟—中国自贸协定在2010年开始落实，许多中国商品的关税变为零，但我们在进口原材料时获得了好处，减少了生产开支，大幅度提高了竞争能力。中企在印尼投资设厂的同时，也推动了我们的市场竞争能力。①

但是，在充分肯定一年来中国—东盟自由贸易区运行成果的同时，我们也必须承认，中国—东盟自由贸易区毕竟是一个新生事物，还比较脆弱，它的成长还需要相关各方的呵护；要从一棵幼芽成长为一棵参天大树，还必须有人不断地培土、施肥、浇水；要使其发挥更大的效益，相关各方还必须不断地总结经验。研究表明，中国企业对中国—东盟自贸区协定的总体利用率偏低。如何利用协定中的优惠政策、措施让中国企业快速成长，应是今后必须关注的一个重要问题。譬如，要享受优惠关税，就必须在商品进口的时候，在通关环节提供原产地证明，然而中国企业大多都忽视了这一点。②

三、促进中国东盟合作的一些重大活动

年内，为促进中国与东盟之间的合作，巩固中国—东盟自由贸易区建设的成果，中国和东盟国家还一如既往推动次区域合作，举办了一些重大会展，其中最主要的活动包括继续推进澜沧

① 冯慧兰：《出口增长可达8.5% 东盟-中国自贸落实是挑战也是商机》，信息来源：《国际日报》，2010年11月10日15：43：25。

② 《中国企业对东盟自贸区协定的总体利用率偏低》，载《昆明日报》，2010年10月27日。

江—湄公河次区域合作，举办了第十八届中国昆明出口商品交易会和第七届中国东盟博览会。

（一）中国—东盟博览会：成交 17 亿美元，自贸区孕育新机遇

10 月 24 日，为期 5 天的第七届中国—东盟博览会、中国—东盟商务与投资峰会在广西南宁圆满落幕。本届博览会累计成交额达 17.12 亿美元，同比增长 3.5%。其中，出口额 14.28 亿美元，同比增长 12.3%，东盟出口到中国的贸易额也明显增长。

博览会举办期间，共举行了 46 场投资推介活动，共签订国际经济合作项目 135 个，总投资额 66.9 亿美元，比上届增长 3%。其中，中国与东盟签约的投资合作项目 58 个，总投资额 26.63 亿美元，分别占国际经济合作项目的 43% 和 38%。签订国内经济合作项目 156 个，总投资额 674.46 亿元人民币，比上届增长 9%。举办地广西在本届博览会期间共签订国际合作项目 112 个，总投资额 52.34 亿美元，分别比上届增长 33.3% 和 21.4%。

由于本届博览会是中国—东盟自由贸易区建成后的新一届博览会，因此，引起了中外企业家的高度重视和积极参与。本届博览会共有 2 200 家企业参展，国外大企业和品牌企业比上届增多，展位供不应求。除东盟 10 国外，来自美国、法国、日本、韩国和中国（包括港、澳、台地区）的企业和专业观众明显增多。本届博览会总展位数达到 4 600 个，比上届增长 15%。其中，中国内地及港澳台地区使用展位 3 379 个，外国企业使用展位 1 221 个，其中东盟 10 国展位 1 178 个，均创历届新高。印尼、老挝、马来西亚、缅甸、泰国、越南等六个东盟国家包馆。东盟 10 国均组织本国品牌企业参展，东盟品牌展区成为本届亮点。东盟各国还在本国展区内按行业布展，突出展示农产品食品、木材家具、轻工工艺、珠宝等行业产品，有效提高了本届博览会的专业化水平。本届博览会国内外企业重复参展率也明显提高。[①]

（二）中国—昆明进出口商品交易会：成果显著

6 月 10 日，为期 5 天的第十八届昆交会暨第三届南亚国家商

① 人民网－广西频道，2010 年 10 月 24 日 20：46。

品展在昆明圆满闭幕。本届昆交会经贸业务成果丰硕、展会规模不断提高、招商招展成效显著、会期活动成效突出。主要表现是：

第一，成交额为历届最大。各项对外经贸成交累计达 24.81 亿美元（169.47 亿元人民币），同比增长 19.8%。其中，进出口成交 13.36 亿美元，同比增长 23.7%；利用外资签约 10.6 亿美元，同比增长 15.2%；对外经济技术合作 8 500 万美元，同比增长 19.7%。国内贸易现场成交 29.16 亿元人民币，其中螺蛳湾国际商贸城轻工纺织馆实际成交 498.2 万元，产品主要为旅游商品、轻工、建材等。

第二，展位数为历届最多。共设标准展位 2 452 个，为 18 年来最大规模。设置了机电馆、生物资源馆、化工矿业馆、轻工纺织馆 4 个商品专业馆，境外来展馆、投资促进馆、绿色产业贸易交流馆 3 个专题馆以及“桥头堡”建设主题展示区和外资企业展示区。

第三，参展企业为历届最多。参展企业达 2 306 家，比上届增加 44%，共有 23 个国家和地区、国内 21 个省（区、市）交易团参展。据初步统计，展会开幕期间，国内外莅会客商超过 5 万人，其中境外客近 2 万人。

第四，组织开展了多项系列活动促进云南省的对外交流与合作。其中，GMS 经济走廊活动周达成了多项合作意向，签署了中越跨境经济合作区框架协议，为建设“桥头堡”前沿基地奠定了基础；第八届东盟华商会签署合作合同、协议共 6 项，总投资 6.85 亿美元，达成意向协议 72 个，总投资 7 亿美元；中国青年企业家昆明活动日期间，对 20 余个项目进行了“一对一”接洽，进入昆交会签约金额达 3 亿元。①

（三）GMS 合作：第十六次部长会出新招

8 月 20 日，大湄公河次区域经济合作第十六次部长级会议在越南首都河内举行。来自中国、缅甸、老挝、泰国、柬埔寨、越南六国的部长级官员以及亚洲开发银行和国际组织的代表出席了会议。财政部廖晓军副部长率中国政府代表团出席会议。会议期

① 段晓瑞：《第 18 届昆交会闭幕，各项外经贸成交额达 169 亿元》，云南网，2010 年 6 月 11 日 10：46：00。

间，各国部长回顾了自第十五次部长会以来 GMS 合作取得的进展，审议通过了铁路行业发展战略框架、农业领域合作规划、第二期核心环境项目战略方向、交通与贸易便利化行动计划、南部经济走廊战略行动计划及能源合作项目，并就 GMS 合作未来 10 年（2012～2022）发展战略进行了深入讨论，发表了《部长联合声明》。

廖晓军副部长在会上积极评价了 GMS 合作所取得的进展。他表示，GMS 成员国要保持并加强合作发展的良好势头，在继续加强交通、电力、电信等基础设施建设的同时，不断推进次区域国家人员和货物跨境便捷流动及贸易投资便利化进程，降低各种生产要素跨境流动的成本，深化各成员国之间经济和贸易联系。廖副部长积极评价亚行多年来对 GMS 合作所给予的支持，并希望亚行不断加大投入，加强对区域经济以及相关合作的前瞻性研究，为深化合作作出新的贡献。①

会上，与会各国部长级官员一致通过了大湄公河次区域铁路衔接计划。预计到 2020 年，GMS 六国将实现铁路网络的连通。该计划被视为促成一个完整铁路系统的第一个重大步骤，也是开发并实现泛亚铁路系统的第一步。

该计划书共列出四套路线方案，其中最可行的方案是利用现有或正在铺建的铁道，从曼谷到金边、胡志明市和河内，衔接中国广西的南宁和云南的昆明。据预测，到 2025 年，该铁路网载客量将达 320 万人次，载货量将达 2 300 万吨。然而，实现六国铁路网络衔接还面临不少困难，六国间目前只有中国和越南开通了国际铁路联运线路。

亚洲开发银行副总裁格林伍德表示，实现交通便利最大化是促进本区域发展的重要因素。该铁路衔接计划具有很强的操作性，因为 GMS 国家将在自己现有铁路网络的基础上建设新的衔接线路，而不用全部新建。②

中国财政部副部长廖晓军在会上表示，GMS 成员国要保持并加强合作发展的良好势头，在继续加强交通、电力、电信等基础

① 《大湄公河次区域经济合作第十六次部长会在越南首都河内举行》，2010 年 8 月 20 日。财政部国际司，http：//www.mof.gov.cn/zhengwuxinxi/caizhengxinwen/201008/t20100820_334380.html。

② 刘刚：《大湄公河次区域部长级会议：区域铁路 2020 年连通》（http：//www.sina.com.cn），2010 年 8 月 26 日 07：57，中国政府网。

设施建设的同时，不断推进次区域国家人员和货物跨境便捷流动及贸易投资便利化进程，降低各种生产要素跨境流动的成本，深化各成员国之间的经济和贸易联系。

四、中国与东盟各国双边关系的发展

年内，中国与东南亚国家之间的双边关系继续保持了稳定发展的态势。总体上讲，一是高层交往频繁，维护友好关系的活动形式多样；二是中国—东盟自由贸易区正式运行初显成效，经济交往更加密切；三是社会文化交往齐头并进，合作领域进一步扩大。年内，中国同印尼、越南、缅甸等东南亚国家分别以“友好年”为主题，开展了形式多样的纪念活动，热烈庆祝双方建交60周年。温家宝总理于6月初访问缅甸，10月底出席在河内举行的东亚峰会系列会议，12月中下旬访问柬埔寨；吴邦国委员长于11月上旬先后访问柬埔寨、印度尼西亚和泰国；习近平副主席于6月底访问老挝，11月中旬访问新加坡。此外，印尼发生地震海啸和火山喷发后，胡锦涛主席第一时间向印尼总统苏希洛致电慰问，中国政府和红十字会分别向印尼提供50万美元和3万美元现汇援助。中国—东盟自由贸易区启动后顺利运行，中国与东南亚各国之间双边贸易、投资和经济技术合作出现空前活跃的态势，打消了一些国家对中国与东盟之间贸易自由化的顾虑。中国与东盟各国的传统友谊、睦邻互信、互利合作和世代友好更加深入人心。

当然，由于具体情况不同，中国与东南亚各国的关系特点也不尽相同。

（一）中国与越南：以十六字方针和四好精神为指导，夯实合作基础

中越关系是中国最主要的双边关系之一。近年来，中越两党两国领导人始终以“长期稳定、面向未来、睦邻友好、全面合作”十六字方针和永做“好邻居、好朋友、好同志、好伙伴”的四好精神为指导，两党两国高层保持了密切的沟通协调，牢牢

把握中越关系的大局，妥善解决了两国陆地边界勘界立碑，[①] 以及北部湾海域划界等问题，双方关系始终能排除干扰，稳定发展。年内，尽管因南海争端，中越关系受到一些影响，但两国领导人始终能秉持“十六字方针”和“四好精神”来对待，维护了中越友好的大方向，一致认为友好合作是当前中越关系的主流，强调双方应增强政治互信，推进务实合作，进一步推进中越全面战略合作伙伴关系向前发展。双方以中越建交60周年纪念为契机，开展了一系列重要的纪念活动，巩固了中越友好的大局。

有稳定、良好的政治关系做基础，年内中越经济关系继续快速发展。7月19日，越南驻华使馆商务参赞阮维富接受媒体联合采访时指出，2010年头5个月，越南对中国出口同比增长44%，从中国进口增长33%。上半年，中国在越投资项目累计达到720个，合同投资金额29.2亿美元，在对越投资的91个国家和地区中位居第15位。自2000年以来，中越双边贸易额年均增长34%，随着中国—东盟自贸区的建设，中越经贸合作将再上新台阶。[②] 2009年，中国与越南的双边贸易额达210.48亿美元，2010年有可能接近230亿美元。

（二）中老关系：友好合作谱新篇

年内，中老关系不断谱写新篇，友好合作继续向宽领域、纵深化发展。友好往来方面，中老两党两国继续以2009年确立的“长期稳定、睦邻友好、彼此信赖、全面合作”的“十六字方针”，以及永做“好邻居、好朋友、好同志、好伙伴”的“四好”精神为指导，加强高层的沟通协调，不断夯实合作基础。两党两国领导人之间的友好往来犹如走亲戚，十分频繁。6月中旬，习近平副主席应邀访问老挝，与老挝所有重要党政领导人进行了交

① 据《越南共产党电子报》报道，新勘定的中越陆地边界线全长1449.566公里，其中沿江泉界线长383.914公里。双方成功竖立了1971块界碑。见《越南共产党电子报》，2010年7月15日11：44。

② 《2010年越南投资吸引力增强》，2010年7月22日，http://www.cafta.org.cn/CAFTA/(1o11w5552yskrejvcyc2e455)/SecondPage.aspx?ID=5682&sqls=DayNews。

流会谈，与老挝各界进行了广泛接触。双方达成了广泛的重要共识。[①] 10月底，在越南河内出席东亚峰会系列会议的温家宝总理会见了波松总理，表示中老两国要加强协商，争取早日签署双边经济合作规划。波松表示老方愿与中方密切配合，深化各领域交流合作，提升双边经贸合作水平。不断加强的友好关系，有力地促进了中老双边经贸合作。据中方统计，2010年1～5月，中老双边贸易额已达4.98亿美元，同比增长62%；中国对老挝直接投资达9 344万美元，增长58.2%，老挝对中国直接投资762万美元，增长231.3%；已办理企业注册并登记备案的中资公司达200家，其中矿产企业60家、水电企业10家、工程承包企业10家、橡胶和林木企业60家以及其他企业60余家。老挝中国商会会员企业184家，其下设湖南分会，会员300多户。据老方统计，截至2009年12月，中国对老挝直接投资项目共340个，累计核准投资金额约26亿美元，仅次于泰国，位居第二，主要投资领域有矿产、工业手工业、能源、农业和服务业。4月7日，中老签署合作修建中老铁路的文件，老挝举国上下欢欣鼓舞。据老挝媒体报道，该铁路由中国边境经老挝万象至他曲，项目资金来自中国政府长期贷款，初期预算约40亿美元。[②]

（三）中柬关系：不断跃上新台阶

年内，柬埔寨与中国的关系继续向纵深化、宽领域发展，不断跃上新台阶。柬中两国之间继续保持了密切的高层互访。中国方面有年初回良玉副总理和11月初吴邦国委员长，以及12月中旬温家宝总理访柬。此外，在出席东亚峰会系列会议、亚太经合组织领导人非正式会议等重大国际会议期间，胡锦涛主席、温家宝总理也经常与洪森首相同台开会，接触交流。频繁的高层交往带动了各层次各领域的交流，夯实了中柬合作的基础。年内，中柬经贸合作继续保持了快速发展势头。2010年上半年，中柬双边贸易出现大幅度增长，总额达到6.27亿美元，同比增长37.7%；中国企业在柬新签承包工程与劳务合作合同37个，同比增长

① 《习近平访问寮国，寮签署投资协议》，新加坡《联合早报》，2010年6月16日。

② 中国驻老挝使馆经商处网站，2010年5月5日11：04。文章来源：《万象时报》。

76.2%；合同总额 1.68 亿美元，增长 23.5%；外派人数 1 461 人，增长 79.9%。截至 2010 年 6 月底，中国企业在柬承包工程与劳务合作累计合同额和营业额分别是 38.2 亿美元和 19.5 亿美元。另据柬埔寨发展理事会统计，截至 2010 年 7 月底，中国对柬累计投资项目已达 360 个，协议投资额近 80 亿美元，占柬投资总额的 23.4%，继续为柬最大的外资来源国。

（四）中缅关系：加强友谊，扩大合作，互利共赢

2010 年是中缅关系史上具有特殊意义的一年。两国以建交 60 周年为契机，加强高层互访和战略沟通。6 月初，温家宝总理应邀访问缅甸，与登盛总理举行了会谈，缅甸联邦国家和平与发展委员会主席丹瑞等会见了温家宝一行。9 月初，丹瑞主席及其夫人应邀访华，与胡锦涛主席举行了会谈，吴邦国委员长、温家宝总理会见了丹瑞一行。在中缅两国高层的频繁接触中，就涉及双边关系及地区和平、稳定与发展的重大问题达成进一步共识。11 月 7 日，缅甸在和平稳定的气氛中成功举行了大选，奠定了其政治社会持续稳定的基础。缅甸的长期持续稳定有利于中缅关系健康、稳定的发展。

在经贸合作方面，双方共同努力克服国际金融危机影响，实现双边贸易额大幅增长。能源、交通等基础设施项目得到推进，为两国经济技术合作注入了强劲动力。温总理于 6 月初访问缅甸期间，中缅两国签订了一系列合作协定，其中包括修建中缅油气管、水电开发以及促进贸易和金融联系等方面的协议。两国总理还共同触摸了标志中缅油气管建设开工的电子球。近年，中缅贸易额大幅增长：2008/09 财年为 26.26 亿美元，2009/10 财年已达 29.07 亿美元，同比增长 10.7%，已经超过缅甸最大贸易伙伴泰国。①

（五）中泰关系：继续保持全天候友好合作态势

中泰关系是一种全天候的友好合作关系。7 月 1 日，泰国和中国迎来了建交 35 周年。自 1975 年两国建交以来，中泰关系在平等友好、互利互惠的基础上保持着良好发展，两国战略合作关

① 中国驻缅甸使馆经商处网站，2010 年 3 月 17 日 09：33。文章来源：2010 年 3 月 17 日缅甸，《十一新闻》周刊。

系平稳、健康推进，“中泰一家亲”的传统友谊日益深入人心。中泰两国关系已成为不同社会制度国家之间和谐共处、互利合作和共同发展的典范。11月上旬，吴邦国委员长应邀访问了泰国，与泰国国会主席兼下议院议长猜·奇触举行会谈，会见了泰国总理阿披实，就发展两国关系及共同关心的国际和地区问题深入交换意见，达成广泛共识，将中泰关系推向了一个新的阶段。

牢固的友好合作关系为中泰之间经贸关系的迅速发展奠定了重要基础。2008年，中泰双边贸易额已达到420亿美元，2009年由于受国际金融危机和泰国政局动荡的影响，下降到382亿美元。2010年，中泰双边贸易出现大幅增长，1~9月贸易额已经达到332.44亿美元，同比增长44.82%。其中，泰国向中国内地出口154.9亿美元，从中国内地进口177.54亿美元，分别增长39.8%和49.86%。中泰贸易正朝着年贸易额500亿美元的目标迈进。泰国向中国内地出口增幅较大的商品主要有：飞机零配件（增长322.7%）、光学镜头（增长158.2%）、机械设备及零配件（增长90.29%）、橡胶产品（增长88.8%）。泰国从中国进口增幅较大的商品主要有：船舶（增长650.5%）、钢铁（增长202.45%）、集成电路（增长134.77%）、电路印刷版（增长101.17%）。

在双向投资方面，在过去的35年里，泰国对中国的投资累计达82亿美元，中国在泰国的投资累计达到5亿美元。

除经贸合作外，两国在各领域的合作发展势头良好。在教育方面，泰国在中国攻读学位、学习语言等的留学生逾3万人，而中国在泰国的留学生亦达到1万人。在泰国，双方共办的孔子学院有12所，孔子课堂11所，有60余万泰国人在学习汉语，教育合作已成为两国友好合作的新亮点。

在旅游方面，每年有数十万泰国人到中国旅游，而中国赴泰游客每年亦达百万之众，双方已互为重要的旅游客源国；在文化艺术交流方面，两国每年互访的艺术团组都有数十起，泰国和中国还签署了互设文化中心的协议，泰国“中国文化中心”有望在年内开工建设。[①]

据泰国媒体报道，9月7日，泰内阁会议批准了与中国合作

---

① 余显伦：《中国、泰国建交35周年：双方合作和交流的成果斐然》，中新社曼谷2010年6月29日电。

建设三条高速铁路的谈判框架草案。3条高速铁路线分别是曼谷至廊开线、曼谷至泰、马边境线和曼谷至罗勇线。其中前2条高铁是从中国昆明经老挝万象、泰国廊开、曼谷、泰国南部边境直至马来西亚的跨国铁路线的组成部分。[①] 泰华农民研究中心认为，该计划将有助于推动泰国与邻国以及本地区国家之间的贸易，尤其是趋向持续增长的边境贸易。同时，也有助于推升泰国在区域内的经济地位。有媒体认为，中泰合建高速铁路，将中泰合作推向了一个新的阶段。

（六）中新关系：站在历史的新起点

正如新加坡《联合早报》所评论的，要以寥寥数语概括新加坡与中国之间源远流长、不断发展变化而密切的关系，或许是不可能的任务。新中之间既有政治与经贸联系，利益的合作，又包含政经关系以外的历史联结、感情纽带以及特殊高层互动的渊源，多层面的历史与现实因素，加上双方多年的努力，构成了今天独特的双边关系。正是由于上述种种因素，近年来，中国与新加坡的关系一直保持了平稳快速发展的势头，刚刚过去的一年也不例外。正如国家副主席习近平年内访问新加坡期间发表演讲时所说的："中新关系站在新的历史起点上。"[②]

年内，中新之间继续保持了密切的高层互动。9月初，值新加坡和中国建交20周年之际，李显龙总理从6日起对中国重庆、上海、长沙、武汉、苏州等5个城市进行访问。9月30日，新加坡总统纳丹、总理李显龙和外长杨荣文分别致电胡锦涛主席、温家宝总理和杨洁篪外长，热烈祝贺中华人民共和国成立61周年，赞扬中国过去几十年在多个领域取得的非凡发展成就。10月3日，胡锦涛主席与纳丹总统、温家宝总理与李显龙总理互致贺电，热烈庆祝两国建交20周年。

11月中旬，中国国家副主席习近平应邀访问新加坡，将年内中新关系的发展推向高潮。访新期间，习近平副主席与李显龙总理举行了会谈，就推进两国重点领域合作以及共同关心的国际和

---

① 余显伦：《泰国拟与中国合作建设三条高速铁路线》，中新社曼谷2010年9月13日电。

② 习近平：《中新关系站在新的历史起点上》，新华网，2010年11月15日15:06。

地区问题交换意见，并共同出席了一系列双边协定的签字仪式。习近平还分别会晤了总统纳丹、内阁资政李光耀和国务资政吴作栋，并与新加坡各界人士广泛接触。

在经贸关系方面，新加坡继续成为中国的重要合作伙伴。双边贸易额已由建交时的28.3亿美元跃升至近500亿美元；互访人员由建交时的9.5万人次跃升至180万人次。新加坡在中国的留学生超过3 000人，中国在新加坡的各类留学人员超过4万人，并先后派出3万名干部到新加坡考察学习。中国目前是新加坡的第二大游客来源地，新加坡是中国第六大游客来源地。①

据新加坡国际企业发展局统计，2010年前3个季度，中新双边贸易总额已达到512.2亿美元，同比增长31.1%，其中新加坡对中国出口261.8亿美元，同比增长33.7%；从中国进口250.4亿美元，同比增长28.4%。全年中新双边贸易额将再创新高，突破600亿美元。

（七）中马关系：继续稳定发展

2009年是中马关系中重要的一年。6月，马来西亚总理纳吉布上台伊始就正式访华，双方签署了《战略性合作共同行动计划》等文件，并举办了一系列建交35周年的庆祝活动；11月中旬，胡锦涛主席应邀访问马来西亚。两国元首的互访，将中马关系推上了一个崭新的阶段。在刚刚过去的2010年，中马关系继续保持了稳定发展的态势。两国高层继续保持了密切的接触。3月底，中共中央政治局委员、全国人大常委会副委员长王兆国应邀访马，会见了马上议院议长王弗明。此外，还有多位中国省部级官员访问了马来西亚，包括全国政协外事委员会主任赵启正、国家旅游局局长邵琪伟、交通部副部长冯正霖、财政部副部长王军、农业部副部长高鸿宾等。

近年来，中马双边经贸关系继续保持了稳定发展的态势。据中国海关统计，中马双边贸易额1975年仅为1.6亿美元，2000年为80.5亿美元，2004年增加到262.6亿美元，2008年达到了创纪录的535亿美元，2009年为519亿美元。截至2008年底，马来西亚累计在华投资项目4 451个，累计实际投资额49.28亿

① 习近平：《中新关系站在新的历史起点上》，新华网，2010年11月15日15:06。

美元，居中国外资排行榜第16位，主要集中在能源、交通、供水、商业、酒店、电站、金融、房地产等领域。中国企业在马投资累计7.6亿美元，主要集中在金属、化工、产品制造、汽车装配、橡胶以及木材加工等领域。截至2009年8月底，中国企业在马累计签订承包和劳务合同金额86.17亿美元，完成营业额47.57亿美元。据马方统计，2010年1月至8月，中马双边贸易额达到302.3亿美元；[①] 按中方的统计，由于中国—东盟自由贸易区全面启动的拉动，全年有可能突破600亿美元。

（八）中印（尼）关系：更上层楼

进入新世纪以来，中国与印度尼西亚的关系步步登高，越来越好。年内，双方继续保持了密切的高层互访和接触，除苏西洛总统与胡锦涛主席、温家宝总理共同出席亚太经合组织领导人非正式会议，东盟与中、日、韩领导人（“10+3”、“10+1”）会议，东亚峰会经常进行接触外，苏西洛总统和吴邦国委员长还实现了专门互访，印尼副总统布迪奥诺也对中国进行了友好访问。10月初，吴邦国委员长应邀访问印尼期间，拜会了印尼多位国家领导人，并与苏西洛总统进行了会谈。两位领导人还见证了中国在印尼新投资66亿美元的项目签字仪式。[②] 10月底，中国—印度尼西亚商务论坛在上海举行，苏西洛总统应邀出席并于25日在论坛上发表重要演讲，对印（尼）中友谊和快速发展的双边经贸关系给予了高度评价。他期望印尼与中国的双边贸易最晚到2015年增长到500亿美元。会上，中印（尼）之间签署了27项合作协议，合作领域涉及钢铁、基础设施、农业、高新科技、创意产业以及知识产权保护。[③]

密切的高层关系，为中印（尼）之间经贸合作的快速发展奠定了重要基础。年内，随着中国与印尼贸易和投资的大幅度增长，年初印尼许多人士对中国—东盟自由贸易区全面启动可能给印尼经济造成冲击的忧虑一扫而光，印尼各界对中国—东盟自由贸易区的支持上升到一个新的水平。2010年头9个月，中印

---

① 马来西亚《南洋商报》，2010年10月25日。

② 信息来源：《国际日报》，2010年11月10日15：46：57。

③ 苏西洛：《印度尼西亚和中国正在新的时代和领域延续郑和开创的合作》，2010年10月26日00：47：50。来源：新华网。

（尼）双边贸易额已突破300亿美元，到年底有望接近400亿美元。正如中国驻印尼大使章启月所说：无论是交往的层次、深度和广度，当前中印（尼）两国关系都上了一个新台阶。

（九）中菲关系：转折中的磨合

年内，由于菲律宾举行新一轮大选后总统易人，组成了新一届政府，中菲关系进入了磨合阶段；另外，由于贝尼尼奥·阿基诺三世于6月30日接任总统后不久，便发生了“8·23”人质事件，21名中国香港游客在马尼拉市中心遭一名持枪绑匪劫持。对峙大约11小时后，菲警方发起强攻，击毙绑匪。这次事件导致香港游客8人遇难、7人受伤。国际舆论和中国政府都对菲警察解救人质的不成功做法表示质疑并对菲政府的处理表示不满。上述情况对中菲关系造成了一定影响，但是，中菲之间高层的互联互通仍然继续保持。

阿基诺三世正式接任总统之前，阿罗约总统于6月初出席了上海世博会，亲自发表演讲，为菲律宾国家馆作促销宣传。6月7日，中国驻菲律宾大使馆举行招待会，隆重庆祝中菲建交35周年。菲律宾外长罗慕洛、前总统拉莫斯等政要应邀出席了招待会。6月30日，阿基诺三世就职总统，中方派出特使赴菲表示祝贺。7月1日，刚刚就任总统的阿基诺三世会见了中国国家主席胡锦涛的特使、全国人大常委会副委员长严隽琪。严隽琪转达了胡锦涛主席对阿基诺总统的诚挚祝贺和良好祝愿，表示中方愿与菲新一届政府共同努力，积极推进双方各领域友好交流与合作，推动两国战略性合作关系持续深入发展，造福两国人民。

“8·23”人质事件发生后，中菲关系受到一定影响。小阿基诺政府接受媒体批评，加强了对人质事件调查处理的力度，终于完成了《“8·23”人质事件报告》，并于9月20日送交中国驻菲律宾大使馆官员。此举旨在尽快给中方一个满意的处理结果，以便“修复与中国关系”。①

在经贸关系方面，中菲之间继续保持了稳定发展的态势。2009年，中菲双边贸易额达到205亿美元。在中国—东盟自由贸易区全面启动的推动下，2010年中菲贸易大幅度增长，1～10月

① 《菲律宾称将修复与中国关系》（http://www.sina.com.cn），2010年9月21日03:28，国际在线。

双边贸易额已经达到 226.6 亿美元，同比增加 40.2%。其中，中方出口 94 亿美元，同比上升 40%；中方进口 132.5 亿美元，同比增加 40.4%；中方贸易逆差为 38.5 亿美元。[①] 在双向投资方面，截至 2009 年底，中国对菲律宾累计非金融类投资 4.82 亿美元，菲律宾累计对华投资 26.4 亿美元。

（十）中文关系：平稳发展

年内，中国与文莱的关系继续平稳发展。

新年伊始，中国国务委员戴秉国就作为中国政府和人民的友好使者，于 1 月底对文莱进行了友好访问。1 月 25 日，文莱苏丹哈桑纳尔·博尔基亚在斯里巴加湾市会见戴秉国一行。哈桑纳尔请戴秉国转达他对胡锦涛主席和温家宝总理的良好祝愿。他说，文莱和中国的友好交往源远流长，建交近 20 年来，两国关系发展顺利，双方各领域交流与合作富有成果，“我很高兴与中国领导人建立了深厚的友谊”。戴秉国向哈桑纳尔转达了胡锦涛主席和温家宝总理的亲切问候。访文期间，戴秉国还会见了文莱外交和贸易第二大臣林玉成，同他就双边关系和共同关心的地区和国际问题交换了意见。

5 月 8 日，上海世博会文莱国家馆日活动在世博中心隆重举行。中国外交部副部长宋涛，文莱外交与贸易部长穆罕默德亲王和王妃、驻华大使张慈祥以及两国各界人士共 500 余人出席了活动。

5 月底，闵永年就任新大使后，广泛拜会了文莱各界人士，成为中文友好的新使者。

在经贸关系方面，根据中国商务部公布的数据，2009 年中文贸易额创建交以来新高，达 4.23 亿美元，同比增长 93.5%。2010 年前 4 个月，中文双边贸易额已达 3.65 亿美元，同比增长 517.4%。这些数据使人们更加相信，两国领导人确立的 10 亿美元双边贸易额目标将于不久的将来实现。在双向投资方面，根据中国商务部统计，截至 2010 年 3 月，文莱对华直接投资项目 1 540 个，合同外资额 52.32 亿美元，实际利用外资额 18.02 亿美元。

① 中华人民共和国海关总署网页（http：//www.customs.gov.cn/default.aspx?tabid=400）。

五、中国—东盟合作需要注意的一些问题

中国与东盟的合作，是迄今中国在对外对边区域合作中最成功的合作之一。实践证明，中国与东盟的合作是一种符合当今世界潮流的、非常务实的、可以实现共赢的合作，给各参与方都带来了实实在在的利益。中国与东盟区域合作的成功实践，也为世界其他国家和地区开展区域合作提供了示范。当然，在情况错综复杂，国际、地区及各国形势千变万化的今天，中国与东盟的合作要不断巩固和发展，仍然面临着各种各样的挑战，当前及今后一个时期，以下一些问题应予以注意。

（一）政治安全合作方面应注意的问题

20 世纪 90 年代以来，中国与东盟在政治安全合作方面做了许多工作，取得了积极进展，目前双边关系处于历史的最好时期。今后要不断巩固这种来之不易的合作成果，应注意以下几个方面的问题：

第一，应注意培育一种中国—东盟自由贸易区的框架下的整体意识。中国—东盟自由贸易区既是中国与东盟的经济合作平台，也应是一个政治安全对话与合作的平台。要使中国与东盟的合作成为一种可持续合作，就应当在中国与东盟之间培育和形成一种整体意识。将中国和东盟视为一个“圈”，无疑可以增加政治互信，巩固合作成果。

第二，不把问题和矛盾扩大化，彼此照顾对方的利益和关切，一对一通过平等协商对话，和平解决问题。切忌将合作机制作为用来掣肘任何一方的工具。

第三，自己的事情自己做主。涉及本区域内相关各方之间的矛盾和争议，应由本区域内相关各方自行做主，通过平等协商，和平解决，切忌引入外力扩大事态。

俗话说，没有过不去的火焰山。只要能从上述角度出发，中国与东盟的政治安全合作必然会进一步深化，取得丰富的成果。

（二）经济合作方面的问题

在经济合作方面，中国—东盟自由贸易区全面启动一年来的

良好运行已经初步证明中国与东盟的经济合作是成功的。我们大家已经感受到了中国—东盟合作的成果，但是，我们也应关注合作中出现的新情况，共同采取措施解决新问题，呵护中国—东盟自贸区健康成长。目前存在的问题主要有：

1. 普遍缺乏对中国—东盟自由贸易区政策的了解

中国—东盟自贸区建设已近十年，全面启动也有一年，但目前各成员国的政府官员、企业家、商会负责人仍然普遍不了解其相关政策，不会争取原产地关税优惠。

2. 行业合作的现状与市场开放的要求尚不适应

在面对市场开放，打造新的产业链方面，多数行业尚未对接，双方的产业之间缺乏足够了解，行业商会之间缺乏沟通，缺乏自贸区行业发展规划。

3. 服务贸易市场尚待进一步开放

目前，双方服务贸易市场方面开放力度不够，开放领域有限，这在一定程度上影响了双方货物贸易和投资合作。

4. 双方企业缺乏走进对方市场的商务信息

企业不了解对方国家的产业政策、市场特点、经济体制，在选择贸易和投资合作伙伴方面缺乏商务渠道，缺乏人才。

以上问题应引起各方关注，采取必要措施，逐步加以解决。

（作者单位：云南省社会科学院东南亚研究所）

抓住新机遇，实现新跨越

——2010年云南省与东盟合作的新发展

陈铁军

2010年是中国—东盟自由贸易区初步建成后的第一年，中国与东盟成功地携手应对国际金融危机的挑战，众多中国与东盟的企业享受到自贸区的便利与优惠，不仅进一步密切了双边经贸关系，还由此减轻了危机带来的消极影响，使中国和东盟的经济率先走出低谷，为世界经济复苏作出了贡献。凭借中国—东盟自由贸易区这个广阔平台，云南省与东盟的经贸合作，在互利共赢中跃上了新的台阶。

一、中国—东盟贸易区启动，云南对外贸易实现重大突破

东盟经济能够较快走出低谷，主要得益于两个因素：一是1997年亚洲金融危机后东盟各国都对本国金融体制进行了调整，加强了地区合作特别是与中国的合作，提高了抵御风险的能力。二是中国—东盟自由贸易区启动的强劲带动，中国经济多年持续快速发展，使东盟国家可以搭乘“顺风车”，成功抵御了国际金融危机的冲击，较快实现经济回升向好。

（一）国际金融危机，云南与东盟共同抵御了风险

2008年，从美国刮起的金融风暴对东盟造成严重冲击，各国

经济普遍下挫。2009 年，东盟国家经济平均仅增长 0.9%。2010 年，中国—东盟自由贸易区全面启动，减少了贸易壁垒，扩大了中国与东盟的市场空间，贸易额大幅增加，拉动了经济增长。中国与东盟互为市场，得益于经济的强劲回升，年内云南与东盟贸易额大幅度增加。1~12 月，云南的对外贸易总额达到 133.67 亿美元，其中云南与东盟贸易额达到 45.75 亿美元，同比增长 45.2%，占云南省对外贸易总额的 34.2%，创历史新高。

（二）中国与东盟互为市场，云南的重点在周边

云南的贸易伙伴由改革开放初期的 10 多个国家和地区发展到现在的 130 多个国家和地区，但重点始终在沿边和近邻的东南亚国家。中国—东盟自由贸易区全面启动，各领域合作全面展开，云南优势明显。2009 年，中国对东盟的贸易额下降了 7.8%，但云南与东盟的贸易额却增长了近 13.8%。2010 年，中国与东盟贸易额达到 2 927.76 亿美元，同比增长 37.5%。云南与东盟之间贸易额达到 45.75 亿美元，同比增长 45.2%，增速超过全国。缅甸、越南一直是云南最大的两个贸易伙伴。2010 年，云南与缅甸、越南、老挝、泰国 4 个邻近国家的贸易额为 33.74 亿美元，占云南与东盟贸易额的 80% 以上。

云南与东盟及主要伙伴的贸易

单位：万美元

	东盟	缅甸	越南	泰国	老挝
2003	101 269	49 297	22 135	8 715	2 663
2004	127 645	55 132	33 864	12 931	3 376
2005	155 687	63 126	32 289	15 125	4 144
2006	217 454	69 208	50 745	13 069	6 932
2007	297 889	87 357	97 167	22 021	8 339
2008	276 382	119 279	64 491	24 975	11 046
2009	315 129	122 733	79 001	23 586	15 501
2010	457 545	175 965	94 940	46 343	20 380

资料来源：云南商务发展报告 2004—2009 年；云南省商务厅网站，2011 年 1 月 24 日。http：//www. bofcom. gov. cn/image20010518/92827. xls。

（三）边境贸易仍然是云南与东盟贸易的特色

边境贸易占云南对外贸易的比重虽然不大，但在边疆少数民族地区经济发展中发挥着“利国、富民、睦邻、安邦”的重要作用。[①] 多年实践证明，国家制定的扶持边境经济贸易发展的政策不只是贸易政策，同时是民族政策、扶贫政策、兴边政策和外交政策的重要组成部分。边境贸易从根本上增强了边疆少数民族地区的“造血功能”，促进了边疆少数民族地区的经济发展和社会进步，巩固了与毗邻国家的睦邻友好关系，不断地推进了沿边开放战略。尽管在金融危机的影响下，国家取消了边境贸易的各项优惠政策，云南边境贸易仍在持续发展。2010 年 1 ~11 月，云南边境贸易进出口额达到 15. 2 亿美元，同比增长 36. 8%，占全省外贸的 12. 5%。其中出口 8. 9 亿美元，同比增长 40. 6%，占外贸出口的 12. 7%；进口 6. 3 亿美元，同比增长 31. 7%，占外贸进口的 12. 3%。

（四）民企成为云南对外贸易的生力军

随着对外贸易经营权的放开，越来越多的民营企业如雨后春笋般参与到外贸经营领域，开始从事自营进出口业务。2009 年，云南省进出口企业总数首次突破万家，其中非公企业 9 271 家（包括民营企业和外资企业），占云南进出口企业总数的 88. 5%。民营企业进出口额也开始迅速增长：2005 年，云南民企进出口额仅 14. 14 亿美元，占当年全省进出口总额的 29. 8%；2009 年，云南民企进出口额已达到 37 亿美元，同比增长 20%，占全省进出口额的 46. 3%。2010 年 1 ~7 月，云南民企进出口额完成 44 亿美元，占全省进出口总额的 57%，成为云南省对外贸易的新主力。民营企业进出口的快速增长，进出口规模的迅速扩大，不仅改变了云南省对外贸易长期以来以国有企业为主的企业结构，而且对推动云南省对外贸易的发展起着越来越重要的作用。[②]

---

① 王建伟：《边贸是云南对外开放的特色之一》，云南省商务厅网站，2009 年 7 月 16 日。

② 王建伟：《边贸是云南对外开放的特色之一》，云南省商务厅网站，2009 年 7 月 16 日。

二、云南与东盟的合作日益紧密，境外投资大幅增长

云南与东盟双方的相互投资已有一定的基础，中国—东盟自贸区成立后，继续推进投资合作的潜力巨大，加之目前东盟国家正处于吸引外资的高峰期，周边国家投资环境逐步稳定，为云南省企业进入这些国家直接投资创造良了好的时机，加快对东盟国家的直接投资成为现实。

（一）自由贸易区启动，云南境外投资呈跨越式发展

投资的便利化使周边国家投资成为云南境外投资的重点，截至2010年8月底，云南省境外投资协议投资总额已突破100亿美元大关，达到107.17亿美元。云南境外投资的特点主要有：全省境外投资规模扩张迅猛；与云南毗邻国家是云南省境外投资的主要目的地，全省182家境外投资企业中，投资老挝的有79家，投资越南的20家。此外，还有投资缅甸、柬埔寨、泰国、新加坡和印度尼西亚等东盟国家的，合计137家，占境外投资外汇登记总数的75%。云南境外投资继续保持全国第十位、西部省（市）第一位的水平。

（二）云南境外投资呈宽领域、多主体、经营方式多样化的特点

“走出去”到次区域等东南亚国家开展经济合作，是云南对外开放最有特点、最有优势、最有作为的领域。多年来，云南以东南亚为重点并以“走出去”为特色，投资领域由点及面，从设立贸易公司、办事处为主向加工贸易，农业、水电、矿产资源开发等多领域发展，境外资源开发项目成为云南省企业境外投资主流；投资国别从缅、老、越周边三国延伸到次区域国家乃至东盟其他国家；投资主体从边境民营企业起步到省属国有大型企业乃至中央企业积极参与。国有企业境外投资以大项目为主，占总投资额的68.3%，而民营企业数量最多，占企业总数的71.2%。

（三）云南境外投资新途径：境外经济合作区应运而生

2010年10月，云南省海外投资有限公司与老挝万象市政府

双方共同组建“老中联合投资有限公司”投资老挝万象新区1 000公顷综合开发项目，按照“工业园区加新城开发”的中国开发区综合开发模式，把万象新区1 000公顷土地建成农产品加工出口基地、轻工业加工出口基地、现代化住宅区、绿化区、旅游休闲区和物流中心。一期年加工20万吨大米的加工厂项目开工建设；远期加工50万吨大米可创造年产值1.2亿美元，增加500个就业机会，带动农田种植5万公顷。建立境外经济合作区可贴近市场；国内接单境外加工，改变原产地；变商品输出为资本输出，不受贸易措施的约束，可以将贸易摩擦降到最低。建设境外经贸合作区，可改善东道国投资环境，可以增加东道国的就业机会和财政收入，培训熟练技术工人，提高技术水平，促进经济发展，是一种互利共赢的选择。

（四）央企入滇带动云南境外投资增长

由于东南亚是我国对外投资重点区域，云南充分利用区位和通道优势为央企和省外大企业走向东南亚提供优质服务和投资平台，因此吸引了中电投、大唐、华能等央企和省外大企业，纷纷落户云南。在滇央企以其雄厚的实力，以及不断丰富的跨国经营经验，走在了境外投资的前沿，如华能集团控股的云南联合电力公司在缅甸投资4.75亿美元建设的60万千瓦瑞丽江一级水电站成功投产就是一个范例。目前，在云南省落户的央企在周边国家实施的水电项目已经占云南省对外投资的45%，未来比例还会更高。另外，浙江、广东、江苏等一些沿海实力较强的大企业也积极和云南企业合作，在云南注册公司，利用云南优惠政策和便利措施，到周边国家进行矿产资源开发，取得了较好业绩，拉动了云南对境外的投资。

三、云南连接周边的国际大通道建设取得实质性进展

昆明—仰光经济走廊是泛亚铁路西线，是中国进入印度洋最便捷的出海通道，构建内外的连接点，南北贯通、东西呼应，海陆空三位一体的国际通道意义重大。2010年，中缅双方在合作中彼此信任、真诚相待、互惠互利，在实现交通的对接方面取得了

重要突破。

（一）沟通印度洋的油气管道率先推进

中缅油气管道是我国陆上三大能源进口通道之一，管道起于缅甸西海岸马德岛的皎漂市，经缅甸从云南瑞丽市入境至昆明，到达中国西南各省。2010 年 10 月，倍受关注的中缅油气管道工程中国境内段和云南 1 000 万吨石油炼化项目开工建设，这标志着云南与缅甸的合作取得了重大进展，意味着中国通往印度洋的通道建设首先从管道运输起步。项目由中缅原油管道、中缅天然气管道、炼化基地三部分组成，原油、天然气、成品油的管线都将实现同步动工建设。该项目一期输油 2 000 万吨/年，输气 120 亿立方米/年；形成 1 000 万吨原油及 100 万吨乙烯加工能力，形成油化一体化高科技集群式的石化基地；二期有望引进 4 000 万到 6 000 万吨的原油，这一数字大约接近中国 2008 年原油总进口量的 1/3。

（二）进入印度洋的高速公路即将形成

云南通往印度洋的公路，早在 20 世纪 30 年代就已开通，即滇缅公路通道，在历史上曾发挥过重要作用。云南通往印度洋的公路，大部分路段在缅甸境内。昆明—缅甸仰光高速，规划全长 1 899 公里。云南省境内长 732 公里，目前已实现全线高等级化，预计 2013 年全部建成高速公路。线路从云南出境进入缅甸，抵达曼德勒后将形成三条进入印度洋的通道：一条经马圭到达皎漂港，一条经缅甸首都到达仰光港，一条从缅甸出境可达孟加拉国吉大港。这三条出海通道目前都在抓紧实施，缅甸境内的仰光—曼德勒快速路已于 2010 年 10 月全线开通。

（三）进入印度洋的铁路积极跟进

从昆明出发经大理至保山再至瑞丽，出境到达缅甸仰光是泛亚铁路的西线，是中国连接东南亚、南亚地区的国际大通道，全长约 1 920 公里，中国境内段为昆明—瑞丽铁路，全长 690 公里。其中，昆明—大理的 350 公里早已建成，目前正在建复线铁路；大理—瑞丽铁路长 340 公里，已于 2007 年开工建设。瑞丽至缅甸腊戌长 130 公里，目前尚无铁路，需要新建。联通腊戌后可接缅甸铁路网，经 1 100 公里既有铁路可达缅甸首都仰光，预计缅甸皎漂—昆明的铁路将于 2015 年前建成。目前，中缅高铁正在筹备过程中，按照昆明至仰光 1 920 公里，设计时速 200 公里计算，从昆明至仰光可实现朝发夕至。缅甸交通部的中缅铁路计划报告显示，未来缅甸铁路在连接中国昆明的同时，可经泰国、马来西亚，最终与新加坡相连。

（四）进入印度洋的水路有望尽快打通

伊洛瓦底江发源于喜马拉雅山麓，经云南进入缅甸汇入恩梅开江，往南与迈立开江汇合后合称伊洛瓦底江，全长 2 200 公里，其中中国境内 171 公里（在云南称独龙江）。中缅陆水联运通道，全称为“中国昆明—缅甸仰光伊洛瓦底江陆水联运通道”，是指从中国昆明经保山、瑞丽至缅甸八莫港陆路，再经八莫港至仰光港水路，最终进入印度洋的整个陆水联运系统。20 世纪末，中缅陆水联运通道已进行过联合载货试航运输。目前，开通中缅陆水联运通道的外部环境良好，双方都有合作的意愿，只要中缅两国签订联运协议，就有可能尽快开通这条我国直入印度洋最直接的战略通道，年通货能力可达 2 000 万吨。

（五）进入印度洋的港口正抓紧实施

缅甸的皎漂港拥有狭长海沟，港外航道很深。港内风浪小，是天然良港。而且兰里岛地势平坦，只有一片小山，非常适合进一步开发。早在 2009 年 10 月，中缅原油管道项目皎漂船埠工程已经正式动工。根据规划，在马德岛和兰里岛东侧的部分地区将建设一个 30 万吨石油码头、60 万立方米的油库和天然气管道上岸基地。建成后，每天将从这里向中国输送相当于 40 万桶的来自中东和非洲的石油。缅甸西海气田的天然气也将通过并行管线翻越尤马山脉，经过曼德勒从云南瑞丽入境。

（六）进入印度洋的黄金口岸正在构建

目前，德宏州对缅甸的贸易已分别占中缅贸易的 1/4、滇缅贸易的 3/5 以上，是中缅两国开放合作成效最明显的区域之一。云南立足中国—东盟自由贸易区，以缅甸为突破口，将德宏建设成连接印度洋，辐射南亚次大陆的中国面向西南开放的桥头堡黄金口岸；围绕建立昆明—仰光经济走廊，以桥头堡黄金口岸建设促进城镇化发展，以城镇化发展推动桥头堡黄金口岸建设。根据大通关的要求，进一步理顺口岸管理体制，创新口岸管理机制，深化海关分类通关改革，加快检验检疫绿色通道及屏障建设，强化边防管理信息化、规范化和便利化建设，建立覆盖全州的大通关电子口岸信息综合平台，使口岸人流、物流、资金流、信息流高效顺畅运转，形成有效监管、高效服务、口岸功能完善、安全畅通的大通关体系，力争把德宏的口岸建成服务优质、诚信规范、环境最好的模范口岸。

四、云南与东盟的合作不断深化，金融合作迈上新台阶

自1993年开始，云南跨境贸易人民币结算经历了起步、发展和推进三个阶段。1993年至2004年主要是逐步推动商业银行与毗邻国家建立人民币边贸结算关系，启动边境贸易人民币结算。2004年至2007年在国家边贸出口人民币退税政策的推动下，边境贸易人民币结算得到长足发展。边贸人民币结算比例从30%左右上升至90%，结算量从7.39亿元增长至38.69亿元，平均年增长106%。2007年以来，在国家人民币区域化战略的推动下，云南的跨境贸易人民币结算在结算量、结算范围、结算贸易方式等方面都得到了全面的发展和推进，周边国家对人民币认同度大幅度提升。据初步统计，目前人民币在周边国家的流入流出量已经达到680亿元，存量达到110亿元。人民币结算从边境贸易扩大至一般贸易，基本上形成了云南特有的跨境贸易人民币结算模式。①

（一）云南跨境贸易人民币结算取得重大突破

2010年6月，中国人民银行等六部委联合发布，批准云南为跨境贸易人民币结算试点省，为云南开展跨境贸易人民币结算创造了良好的条件。经过多年摸索，云南跨境贸易人民币结算已取得重大突破：一是云南省建行、中行、农行、工行、交行、富滇

① 李洪峰：《合力推动人民币跨境结算迈上新台阶》，载《云南日报》，2009年12月15日。

银行、恒生银行等商业银行已经与缅甸、老挝、越南、泰国、新加坡等境外9家银行签署了代理清算协议，搭建了与上述国家和地区的清算渠道，通汇范围由边境商业银行向内陆银行扩展，结算方式由过去的现金为主向转账现金并举的方向转变，奠定了云南省推动跨境贸易人民币结算的基础。二是良好的金融秩序进一步建立。2010年，云南省共有1 043家企业通过了审批，可进行出口货物贸易人民币结算试点，随着规范的境内外金融机构结算通道的建立，开了正门，堵了后门，“地摊银行”的增长得到了有效遏制。三是试点政策在云南省取得明显成效。试点后跨境贸易人民币结算量突破性增长，结算量单月突破10亿元，环比增长35%，企业在进出口环节不必再通过美元结算，降低了汇兑成本，可减少“地摊银行”等中介环节，减少企业进出口环节的换汇成本，节约汇兑费用，减少换汇损失。实行跨境贸易人民币结算带来2%~3%的总成本的下降，云南每年将减少2亿多美元的外贸总成本。

（二）人民币周边化尚存在一些问题，但前景广阔

跨境贸易人民币结算是一项无经验可借鉴的全新工作，是一个漫长的过程，必须作好打持久战的准备，应按照人民币周边化、区域化、国际化的近期、中期、远期工作目标来逐步推进。从2009年云南跨境贸易人民币结算工作开展情况来看，由于周边国家政治、经济、文化以及银行业发达程度与我方存在一定差异，使试点工作面临一些问题和困难。一是跨境贸易人民币结算量仍以边境贸易为主。由于试点企业名单尚未批准，一般贸易的人民币结算量占比较小，跨境贸易人民币结算仍然保持着金额小、笔数多、边贸为主的特点。二是目前云南虽已和周边国家建立了代理清算的渠道，但由于银行业电子化发展程度的差异，我方与邻国的清算还仅限于边境银行的清算，在清算的安全、高效、广泛上还有许多工作要做。

（三）云南与东盟的金融合作还需进一步深化

要从国家利益的高度充分认识跨境贸易人民币结算的战略意义，全力推进跨境贸易人民币结算，分享国家这一新政策带来的实惠。要加大宣传培训力度，使企业充分掌握政策所带来的好

处，明白能做什么、可做什么、要做什么，形成合力，推动该项业务的发展。一是积极争取相关政策，畅通人民币跨境出入渠道。人民币境外存量是实施跨境贸易人民币结算的重要基础，这就要求银行和企业在风险可控的前提下做好畅通人民币流出渠道的文章，创造人民币结算的现实基础；同时加快人民币回流机制建设，加强人民币对小币种挂牌等问题的研究和探索。二是充分利用推进桥头堡建设战略的优势，积极推动资本项下人民币业务。以市场运作的方式，依托大项目如中缅石油管道建设、水电站建设、公共设施建设等项目推进人民币境外投资。三是进一步完善境内外沟通协商机制，建立信息沟通平台，使企业和银行及时了解政策法规，摸清合作渠道，掌握运作方式，拓展业务泛围。

五、云南与东盟的合作不断提升，改善民生成效显著

为从根本上解决毒品入境问题，20 世纪 90 年代起，中国政府与缅甸、老挝政府开展合作，逐步在缅甸北部的掸邦、克钦邦和老挝北部 7 省开展替代罂粟种植的工作。2010 年，云南省在缅甸、老挝北部开展境外罂粟替代种植面积已达 310 余万亩，种植橡胶、甘蔗、玉米等近 40 种农经作物，累计投资 10 多亿元人民币。①

（一）提高了当地人民的生活水平

替代种植项目帮助缅北、老北地区烟农弃种罂粟后的生活来源开辟了新渠道，为烟农寻找新的生产模式和生活出路，逐步摆脱对罂粟种植的依赖，当地罂粟种植面积已大幅下降，替代种植已显现成效，民生得到明显改善。据不完全统计，仅缅北地区替代项下的烟农受益人群已超过 15 万人，人均年收入从过去的约 200 元增加到目前的 1 000 元左右。其中，劳动力的收入增加到约 3 000 元。烟农在生产、生活方式上得到了彻底改变，走上了全新的生活并建立了新的生活信念，过上了更有尊严的生活。

① 《云南开展境外替代种植面积超 310 万亩》，新华网广西频道，2010 年 12 月 10 日。

（二）推动当地基础设施建设和各项公益事业

替代种植实施以来，缅北、老北地区基础设施和公益事业得到明显改善。替代种植企业在缅北、老北地区修建道路、桥梁、饮水工程等一批基础设施，促进了当地经济发展和社会进步。据不完全统计，到2009年，替代种植企业在缅甸、老挝北部修建简易公路3 000多公里、架设桥梁18座、修建水渠500多公里、修建水池30多座、新建变电站6个、新建学校18所、新建卫生院和卫生室13所，并从国内引入医疗设备和药物，为提高当地群众健康素质发挥了积极作用。云南和缅甸、老挝联合用经济的手段实现禁毒禁种的目标，得到了联合国禁毒组织和国际社会的高度评价。

（三）改变了当地农民传统的生产方式

2000年，“金三角”的罂粟种植面积为169.5万亩，可产鸦片1 000吨，依然是继“金新月”之后的世界第二大毒源。开展替代种植工作使该地区要摆脱对毒品经济的依赖，该地区罂粟种植面积减少至2010年的20多万亩。替代种植教会了缅、老北部地区烟农一定的生产技术，改变了他们传统的生产方式，促进了原种植罂粟地区的产业结构调整，当地烟农从过去单一的种植罂粟调整为种植经济林和农作物，在一定程度上推进了传统种植业、养殖业向科学化、集约化、规模化发展。随着替代种植的深入实施，催生了农副产品加工业，一批榨糖厂、橡胶厂、酒精厂、水果加工厂、茶厂、辗米厂应运而生，一大批替代产业项目涌现出来。

（四）改善了边境安全环境，增进了与毗邻国家的睦邻友好关系

通过与缅、老政府建立双边机制、制定有关政策和实施替代项目，一方面，推进替代项目规范、有序开展，深化了双边经贸合作和禁毒合作，减少了毒品犯罪，净化了边境社会环境；另一方面，进一步密切了双方边民之间的交往，积极、有效地提升了睦邻友好关系。例如，甘蔗是云南省在境外替代种植的一大品种，目前已在缅甸、老挝替代罂粟种植甘蔗超过16万亩，进口

甘蔗糖料68万吨。[①] 这些地方以往种植的罂粟已变成甘蔗，实现了禁毒、增收、创造贸易、密切关系、净化社会环境等多重效益。

（作者单位：云南省社会科学院东南亚研究所）

①《云南糖业境外替代种植惠及"金三角"》（http://www.enorth.com.cn），新华社，2010年11月3日。

2010年云南边境对外经贸合作：发展与思考

屈燕林

在刚刚过去的一年，云南凭借其独特的地理区位优势，继续积极推进与毗邻国家的边境经贸合作尤其是参与作为国家战略的云南桥头堡建设，在与周边国家的友好交往、边境贸易、边境口岸通关、边境对外通道建设、边境对外经济技术合作等方面都取得了新的进展。

一、云南省与GMS国家的官方往来

根据其地理区位特点，云南省在面向东南亚各国的开放中，将越、老、缅、泰、柬等GMS五国作为重中之重。在过去的一年，云南省与GMS五国的官方交往体现出了加强合作共同应对金融危机影响的特点。其中，与越南的交往明显多于其他几国。

（一）滇越官方往来

年内，云南省与越南之间保持了密切的官方交往，其中仅省部级以上的交往就有近10个批次。最主要的有：

1月中旬，由越南北部四省领导组成的代表团应邀前来昆明参加庆祝中越建交60周年纪念活动。1月18日下午，省委副书记李纪恒会见了代表团一行。

1月下旬，越南外交部副部长胡春山应邀前来云南进行考察访问。1月28日下午，省委副书记、省长秦光荣在昆明震庄宾馆会见了胡春山一行。

6月上旬，越南老街省人民委员会主席阮文咏应邀前来昆明出席第十八届昆交会。8日下午，省长秦光荣在昆明会见了阮文咏一行。昆交会期间，滇越双方签订了《关于加快推进中国河口—越南老街市跨境经济合作区研究和建设合作的框架协议》。

10月下旬，越南副总理张永仲一行应邀访问云南省。25日上午，省委书记白恩培在昆明会见了张永仲一行。张永仲表示，通过访问，对云南经济社会快速发展取得的成绩表示敬佩，值得学习借鉴；将与云南一起建设好"昆明—河内经济走廊"，全力以赴加快河内至云南的交通建设，努力扩大双方在教育、文化、卫生及人民间的合作与交流。

11月25日，中国云南与越南老街、河内、海防、广宁五省市经济走廊合作第六次会议在越南老街举行。越南外交部副部长陶越中、老街省人民委员会主席阮文咏等出席会议并致辞。云南省副省长顾朝曦率团出席会议并发言。会上，中越五省市签署了《会议纪要》，就双方进一步加大合作力度，丰富合作内涵，提高合作水平达成共识。双方一致认为，今后应继续加强旅游文化交流、教育培训合作、卫生、预防防疫、农业农村发展、司法、环保、应对气候变化等领域的积极合作。①

11月22日至26日，应越南政府副总理兼外长范家谦的邀请，云南省委书记白恩培率团访问越南。访问期间，白恩培书记拜会了越南国家主席阮明哲，出席了越南政府副总理张永仲的早餐会；越南政府副总理兼外长范家谦会见并宴请了白书记。除河内外，白书记一行还考察了胡志明市、庆和省芽庄市和老街省。26日，白书记在越南老街会见了老街省委书记阮友万。双方就加强云南与老街全面友好合作关系，深化经济、文化、教育、交通等各领域合作，推进重大合作项目建设等形成共识。

（二）滇老官方往来

年内，云南省与老挝的官方交往具有频率高、层次高的"两

① 云南网，http：//honghe. yunnan. cn/html/2010 - 11/26/content_ 1422413. htm。

高”特点。

4 月下旬，老挝副总理兼外交部长通伦·西苏里率团参加上海世博会开幕式经停昆明。29 日，副省长顾朝曦在昆明会见了通伦·西苏里一行。顾朝曦说，老挝土地资源丰富，云南愿意选派一些懂老语和技术的产业工人，与老方一同开发当地的闲置土地，促进农业生产，推动双方友好关系向前发展。通伦·西苏里说，云南在老方投资的钢铁厂奠基，开启了中国企业到老挝投资的新篇章，希望更多的中国企业和商家到老挝投资，实现共同发展。

6 月中旬，老挝人民革命党中央政治局委员、中央思想理论和文化工作领导小组组长沙曼·维亚吉率老挝人民革命党代表团访问云南。14 日下午，省人大常委会常务副主任晏友琼在昆明会见了代表团一行。

年底，省委书记白恩培访问老挝，将年内滇老交往推向高潮。11 月 16 日至 20 日，应老党中央政治局委员、常务副总理宋沙瓦邀请，中共中央委员、云南省委书记白恩培率云南省友好代表团访问老挝并出席老挝定都万象 450 周年暨建国 35 周年庆祝活动。访老期间，白恩培会见了老党中央总书记、国家主席朱马利，老党中央政治局委员、总理波松，并出席了云南省与老挝 3 个合作文件签约和中寮钾盐矿年产 5 万吨氯化钾试运行开工仪式。

（三）滇缅官方往来

在中缅建交 60 周年之际，6 月 4 日，云南省举行中缅建交 60 周年招待会，共叙中缅胞波情谊，携手合作发展之路，努力推动滇缅友好关系再上新台阶。省委书记、省人大常委会主任白恩培，省委常委、省委秘书长杨应楠，省人大常委会副主任江巴吉才，副省长顾朝曦，省政协副主席王学智，以及缅甸外交部副部长吴貌敏等出席招待会。顾朝曦代表云南省政府致词。吴貌敏副部长在致词中说，缅中山水相连，云南在缅中关系中占据着重要地位，随着两国关系的不断深化，缅滇在各方面的合作将取得更大发展，希望缅中两国的贸易总额能实现更大突破，祝愿缅中胞波友谊代代相传。

11 月 20 日至 22 日，由省委书记白恩培率领的云南友好代表团应缅外交部长吴年温的邀请访问了缅甸。在访问缅甸期间，缅甸联邦总理吴登盛在缅甸首都内比都会见了白恩培一行，双方就加强云南与缅甸的友好合作坦诚交换了意见。代表团还考察了仰光港勃昂觉码头、内比都议会大楼、缅甸珠宝交易会等，并出席了云南驻仰光商务（企业）代表处授牌仪式、云南建工集团有限公司与缅甸尤斯纳集团公司合作框架协议签字仪式。根据协议，云南建工集团以 EPC（设计、采购、施工）总承包方式，承建尤斯纳集团以 BOT 模式运作的缅甸境内密支那至班哨公路改建工程项目。白恩培指出，这个协议的签署对于两个企业是互利共赢，对滇缅双方也是互利共赢。据悉，截至 2010 年 9 月，云南省对缅甸实际投资额已达 5.28 亿美元，缅甸成为云南省对外投资的第一大市场。云南企业累计在缅甸完成对外承包工程营业额达到 16.1 亿美元。2010 年 1 月至 9 月，滇缅贸易额达 12.3 亿美元，同比增长了43%。

（四）滇泰官方往来

年内，由于泰国政局持续动荡，滇泰之间的友好往来比往年少一些，但双方之间交往仍然保持畅通。

4 月上旬，泰王国公主诗琳通殿下应邀访问云南。5 日下午，秦光荣省长在昆明佳华广场酒店会见了诗琳通殿下一行。秦光荣说，公主殿下为推进云南与泰国的友谊与合作出了积极贡献。云南与泰国在公路、民航、水路等交通方面的合作更为显著，在教育、文化、科技等方面也开展了大量合作。

10 月中旬，泰国总理府部长昂亚·卡派文应邀访问云南。11 日，顾朝曦副省长在昆明会见了昂亚·卡派文一行。他说，随着昆曼国际大通道的开通，云南与泰国的经贸往来、文化交流不断提高。希望双方进一步推动通关便利化，实现贸易互补，加强公路、铁路交通和旅游方面的交流，相互借鉴城市建设方面的先进理念，谋求在更广阔领域的合作。昂亚·卡派文说，泰国与云南的关系非常密切，此次访问是特意转达阿披实总理对云南省领导的致意，以促进双方在投资、经贸和旅游方面的合作与交往。

二、云南边境对外经贸合作的总体情况

云南省与越南、老挝和缅甸接壤，边界线长达4 000多公里，边境经贸合作在云南与周边国家的经贸合作中占有重要地位。年内，云南与周边国家边境经贸合作的基本情况如下。

（一）边境小额贸易情况

根据云南省商务厅的统计，1～11月，云南省边境小额贸易进出口总值合计151 676万美元（上年同期为110 899万美元），同比增长36.8%。其中，出口合计88 848万美元（上年同期为63 211万美元），同比增长40.6%；进口合计62 828万美元（上年同期为47 688万美元），同比增长31.7%。按边境州市划分，基本情况如下。

德宏州：进出口总值合计87 415万美元（上年同期为58 778万美元），同比增长48.7%。其中，出口合计64 562万美元（上年同期为43 581万美元），同比增长48.1%；进口合计22 853万美元（上年同期为15 197万美元），同比增长50.4%。

红河州：进出口总值合计15 856万美元（上年同期为14 974万美元），同比增长5.9%。其中，出口合计8 803万美元（上年同期为7 084万美元），同比增长24.3%；进口合计7 053万美元（上年同期为7 890万美元），同比减少10.6%。

保山市：进出口总值合计13 199万美元（上年同期为5 760万美元），同比增长129.1%。其中，出口合计6 154万美元（上年同期为3 669万美元），同比增长67.7%；进口合计7 045万美元（上年同期为2 091万美元），同比增长236.9%。

西双版纳州：进出口总值合计17 381万美元（上年同期为14 395万美元），同比增长20.7%。其中，出口合计4 550万美元（上年同期为4 413万美元），同比增长3.1%；进口合计12 831万美元（上年同期为9 982万美元），同比增长28.5%。

文山州：进出口总值合计3 076万美元（上年同期为4 684万美元），同比减少34.3%。其中，出口合计1 015万美元（上年同期为1 695万美元），同比减少40.1%；进口合计2 061万美

元（上年同期为 2 898 万美元），同比减少 31%。

临沧市：进出口总值合计 6 358 万美元（上年同期为 4 098 万美元），同增长 55.1%。其中，出口合计 2 642 万美元（上年同期为 1 798 万美元），同比增长 46.9%；进口合计 3 716 万美元（上年同期为 2 300 万美元），同比增长 61.6%。

普洱市：进出口总值合计 7 784 万美元（上年同期为 7 850 万美元），同比减少 0.8%。其中，出口合计 1 118 万美元（上年同期为 962 万美元），同比增长 16.2%；进口合计 6 666 万美元（上年同期为 6 888 万美元），同比减少 3.2%。

怒江州：进出口总值合计 600 万美元（上年同期为 355 万美元），同比增长 69%。其中，出口合计 5 万美元（上年同期为 10 万美元），同比减少 50%；进口合计 595 万美元（上年同期为 345 万美元），同比增长 72.5%。①

总体上看，2010 年云南的边境小额贸易整体上恢复了增长势头，文山州的下滑值得注意，怒江州的边境小额贸易总量上依然较小。云南边境小额贸易已经开始走出国际金融危机造成的衰退状态。

（二）边交会情况

年内，西双版纳州景洪、红河州河口、文山州麻栗坡都成功举办了边交会。而德宏州与缅甸合作，拟于年底在缅甸木姐 105 码商务区举办的第十届中缅边交会则推迟至 2011 年 2 月举办。

4 月 13～17 日，由云南省商务厅、云南省旅游局和西双版纳傣族自治州人民政府联合主办的第十三届西双版纳边境贸易旅游交易会在景洪西双版纳国际会议展览中心举行。本届交易会来自泰国、老挝、缅甸、越南等国家的 126 家厂商使用展位 186 个；来自省内外的 131 家厂商使用展位 217 个；参展商品有 30 多类、3 000 余个品种。在 5 天的展洽期间，期现货成交额达 7 580 万元；签订经贸合作项目 12 项，签约金额达 79 亿元；共有 7 万余人次到会洽谈业务、观光和购物。②

---

① 云南省商务厅网站，http://www.bofcom.gov.cn/bofcom/432912950882205696/20101216/277642.html。

② 西双版纳傣族自治州政务信息网，http://www.xsbn.gov.cn/zwgk/ShowArticle.asp?ArticleID=14160。

11月26~30日，2010中越（河口）边境经济贸易交易会在中国—东盟河口国际贸易中心举行。本届边交会共设展位1 320个，其中中方展位1 070个，越方展位250个。贸易成交金额达1.436亿美元，其中现货交易630万美元；签约项目12个，签约金额1.373亿美元。本届边交会上，中国国内投资项目首次被引入签约项目并获得成功。7户企业共签约7个项目，协议总投资达人民币10.69亿元。其中河口县委、县政府与昆明钢铁控股有限公司签订的河口边民互市市场投资项目，合同金额达6亿元人民币，成为本届边交会签约金额最大的项目。据不完全统计，参加此次交易会的人数达12万人次。①

12月23~25日，2010中越（麻栗坡）国际商贸旅游交易会在麻栗坡举行。本届交易会参会参展企业的数量和档次都较前几届交易会有显著提高，项目洽谈成绩喜人，共促成项目签约11个，协议签约资金61.41亿元人民币。本次交易会设计展位600个，实际完成展位600个，有近300家中外企业及客商参会参展，其中国内企业展位400个，越方企业展位200个。交易会期间，到麻栗坡参观、旅游总人数达1.4万余人次，实现旅游综合收入700.15万元人民币。

（三）边境口岸物流情况

在滇越、滇老、滇缅边境长达4 000多公里的沿线中方一侧，自东向西分布着文山、红河、普洱、西双版纳、保山、怒江等州市。这些边境州市与周边国家的经贸往来是云南对外经贸合作的一个重要组成部分。

1. 总体情况

在刚刚过去的一年，云南口岸运行情况各项指标继续稳定增长，特别是进出口额、进出口货运量和出入境交通工具三项指标大幅增长。据昆明海关统计，1~10月全省口岸进出口额41.2亿美元，同比增长33.6%；进口12.5亿美元，同比增长2.2%；进出口货运量682.3万吨，同比增长37.5%。其中，出口203.5万吨，同比增长17.3%；进口478.8万吨，同比增长48.3%。出入境人员1 552.3万人次，同比增长6.5%。其中，出境773.7万人

① 商务部网站云南商务之窗，http：//yunnan.mofcom.gov.cn/aarticle/sjdixiansw/201012/20101207291889.html。

次，同比增长6.3%；入境778.6万人次，同比增长6.6%。出入境交通工具257.5万辆（艘、架、列）次，同比增长22.9%。其中，出境128.3万辆（艘、架、列）次，同比增长20.3%；入境129.2万辆（艘、架、列）次，同比增长25.7%。①

2. 中缅边境口岸物流情况

中缅边境主要涉及德宏、保山、临沧、西双版纳、普洱、怒江等6个州市，分布着瑞丽、畹町、腾冲猴桥、孟定清水河等4个陆运（公路）国家一类口岸以及打洛、孟连、南伞、沧源、盈江、章凤、片马等7个陆运（公路）省级口岸。年内，各口岸均实现恢复性增长。

1~11月，德宏州共完成进出口总值100 699万美元，同比增长50.9%。其中，出口76 098万美元，同比增长51.8%；进口24 601万美元，同比增长48.2%；在全省16个地、州、市中继昆明之后，排列第二，完成年度目标任务91 535万美元的110%。按贸易方式划分：一般贸易进出口完成13 118万美元，同比增长68.81%；边境贸易进出口完成87 414万美元，同比增长48.7%，占全省边境贸易的57.63%，在16个边境地、州、市中排列第一；外商投资完成进出口167万美元，同比下降0.6%。②

1~11月，保山市对外贸易累计完成进出口总额17 354万美元，同比增长86%。其中，进口7 111万美元，同比增长2.4倍；出口10 243万美元，同比增长41.5%。

3. 中越边境口岸物流情况

中越边境主要涉及文山、红河、普洱等3个州市，分布着河口、天保、金水河等3个国家级陆运（公路）口岸和田蓬陆运（公路）等省级口岸。

1~10月，文山州累计完成进出口总额23 460万美元，同比增长71.5%。其中，出口18 826万美元，同比增长67.1%；进口4 634万美元，同比增长91.9%。进出口货运量195 834吨，同比增长29.3%。其中，出口95 468吨，同比下降7.4%；进口

① 云南省商务厅网站，http://www.bofcom.gov.cn/bofcom/432926132136837120/20101125/275554.html。

② 商务部云南省德宏州商务之窗，http://dehongzhou.mofcom.gov.cn/aarticle/shuju/201012/20101207307255.html。

100 366吨，同比增长107.4%。出入境交通工具17 417辆次，同比增长3.6%。其中，出境9 249辆次，同比增长5.4%；入境8 168辆次，同比增长1.7%。出入境人员318 628人次，同比增长27.9%。其中，出境164 691人次，同比增长34.4%；入境153 937人次，同比增长25.6%。

1～10月，红河州河口口岸实现进出口总值50.3亿元，同比增长41.5%；进出口货运量129.5万吨，同比下降14.8%；出入境人员289.5万人次，同比增长7%；出入境交通运输工具9.7万辆（列）次，同比下降5.47%。红河州金水河口岸出入境人员55 501人次，与上年同期58 654人次相比下降3 153人次。其中，出境27 645人次，与上年同期29 273人次相比下降1 628人次；入境27 856人次，与上年同期29 381人次相比下降1 525次。出入境车辆1 511辆次，与上年同期1 488辆次相比增加23辆次。其中，出境762辆次，与上年同期750辆次相比增加12辆次；入境749辆次，与上年同期738辆次相比增加11辆次。货值421.99万美元，与上年同期149.9万美元相比上升181.5%。其中，出境126.5万美元，与上年同期121.24万美元相比上升3.9%；入境295.49万美元，与上年同期28.66万美元相比上升931%。[①]

4. 中、老、泰边境口岸物流情况

在西双版纳州，面向老挝和泰国的主要口岸通道是磨憨陆运（公路）口岸、西双版纳机场（航空）口岸、景洪港（水运）口岸等3个国家一级口岸。这些口岸有力地促进了滇泰、滇老经贸合作。

1～10月，西双版纳州外贸进出口累计完成71 474万美元，同比增长47.8%（完成任务比月平均进度快10.0个百分点），完成年计划数的91.6%。其中，进口17 586万美元，增长21.2%；出口53 888万美元，增长59.2%。进出口企业累计向国家缴纳关税、增值税、消费税等共计14 800万元，同比增长16.3%。对老、缅、泰三国外贸进出口额累计完成68 339万美元，同比增长45.3%，占全州进出口额71 474万美元的95.6%。边民互市贸易累计完成4 910万美元，同比增长39.3%，完成年计划数的

① 商务部云南省红河州商务之窗，http：//wenshan.mofcom.gov.cn/aarticle/shuju/201011/20101107266677.html。

96.3%。州内4个国家一类口岸（含240通道的数字）进出口货运量累计达123.53万吨，同比增长158.7%。其中，出口24.98万吨，增长18.2%；进口98.55万吨，增长270.4%。口岸出入境人员累计达116.16万人次，同比增长25.9%。其中，出境58.17万人次，增长25.3%；入境57.99万人次，增长26.5%。口岸出入境交通工具累计达34.03万艘（辆、架）次，同比增长120.1%。其中，出境17.05万艘（辆、架）次，增长118.1%；入境16.98万艘（辆、架）次，增长122.2%。①

（四）边境州市积极参与“桥头堡”建设情况

2009年7月27日，胡锦涛总书记在视察云南时指出：“要充分发挥云南作为我国通往东南亚、南亚重要陆上通道的优势，深化同东南亚、南亚和大湄公河次区域的交流合作，不断提升沿边开放的质量和水平，使云南成为我国向西南开放的重要桥头堡。”为认真贯彻落实中央的战略部署，2010年云南全省上下都在为“桥头堡”建设而谋划，相关边境州市更是闻风而动，力图抓住难得机遇，确立自己在桥头堡建设中的位置，实现对外开发的跨越式发展。

作为中国面向缅甸进而面向南亚开放前沿的德宏州，率先提出要“争当桥头堡建设排头兵，实现德宏经济社会跨越式发展”。为此，中共德宏州委书记赵金强调，要充分发挥区位优势，在德宏州打造桥头堡“黄金口岸”；中共德宏州委副书记、州长孟必光则指出，要敢闯敢试，勇当桥头堡建设排头兵；科学谋划，系统设计，精心编制好“十二五”规划。目前，德宏州已聘请省内外专家，初步制订了德宏州桥头堡建设先行先试研究方案。

地处泛亚铁路东线节点的红河州也不甘落后。州委书记刘一平指出，红河州桥头堡建设的基本思路是，充分发挥独特的地缘和资源优势，积极融合滇中经济圈，以夯实国际大通道等基础设施为重点，以建设外向型产业基地为支撑，以昆河经济走廊建设为抓手，以构建全方位的合作平台为载体，力争在中国—东盟自由贸易区建设进程中实现率先突破、优先发展。

文山州则提出，要从口岸是国际人流、物流、车流的重要通

① 商务部云南省西双版纳州商务之窗，http://xsbn.mofcom.gov.cn/aarticle/shuju/201011/20101107269784.html。

道和“桥头堡”建设的平台来认识口岸发展，要通过进一步统一对口岸建设的认识，为“桥头堡”建设打下坚实的基础。

五、几点思考

回顾2010年，云南边境经贸技术合作的发展，总体上可以概括为：边贸基本进入了恢复性增长轨道，云南和周边国家都对双方开展经贸合作继续表现出积极的姿态，“桥头堡”战略成为云南各界热议的话题并已开始付诸行动。

但是，考虑到云南对外经贸合作的现状，要有效利用“桥头堡”建设这一历史机遇实现跨越式发展，对于云南省来说又是一个巨大的挑战。这主要表现在以下几个方面：

首先，由于云南山高路险，建设能承担“国际大通道”作用的高速公路和高速铁路成本非常高，难度非常大，没有国家的政策和资金支持难以实现。

其次，云南国际大通道的建设是一项关系到国家主权的涉外行动，没有双赢或者共赢的结果，没有相关国家的同意和积极配合，没有国家外交层面的支持和协调，将一事无成。

再次，目前云南各地普遍出现了争做“桥头堡”的现象，小到一个边境小镇也是国家“桥头堡”，这种现象是“等、靠、要”的集中体现，即等国家政策，靠国家财政资金，要国家建设项目。如果不排除此类弊端，努力提升出口商品的质量，建立起稳定的质量口碑和品牌忠诚度，云南就难以完全排除被边缘化的可能。

因此，加快产业升级，改善云南出口商品的结构并采取切实有效的措施改善云南出口商品的质量，增加技术含量以及加快服务和要素贸易的发展，并通过一定的出口促进措施降低出口商品的运输成本，仍然是实现云南与周边国家经贸技术合作取得突破的关键。

（作者单位：红河学院商学院）

附　　录

东南亚国家经济统计资料

王士录　编

一、东盟国家主要社会经济情况表

表1（2009年）

	国土面积（km^2）	总人口（千人）	人口密度（人/km^2）	人口增长率（%/年）	国内生产总值（按现价，百万美元）
文　莱	5 765	406.2	70	2.1	14 146.7
柬埔寨	181 035	14 957.8	83	2.1	10 368.2
印度尼西亚	1 860 360	231 369.5	124	1.2	546 527.0
老　挝	236 800	5 922.1	25	2.8	5 579.2
马来西亚	330 252	28 306.7	86	2.1	193 107.7
缅　甸	676 577	59 534.3	88	1.8	24 972.8
菲律宾	300 000	92 226.6	307	2.0	161 357.6
新加坡	710	4 987.6	7 022	3.1	182 701.7
泰　国	513 120	66 903.0	130	0.6	264 322.8
越　南	331 051	86 024.6	260	1.2	96 317.1
东盟合计	4 435 670	590 638	133	1.4	1 499 400.8

表2（2009年）

	人均GDP		对外贸易（百万美元，2008）			外资流入（百万美元）	
	美元：现价	美元：ppp	出口	进口	总额	2008年	2009年
文　莱	34 827.0	49 266.8	7 168.6	2 399.6	9 568.2	239.2	176.8
柬埔寨	693.2	1 802.3	4 985.8	3 900.9	8 886.7	815.2	530.2
印度尼西亚	2 362.1	4 174.9	116 510.0	96 829.2	213 339.2	9 318.1	4 876.8
老　挝	942.1	2 431.3	1 237.2	1 725.0	2 962.1	227.8	318.6
马来西亚	6 822.1	13 593.8	156 890.9	123 330.5	280 221.4	7 318.4	1 381.0
缅　甸	419.5	1 093.4	6 341.5	3 849.9	10 191.3	975.6	578.6
菲律宾	1 749.6	3 525.1	38 334.7	45 533.9	83 868.6	1 544.6	1 948.0
新加坡	36 631.2	49 765.8	269 832.5	245 784.7	515 617.1	10 912.2	16 256.2
泰　国	3 950.8	8 072.2	152 497.2	133 769.6	286 266.8	8 570.5	5 956.9
越　南	1 104.2	3 067.9	56 961.0	69 230.9	125 921.9	9 579.0	7 600.0
东盟合计	2 533.6	4 829.3	810 489.2	726 354.1	1 536 843.3	49 499.8	39 623.0

资料来源：Table1，Selected basic ASEAN indicators as of 15 July 2010. http://www.aseansec.org/stat/Table1.xls，2011-01-10.

二、东盟老六国主要经济发展指标变化表

	2006	2007	2008	2009	2010
新加坡					
国内生产总值（10亿美元）	145.1	176.8	193.3	182.2	218.9
GDP实际增长率（%）	8.6	8.5	1.8	-1.3	12.2
通货膨胀率（年平均%）	5.0	0.3	6.6	0.6	2.6
总人口（百万人）	4.4	4.6	4.8	5.0	5.1
出口总额（10亿美元）	275.1	303.1	342.8	273.4	348.3
进口总额（10亿美元）	231.7	254.0	316.2	243.2	307.1

续 表

	2006	2007	2008	2009	2010
外汇储备（10 亿美元）	136.2	162.9	174.1	187.8	208.4
外债（10 亿美元）	24.3	25.5	25.5	20.3	21.6
汇率（1 美元：新加坡元）	1.53	1.44	1.41	1.45	1.38
马来西亚					
国内生产总值（10 亿美元）	156.6	186.8	222.3	192.8	232.2
GDP 实际增长率（%）	5.8	6.5	4.7	-1.7	6.8
通货膨胀率（年平均%）	3.1	2.4	4.4	1.1	2.0
总人口（百万人）	26.8	27.2	27.5	27.9	28.3
出口总额（百万美元）	160 916	176 433	199 733	157 539	189 249
进口总额（百万美元）	123 474	139 243	148 472	117 253	146 453
外汇储备（百万美元）	82 426	101 313	91 528	96 713	97 797
外债（10 亿美元）	55.0	61.5	66.1	59.0	61.9
汇率（1 美元：马来西亚林吉特）	3.53	3.31	3.46	3.42	3.29
泰 国					
国内生产总值（10 亿美元）	207.2	247.1	272.4	264.0	318.1
GDP 实际增长率（%）	5.1	4.9	2.6	-2.2	7.0
通货膨胀率（年平均%）	3.6	3.1	0.4	3.5	2.8
总人口（百万人）	65.3	65.7	66.3	67.0	67.5
出口总额（百万美元）	127 930	151 240	175 215	150 712	192 564
进口总额（百万美元）	114 086	124 478	157 830	118 022	156 945
外汇储备（百万美元）	66 984	87 455	111 008	138 418	163 524
外债（10 亿美元）	56.2	61.7	64.7	70.4	80.4
汇率（1 美元：泰铢）	36.05	33.72	34.90	33.32	30.88
菲律宾					
国内生产总值（10 亿美元）	117.5	144.1	167.2	161.1	197.0
GDP 实际增长率（%）	5.3	7.1	3.7	1.1	6.2
通货膨胀率（年平均%）	6.2	2.8	9.3	3.2	4.2
总人口（百万人）	92.3	94.2	96.1	98.0	99.9

续 表

	2006	2007	2008	2009	2010
出口总额（百万美元）	46 526	49 512	48 253	37 510	45 894
进口总额（百万美元）	53 258	57 903	61 138	46 388	57 238
外汇储备（百万美元）	22 966	33 752	37 551	44 243	49 741
外债（10 亿美元）	60. 2	65. 9	64. 8	62. 9	61. 8
汇率（1 美元：菲律宾比索）	51. 31	46. 15	44. 32	47. 68	45. 46
印度尼西亚					
国内生产总值（10 亿美元）	364. 6	432. 2	510. 5	540. 3	707. 4
GDP 实际增长率（%）	5. 5	6. 3	6. 0	4. 5	5. 6
通货膨胀率（年平均%）	6. 6	5. 8	11. 1	2. 8	6. 6
总人口（百万人）	231. 8	234. 7	237. 5	240. 3	243. 0
出口总额（百万美元）	103 528	118 014	139 606	119 514	140 914
进口总额（百万美元）	73 867	85 259	116 690	84 316	103 546
外汇储备（百万美元）	42 588	56 924	51 641	66 119	75 309
外债（10 亿美元）	132. 5	1142. 6	150. 8	159. 0	156. 8
汇率（1 美元：印尼盾）	9 020	9 419	10 950	9 400	8 995
文　莱					
国内生产总值（10 亿文莱元）	11. 5	12. 3	14. 4	13. 3	—
GDP 实际增长率（%）	4. 4	0. 2	－1. 9	－1. 8	1. 2
通货膨胀率（年平均%）	0. 2	0. 3	2. 7	1. 8	—
总人口（千人）	400. 0	400. 0	400. 0	406. 2	407. 2
原油生产（千桶/日）	220	194	—	—	—
出口总额（百万文莱元）	12 119	11 556	—	—	—
进口总额（百万文莱元）	2 659	3 166	—	—	—
外汇储备（百万美元）	459. 8	625. 5	710. 5	996. 7	—
汇率（1 美元：文莱元）	1. 59	1. 51	1. 42	1. 45	1. 45

注：表中 2010 年的数字为估计数，仅供参考。

资料来源：The Economist Intelligence Unit, *Country Report*: *Singapore*, *Malaysia*, *Thailand*, *Philippines*, *Indonesia*, *Brunei*, 2010.

三、东盟新四国主要经济发展指标变化表

	2006	2007	2008	2009	2010
越　南					
国内生产总值（10 亿美元）	61.0	71.1	89.9	89.3	91.2
GDP 实际增长率（%）	8.2	8.5	6.2	5.3	6.2
通货膨胀率（年平均%）	6.6	12.6	21.6	6.5	14.6
总人口（百万人）	84.4	85.3	86.2	87.0	87.8
出口总额（百万美元）	39 826	48 561	62 685	56 975	64 577
进口总额（百万美元）	42 602	58 999	75 468	65 079	73 510
外汇储备（百万美元）	13 591	23 748	24 176	17 805	20 286
外债（百万美元）	20 202	24 222	25 887	27 193	33 606
汇率（1 美元：越南盾）	16 055	16 010	17 433	18 472	19 705
老　挝					
国内生产总值（10 亿美元）	3.5	4.1	5.2	5.7	—
GDP 实际增长率（%）	8.7	7.8	7.2	7.6	7.7
通货膨胀率（年平均%）	6.8	4.5	7.6	0.0	5.0
总人口（百万人）	6.0	6.1	6.2	6.3	6.3
出口总额（百万美元）	810	923	1 085	1 031	—
进口总额（百万美元）	1 045	1 065	1 405	1 327	—
外汇储备（百万美元）	328	533	629	703	—
外债（10 亿美元）	3.5	4.2	5.3	—	—
汇率（1 美元：基普）	10 160	9 603	8 744	8 516	8 320
柬埔寨					
国内生产总值（10 亿美元）	7.3	8.6	11.1	10.5	11.7
GDP 实际增长率（%）	10.8	10.2	5.0	-1.5	4.1
通货膨胀率（年平均%）	4.2	14.0	12.5	5.3	5.3
总人口（百万人）	14.1	14.3	14.6	14.8	15.1

续　表

	2006	2007	2008	2009	2010
出口总额（百万美元）	3 692	4 089	4 708	3 547	4 282
进口总额（百万美元）	4 771	5 439	6 509	5 440	6 082
外汇储备（百万美元）	1 411	2 143	2 641	3 288	3 446
外债（百万美元）	3 527	3 761	4 215	4 289	4 330
汇率（1 美元：瑞尔）	4 057	3 999	4 077	4 165	4 241
缅　甸					
国内生产总值（10 亿美元）	11.8	16.3	22.6	26.3	312
GDP 实际增长率（%）	3.4	3.4	1.1	1.8	3.0
通货膨胀率（年平均%）	28.4	28.6	16.0	2.2	11.7
总人口（百万人）	57.2	58.6	58.9	—	—
出口总额（百万美元）	4 555	6 170	6 677	6 862	7 967
进口总额（百万美元）	2 343	2 964	3 461	4 020	4 773
外汇储备（百万美元）	1 248	2 312	3 412	3 561	3762
外债（百万美元）	6 839	7 598	7 210	7 079	7 145
汇率（1 美元：缅元） 自由市场官方汇率：	12 805.78	12 905.56	11 855.36	10 555.50	99 0561

注：表中 2010 年的数字为估计数，仅供参考。

资料来源：The Economist Intelligence Unit，*Country*：*Report*：*Vietnam*，*Laos*，*Cambodia*，*Myanmar*，2010．

四、东盟国家人均国内生产总值情况表

（按市场现价计算，单位：美元）

	2005	2006	2007	2008	2009
文　莱	25 744.1	30 213.6	31 076.1	35 622.6	34 827.0
柬埔寨	452.0	512.3	598.4	756.1	693.2
印度尼西亚	1 278.6	1 640.4	1 919.6	2 236.9	2 362.1

续　表

	2005	2006	2007	2008	2009
老　挝	478.0	574.0	736.1	917.8	942.1
马来西亚	5 250.4	5 880.4	6 880.2	7 969.6	6 822.1
缅　甸	199.4	208.6	215.6	464.6	419.5
菲律宾	1 158.6	1 351.5	1 652.8	1 843.7	1 749.6
新加坡	26 864.3	29 499.6	35 206.1	3 762.9	36 631.2
泰　国	2 720.8	3 167.8	3 740.1	4 117.3	3 950.8
越　南	637.1	723.9	836.7	1 052.7	1 104.2
东盟平均	1 595.4	1 890.3	2 227.3	2 577.3	2 533.6

资料来源：Table1, Selected basic ASEAN indicators as of 15 July 2010. http://www.aseansec.org/stat/Table1.xls, 2011-01-10.

（作者单位：云南省社会科学院东南亚研究所）

云南与东盟国家经贸合作统计资料

王士录　编

表1　2010年1~12月中国与东南亚贸易统计

金额单位：亿美元

	进出口		出口		进口		贸易逆差	
	金额	同比(%)	金额	同比(%)	金额	同比(%)	当年	上年同期
东盟	2 927.76	37.5	1 392.07	30.1	1 545.69	44.8	-163.62	-4.17
文莱	10.25	142.8	3.68	161.8	6.58	133.3	-2.9	-1.42
缅甸	44.44	53.2	34.80	54.4	9.64	49.2	25.16	16.15
柬埔寨	14.41	52.6	13.48	48.5	0.94	135.6	12.54	8.70
印度尼西亚	427.50	50.6	219.73	49.3	207.77	52.0	11.95	10.57
老挝	10.55	40.3	4.84	28.2	5.71	52.5	-0.88	0.09
马来西亚	742.15	42.8	238.06	21.3	504.10	55.9	-266.04	-126.99
菲律宾	277.46	35.1	115.41	34.3	162.05	35.6	-46.65	-33.62
新加坡	570.58	19.2	323.48	7.6	247.10	38.8	76.38	122.70
泰国	529.47	38.6	197.47	48.6	332.00	33.3	-134.53	-115.90
越南	300.94	43.0	231.14	41.8	69.80	47.0	161.33	115.54
东帝汶	0.4308	85.0	0.4283	84.1	0.003	1 000.3	0.43	0.23

资料来源：中国商务部网站，2011年1月30日13：55。文章来源：中国商务部亚洲司，http：//yzs. mofcom. gov. cn/aarticle/g/date/n/201101/20110107385479. html。

表2　2010年1～12月云南省与东盟分国别贸易总值表

金额单位：万美元

	进出口	比重(%)	出　口	进　口	贸易差额	比上年增长（%）		
						进出口	出　口	进　口
全省总计	1 336 795	100	760 568	576 227	184 342	66.5	68.4	64.2
东盟合计	457 545	34.2	289 995	167 550	122 446	45.2	38.1	59.3
缅　甸	175 965	13.2	111 043	64 921	46 122	43.4	43.3	43.5
越　南	94 940	7.1	78 875	16 065	62 810	20.2	19.3	24.8
马来西亚	55 786	4.2	21 079	34 707	-13 628	152.9	83.3	228.8
泰　国	46 434	3.5	33 268	13 075	20 192	96.6	64.2	259.1
印度尼西亚	43 600	3.3	16 786	26 814	-10 029	26.5	16.2	33.9
老　挝	20 380	1.5	10 289	10 090	199	31.5	38.4	25.1
新加坡	15 693	1.2	14 269	1 424	12 845	36.4	79.5	-60.0
菲律宾	4 328	0.3	3 877	451	3 426	-26.4	-11.1	-70.4
柬埔寨	370	0.0	370	0	370	0.6	26.0	-100.0
文　莱	142	0.0	141	1	140	456.9	453.8	0.0

资料来源：云南省商务厅网站，http://www.bofcom.gov.cn/image20010518/92827.xls，2011年1月24日。

表3　2010年1～11月云南省对缅、老、越进出口总值表

金额单位：万美元

	合　计			出　口			进　口		
	本年累计	上年同期	较同期增减(%)	本年累计	上年同期	较同期增减(%)	本年累计	上年同期	较同期增减(%)
全省合计	1 210 090	675 709	79.1	699 843	374 890	86.7	510 247	300 819	69.6
缅、老、越小计	252 731	188 427	34.1	177 785	132 879	33.8	74 946	55 548	34.9
占全省比重(%)	21	28	—	25	35	—	15	18	—

续 表

	合计			出口			进口		
	本年累计	上年同期	较同期增减(%)	本年累计	上年同期	较同期增减(%)	本年累计	上年同期	较同期增减(%)
缅甸	153 968	108 182	42.3	99 310	69 071	43.8	54 658	39 111	39.8
边境小额贸易	124 031	85 687	44.7	76 830	52 422	46.6	47 201	33 265	41.9
缅甸	82 581	69 425	18.9	70 031	57 205	22.4	12 550	12 220	2.7
边境小额贸易	19 093	19 864	-3.9	9 953	8 997	10.6	9 140	10 867	-15.9
老挝	16 181	10 818	49.6	8 444	6 602	27.9	7 737	4 216	83.5
边境小额贸易	8 437	5 331	58.3	1 952	1 790	9.1	6 485	3 541	83.1

资料来源：云南省商务厅网站，http：//www. bofcom. gov. cn/image20010518/91838. xls，2011 年 1 月 10 日。

表 4 2010 年 1～11 月云南省边境小额贸易进出口总值表

金额单位：万美元

	合计			出口			进口		
	本年累计	上年同期	较同期增减(%)	本年累计	上年同期	较同期增减(%)	本年累计	上年同期	较同期增减(%)
合计	151 676	110 899	36.8	88 848	63 211	40.6	62 828	47 688	31.7
德宏州	87 415	58 778	48.7	64 562	43 581	48.1	22 853	15 197	50.4
西双版纳州	17 381	14 395	20.7	4 550	4 413	3.1	12 831	9 982	28.5

续 表

	合 计			出 口			进 口		
	本年累计	上年同期	较同期增减(%)	本年累计	上年同期	较同期增减(%)	本年累计	上年同期	较同期增减(%)
红河州	15 856	14 974	5.9	8 803	7 084	24.3	7 053	7 890	-10.6
保山市	13 199	5 760	129.1	6 154	3 669	67.7	7 045	2 091	236.9
普洱市	7 784	7 850	-0.8	1 118	962	16.2	6 666	6 888	-3.2
临沧市	6 358	4 098	55.1	2 642	1 798	46.9	3 716	2 300	61.6
文山州	3 076	4 684	-34.3	1 015	1 695	-40.1	2 061	2 989	-31
怒江州	600	355	69	5	10	-50	595	345	72.5

资料来源：云南省商务厅网站，http://www.bofcom.gov.cn/image20010518/91839.xls，2011年1月10日。

表5 2010年1~11月云南省十大贸易伙伴情况表

金额单位：美元

	合计		出口		进口	
	本年累计	较同期增减(%)	本年累计	较同期增减(%)	本年累计	较同期增减(%)
全省合计	12 100 896 977	79.1	6 998 427 690	86.7	5 102 469 287	69.6
十大伙伴小计	6 469 790 520	70.6	3 433 963 330	57.9	3 035 827 190	87.8
(占全省比重)	53.5	49.1	—	59.5	—	—
1. 缅甸	1 539 679 947	42.3	993 097 235	43.8	546 582 712	39.8
2. 越南	825 813 601	19.0	700 311 161	22.4	125 502 440	2.7
3. 秘鲁	696 417 409	238.4	8 972 214	250.2	687 445 195	238.2
4. 印度	650 022 230	77.1	498 963 076	124.0	151 059 154	4.7
5. 澳大利亚	548 690 986	42.6	67 488 969	25.0	481 202 017	45.5

续 表

	合计		出口		进口	
	本年累计	较同期增减（%）	本年累计	较同期增减（%）	本年累计	较同期增减（%）
6. 美国	523 722 129	70.6	322 504 232	123.8	201 217 897	23.5
7. 马来西亚	501 269 683	180.2	193 643 250	139.4	307 626 433	214.0
8. 日本	414 109 181	72.9	209 234 368	18.1	204 874 813	228.8
9. 泰国	401 656 884	86.7	29 3241 369	59.6	108 415 515	245.3
10. 巴西	368 408 470	214.3	146 507 456	214.1	221 901 014	214.4

资料来源：云南省商务厅网站，http：//www.bofcom.gov.cn/image20010518/91840.xls，2011 年 1 月 10 日。

（作者单位：云南省社会科学院东南亚研究所）

2010 年东南亚大事记

包广将 编

1 月 1 日 中国—东盟自由贸易区正式启动；一个涵盖 11 个国家近 19 亿人口的世界三大自由贸易区之一的自贸区正式形成。

1 月 14 日 东盟外长非正式会议、第三次东盟政治安全共同体理事会会议和东盟协调理事会会议在越南岘港举行。此次会议是越南自 1 月 1 日起接替泰国成为新任东盟轮值主席国后承办的第一个东盟会议。

1 月 18 日 中越两党两国领导人互致贺电，热烈祝贺两国建交 60 周年。

亚太议会论坛第十八届年会在新加坡开幕，22 个亚太议会论坛成员国和观察员国的 300 多位代表出席会议，中国全国人大常委会副委员长陈昌智率团出席会议并做主旨发言。

1 月 21 日 中国—印度尼西亚副总理级对话机制第二次会议在印尼首都雅加达举行。中国国务委员戴秉国和印尼政治、法律和安全事务统筹部长佐科・苏扬托共同主持对话会，双方就推动两国战略伙伴关系进一步发展达成广泛共识。

2 月 1 日 代号为“金色眼镜蛇”的东南亚地区最大规模联合军事演习在泰国中部罗勇府乌塔堡海军机场举行。来自泰国、美国、印度尼西亚、新加坡、日本、韩国的约 1.4 万名军事人员参加演习，其中韩国是首次派员参加。中国、文莱、智利、德国、老挝和新西兰等国派观察员观摩这次军演。

2 月 2 日 越南各界在河内国家会议中心举行隆重集会，庆祝越南共产党建党 80 周年。越党和国家主要领导人出席会议，越共中央总书记农德孟在大会上发表讲话说，实现社会主义是越南革命的必要发展道路。

2 月 10 日 据国际文传电讯报道，越南与俄罗斯签约购买 10 架苏－30 战斗机，这是越南购买俄罗斯 10 亿美元军火协议的一部分。

2 月 26 日 泰国最高法院对没收前总理他信及其家族巨额资产案进行判决。这一裁决涉及他信及其家族成员名下资产总计 760 亿泰铢（约合 23 亿美元）中被冻结财产的违法所得部分，总计 463.73 亿泰铢。

3 月 1 日 越共中央总书记农德孟在河内会见出席越中两党对外部门交流合作机制第三次部长级会议的中共中央对外联络部部长王家瑞率领的中共代表团。

3 月 8 日 缅甸国家和平与发展委员会正式颁布大选法和政党组织法，其中包括《联邦选举委员会法》和《政党注册法》等。

3 月 16～22 日 应中国外交部长杨洁篪邀请，东盟秘书长素林对中国进行正式访问。22 日，中国国务院总理温家宝会见了素林。

3 月 18 日 正在柬埔寨访问的中国国务院副总理回良玉在金边会见柬埔寨首相洪森。

3 月 20～24 日 中国国务院副总理回良玉访问老挝，在万象分别会见老挝人民革命党中央总书记、国家主席朱马利和总理波松。

3 月 20 日 中国全国人大常委会副委员长严隽琪率全国人大代表团对越南和老挝进行友好访问，并出席在泰国曼谷举行的各国议会联盟第一百二十二届大会。

3 月 22～24 日 俄罗斯国防部长谢尔久科夫访问越南，并同越南国防部长冯光清举行会谈。谢尔久科夫说，俄越军事技术合作前景非常广阔，俄罗斯海军将对越南建设潜艇基地提供帮助。

3 月 27 日 缅甸在首都内比都举行阅兵式庆祝第六十五个军人节，缅甸国家和平与发展委员会主席丹瑞大将在检阅部队发表讲话时强调必须保持国家稳定、和平和发展，并警告外国势力不要干预缅甸的大选。

3 月 30 日 泰国内阁批准首都曼谷和附近的两个府将内部安

全法（ISA）延长实施一周，旨在因应政府与“红衫军”两度谈判破裂后可能出现的不测。

4月2~4日　越南政府总理阮晋勇对缅甸进行工作访问。4日，缅越两国发表联合声明表示将进一步加强两国间传统友谊和多领域合作。

4月3日　中国印度尼西亚经贸联委会第十次会议在印尼日惹举行，中国商务部部长陈德铭和印尼贸易部长冯慧兰共同主持会议。

4月5日　柬埔寨国会表决通过《外国人不动产产权法》，规定允许外国人在柬购买高层建筑第二层以上的房屋并拥有合法产权。

湄公河委员会首届峰会在泰国华欣举行，柬埔寨首相洪森、老挝总理波松、泰国总理阿披实、越南总理阮晋勇出席会议；观察员国中国和缅甸的代表列席会议。

4月6日　东盟10国以及中国、日本和韩国（“10+3”）财政部副部长和央行副行长在越南海滨城市芽庄举行会议，讨论进一步深化东亚金融合作问题。

4月7日　泰国总理阿披实宣布在曼谷及其周边地区实行紧急状态法，以使混乱的局面恢复正常。

4月8~9日　为期两天的第十六届东盟峰会在越南首都河内国家会议中心举行。本届峰会的主题是“从愿景到行动，迈向东盟共同体”。会议通过了《主席声明》、《东盟经济复苏和可持续发展联合声明》以及《东盟应对气候变化联合声明》等重要文件。

4月9日　中国国家副主席习近平在海南博鳌会见来华出席博鳌亚洲论2010年年会的老挝国家主席朱马利、东帝汶副总理古特雷斯、新加坡国务资政吴作栋、马来西亚前总理巴达维等东盟国家领导人。

4月10日　泰国政府军与“红衫军”示威者发生严重冲突，造成至少18人死亡、数百人受伤。

4月13日　中国国家主席胡锦涛和国务院总理温家宝分别与印度尼西亚总统苏西洛互致贺电，中国国家副主席习近平与印度尼西亚副总统布迪奥诺互致贺电，热烈庆祝两国建交60周年。

4月26日　缅甸总理登盛与22名部长从军事职位退休。据报道，登盛与部长们只是脱去军装，所有人的政府职位仍将维持不变。

应中国政府邀请，越南政府总理阮晋勇和夫人启程访华，出席“2010 年上海世界博览会”开幕式并访问江苏、浙江、上海三省市。

5 月 1 日 国家主席胡锦涛在上海会见前来出席世博会开幕式的柬埔寨首相洪森。胡锦涛说，中柬友好关系历史悠久、基础深厚。两国是真正的好邻居、好朋友、好伙伴。

5 月 10 日 菲律宾举行总统选举和地方选举。约 5 000 万选民选举下届总统、副总统、12 名参议员、约 300 名众议员和 1.7 万名地方官员。

美国特使库特·坎贝尔抵达缅甸首都内比都，与缅甸总理吴登盛进行会晤，之后在仰光同缅甸反对党领导人昂山素季进行会晤。

5 月 11 日 第四届东盟国防部长会议在越南首都河内举行。来自东盟 10 国的国防部长在会上就“加强东盟国防合作，促进地区稳定与发展”这一主题进行讨论，并通过了一份共同声明。

5 月 17 日 新加坡总理李显龙与来访的印度尼西亚总统苏西洛会晤后向媒体宣布，新加坡和印尼在反恐领域同意设立 7 个工作小组以加强两国之间的合作关系。

5 月 19 日 泰国军队在装甲车的掩护下开进“红衫军”集会场所，“红衫军”领导人宣布停止集会并向警方投降，基本结束了两个多月的集会示威。结果，造成 90 人丧生，1 900 多人受伤。

5 月 26 日 第十八届欧盟和东盟部长级会议在西班牙首都马德里开幕。有来自欧盟 27 个国家和东盟 10 国的外交部长和官员参会，主要议题是政治、经济和安全等领域的合作机制问题。

6 月 2～3 日 中国国务院总理温家宝对缅甸进行正式访问。这是温家宝第一次访问缅甸，也是 16 年来中国总理首次访问缅甸。3 日，温家宝总理与缅甸总理登盛会谈，双方签署了涵盖经贸、金融、能源、科技等领域的一系列合作文件，并出席中缅油气管道项目签字仪式，中缅油气管道正式开工建设。该管道从云南瑞丽入境，规划全长约 2 380 公里，油管的年设计输送能力为 2 000 万吨，大约相当于每天 40 万桶。

6月8日 中国国家主席胡锦涛、国务院总理温家宝分别与缅甸领导人互致贺电，热烈庆祝两国建交60周年。

中国云南省政府与越南老街省人民委员会在昆明签署《加快推进中国河口—越南老街市跨境经济合作区研究和建设合作的框架协议》，旨在推进中国河口—越南老街跨境经济合作区建设。

6月15～16日 中国国家副主席习近平访问老挝。16日，习近平在万象分别会见老挝人民革命党中央总书记、国家主席朱马利和老挝总理波松，并与老挝国家副主席本南举行了会谈。

6月30日 菲律宾当选总统贝尼尼奥·阿基诺三世在菲律宾首都马尼拉宣誓就职，成为该国第十五任总统。中国全国人大常委会副委员长严隽琪作为中国国家主席胡锦涛的特使出席阿基诺三世的就职典礼。

7月14日 《中越陆地边界勘界议定书》、《中越陆地边界管理制度协定》、《中越边境口岸及其管理制度协定》生效仪式在中越边境天保口岸举行。《中越陆地边界勘界议定书》等法律文件生效后，双方将按照新勘定的界线行使主权并实施管辖。

7月20～23日 东盟外长系列会议在越南首都河内举行。来自东盟10国以及中国、日本、韩国、印度、澳大利亚、新西兰、美国、加拿大、欧盟、俄罗斯、朝鲜等27个国家和组织的外长和高级官员参会。

7月25～29日 缅甸国家和平与发展委员会主席丹瑞大将开始对印度进行为期5天的正式访问。这是丹瑞在过去6年内第二次访问印度。访问期间，两国签署一系列能源与贸易合作协议。

8月2～3日 第三十一届东盟农林部长会议特别高官会在文莱举行，来自东盟国家的120名代表参会。本次会议议题包括粮食安全、农业发展及森林资源管理等。

8月20日 大湄公河次区域（GMS）经济合作第十六次部长级会议在越南首都河内举行。来自中国、缅甸、老挝、泰国、柬埔寨、越南的部长级官员以及亚行和国际组织的代表出席了会议。

8月23日 柬埔寨政府表示，泰国前总理他信已辞去柬埔寨首相洪森和柬王国政府经济顾问职务。泰国政府当天宣布自本月24日起恢复与柬埔寨的外交关系。

8月26日 第九次中国—东盟（“10+1”）经贸部长会议、

第十三次东盟和中日韩（“10＋3”）经贸部长会议在越南中部海滨城市岘港举行，中国商务部部长陈德铭率团与会并发表讲话。

9月7～11日 应胡锦涛主席的邀请，缅甸最高领导人、缅甸联邦国家和平与发展委员会主席丹瑞开始对华进行正式访问。

9月24日 第二次美国—东盟峰会在纽约召开。这是在美国本土召开的首次美国—东盟峰会。尽管这次峰会的象征意义大于实际意义，但却是美国“重返亚洲”战略的步骤之一。

10月19日 第七届中国—东盟博览会在南宁国际会展中心开幕，主题是“自贸区和新机遇”。

10月25～26日 印尼西苏门答腊省明打威群岛附近海域发生里氏7.7级地震并引发海啸，造成近450人死亡，96人失踪，上万居民无家可归。不到24小时后，中爪哇的默拉皮火山爆发，先后持续了数周，至11月10日，已造成191人死亡，10多万人流离失所。

10月28～30日 第十七届东盟首脑会议及东盟与对话伙伴国系列峰会在越南首都河内召开。会议通过了《东盟互联互通总体规划》、为经济复苏和可持续发展开发人力资源和劳动者技能的《东盟宣言》、旨在加强保障东盟地区妇女儿童福利的《河内宣言》，以及实施海上搜救合作的文件，并决定从2011年起邀请俄罗斯和美国加入东亚峰会。

11月3～13日 应柬埔寨国会主席韩桑林、印度尼西亚国会议长马祖基、泰国国会主席兼下议院议长猜·奇触的邀请，全国人大常委会委员长吴邦国将对上述三国进行了正式友好访问。

11月7日 缅甸在和平气氛中成功举行了20年来的首次大选。结果，联邦巩固与发展党（USDP）获得883个席位，占1 153个总席位的76.5%，成为最大赢家；民族团结党（NUP）获63个席位，排名第二；掸邦民族民主党（SNDP）获57个席位，排名第三。按照新宪法的规定，将在大选后90天内召开第一次会议，选举产生总统、副总统，并将权力移交给民选政府。

11月14～15日 应新加坡共和国总理李显龙邀请，国家副主席习近平对新加坡进行了正式访问。访问期间，会见了新加坡总统纳丹，并同李显龙总理举行了会谈。

11月16日 第五届柬埔寨、老挝、缅甸和越南四国峰会（简称CLMV）在柬埔寨首都金边举行。当日，柬、越、老三角地区发展峰会召开，三国签署《金边宣言》，表示加强区域合作。

11 月 18 ~25 日 中共云南省委书记白恩培应邀率云南省友好代表团先后访问了老挝、缅甸和越南，为深化云南与上述三国的合作奠定了坚实基础。

11 月 22 日 柬埔寨首都金边钻石岛“送水节”期间发生严重踩踏事件，造成 349 人死亡，近 500 人受伤。柬埔寨首相洪森称，这是自 1970 年以来最严重的伤亡事件。柬埔寨政府决定将 25 日定为全国哀悼日。

12 月 13 ~17 日 应国务院总理温家宝邀请，柬埔寨首相洪森对中国进行了正式访问。温家宝总理与洪森首相举行了会谈，出席了合作文件签字仪式。

12 月 23 日 老挝第六届国会第十次会议结束，会议宣布了国会新主席和新总理名单。选举巴尼·亚陶都为老挝新的国会主席，老挝国家主席朱马利·赛雅贡接受波松总理的辞呈，任命通辛·坦马冯为老挝新总理。

（作者单位：云南省社会科学院东南亚研究所）

后记

《东南亚报告》（2010～2011）系由云南省社会科学院编撰出版的“云南蓝皮书”系列之一，由云南省社会科学院东南亚研究所组织撰写，由所长王士录研究员任主编，负责设计提纲、组稿、修改、定稿。本书的撰写主要由本所研究人员承担，也得到了相关单位同事的协助（其工作单位已在文中列出）。本书的编撰能如期顺利完成，系课题组全体人员共同努力的结果。

本书在有限篇幅之内，力图较为全面、系统地反映2010年一年内东南亚地区政治、经济、社会、区域合作，以及国际关系等各方面发展的全貌，并对其2011年的发展作出初步的展望，旨在为读者了解东南亚提供一些参考。由于时间仓促，涉及的国家较多，内容太广泛而篇幅又有限，加之参与撰写的人员较多，水平不一，因此本书的不足甚至错误之处在所难免，敬请读者批评指正。

编　者

2011年1月31日

图书在版编目（CIP）数据

2010～2011东南亚报告/王士录主编．—昆明：
云南大学出版社，2011
（云南蓝皮书）
ISBN 978－7－5482－0413－8

Ⅰ.①2… Ⅱ.①王… Ⅲ.①经济发展—研究报告—
东南亚—2010～2011②社会发展—研究报告—东南亚—
2010～2011 Ⅳ.①F133.04

中国版本图书馆CIP数据核字（2011）第059176号

·云南蓝皮书·
2010～2011东南亚报告
主 编 王士录

组稿编辑 林 艺
责任编辑 林 艺 李 平
封面设计 罗 辉 谢皖霞
出版发行 云南大学出版社
印 装 昆明市五华区教育委员会印刷厂
开 本 787mm×1092mm 1/16
印 张 17.5
字 数 278千
版 次 2011年6月第1版
印 次 2011年6月第1次印刷
书 号 ISBN 978－7－5482－0413－8
定 价 39.80元

地 址：云南省昆明市翠湖北路2号云南大学英华园
（邮编：650091）
发行电话：0871－5033244 5031071
网 址：http：//www.ynup.com
E－mail：market@ynup.com